Heinz Frick
Mein Gloria-Palast

Heinz Frick

MEIN GLORIA PALAST

Das Kino vom Kurfürstendamm

Universitas

*Den treuen Stammgästen des Hauses
und seinen Millionen von Besuchern
in Verehrung und Dankbarkeit gewidmet*

Schutzumschlag: Christel Aumann, München
Gesamtherstellung: Jos. C. Huber KG, Dießen
Printed in Germany
ISBN 3-8004-1119-9

Inhalt

Unsere Amme mit meinem Zwillingsbruder Klaus und mir, im Garten unseres Hauses an der Ostsee, 1912

Die Amme war bestellt

Sonnabend, den 24. Dezember 1910, fand in der Berliner Wohnung meiner Eltern am Kaiserplatz eine ungewöhnliche Bescherung statt. Unser Hausarzt, Dr. Masur, kam gegen acht Uhr abends zu meinem Vater in das Herrenzimmer, um ihm zu der Ankunft von zwei Buben zu gratulieren. Unser Erscheinen in dem Kosmos war nicht von allgemeinem Interesse. In diesem Jahr schlug auch die Geburtsstunde für ein Unternehmen in der Hauptstadt, das als Unterhaltungsmedium einen festen Platz in unserem heutigen Leben einnimmt. Es wurde für mich von Bedeutung. Am Alexanderplatz wurde das erste Großkino, das Uniontheater eröffnet. Fünfundzwanzig Jahre später hatte ich in dem Haus Dienst.

Von unserer guten Louise, die als Köchin eine Vertrauensstellung in der Familie hatte, war vorsorglich eine Flasche Rotwein bereitgestellt worden und die Herren stießen auf die neuen Erdenbürger an. Danach beglückwünschte Papa unsere Mutter mit einem Blumenstrauß und begrüßte seine Söhne.

Da mein Bruder Klaus begabter und intelligenter war, hatte ich ihm bei dem Eintritt in die Welt den Vorrang gelassen.

Einige Tage später traf aus dem Spreewald eine Amme in Tracht ein und nahm uns für zwei Jahre unter ihre Fittiche.

Unser vier Jahre älterer Bruder Hans fand Gefallen an der Frau und wollte öfters mit ihr spielen. Sie lehnte dies aber ab, um sich nicht von ihren eigentlichen

Aufgaben ablenken zu lassen. An unsere Wohnung kann ich mich nicht mehr erinnern, weiß nur, daß sie im ersten Stock lag. Es gab einmal ein großes Hallo, als die Mädchen in der Küche eine Maus gefangen hatten. Aufregung gab es auch, als ich den rechten Zeigefinger in eine der Öffnungen eines brennenden Spiritusplätteisens gesteckt hatte.

In das Jahr 1910 fielen zwei weitere Berliner Ereignisse. Der Polizeipräsident von Jagow gab seine scharfe Anordnung bekannt: »Die Straße dient lediglich dem Verkehr. Ich warne Neugierige!« Der »Hohenzollern-Sportpalast« in der Potsdamerstraße wurde als Eisbahn eröffnet. Meine Eltern hatten Einladungen und Mama erzählte mir, daß unser Vater sich gewundert hatte, daß die Neunte Sinfonie von Beethoven gespielt wurde. Diese Musik empfand er zu feierlich.

Über der »Abschlußfeier« zu der ich Ende der sechziger Jahre eingeladen war, lag leider ein Hauch von Wehmut, und das Treffen war nicht so festlich.

Bei dieser Gelegenheit traf ich Hans Schwarz wieder, ehemals Ringer und Weltmeister im Schwergewicht. 1942 hatte ich ihn zum letzten Mal gesehen, als er sich im Büro bei mir verabschiedete, weil er zum Heer eingezogen wurde. Er klagte damals, daß er für den Dienst nicht tauglich sei, da er an Basedow leiden würde. Ich war erfreut, wieder einen alten Bekannten und arrivierten Schauspieler begrüßen zu können, der den Krieg überstanden hatte.

Bevor die frühere Sportstätte ihre Pforten schloß, um einem Wohnblock Platz zu machen, vereinte sie zum letzten Male viele Berliner und wir hörten mit gemischten Gefühlen den »Sport-Palast-Walzer«. So nannten die Berliner das Musikstück »Praterleben« von Translateur.

Man sah zahlreiche bekannte Gesichter und hörte immer wieder »Weißt Du noch ...?«

Daß Thomas Mann 1910 seinen Roman »Bekenntnisse des Hochstaplers Felix Krull« begonnen hatte, erfuhr ich erst 1957 von seiner Tochter Erika, als wir die Premiere des gleichnamigen Films im »Gloria-Palast« hatten.

Wir zogen 1914 um und nahmen eine moderne Wohnung in einem gerade fertiggestellten Neubau in der Freiherr-vom-Stein-Straße 10 am Schöneberger Stadtpark. Das war für uns Kinder ideal. Dort gab es verschiedene Spielplätze, Ententeich und Buddelplatz. Im Winter standen Eis- und Rodelbahn zur Verfügung.

Der goldene Hirsch schaute damals schon von seiner Marmorsäule auf das bunte Treiben im Park. Den zweiten Weltkrieg hat er im Vestibül des Rathauses überlebt.

Vor unserem Haus war zu jener Zeit noch freies Gelände, auf dem Genesenden-Kompagnien bisweilen Sport trieben. Wenn die Soldaten beim Tauziehen und lautem »Hau-Ruck« auf den Rükken fielen, fanden wir Jungen dies spaßig und mußten lachen. Unser Fräulein, eine üppige Blondine aus Schlesien, wurde öfters von den Landsern umworben. Manchmal schmuggelte sie einen Freier über die Hintertreppe in unsere Wohnung. Als Mama bei einem solchen Besuch überraschend auftauchte, wurde das Mädchen entlassen. Wir Kinder haben das sehr bedauert, wurden jedoch nicht gefragt.

In den Zeugnissen für das Hauspersonal wurde häufig der stereotype Satz verwendet: »Sie war stets treu, fleißig, reinlich und ging der gnädigen Frau gut zur Hand.« Daß dies Verhalten manchmal auch dem »gnädigen Herrn« gegenüber erwiesen wurde, pflegte man nicht zu bescheinigen.

Jeden Freitag fand vor dem benachbarten Rathaus Markt statt. Wir begleiteten unsere Köchin gern dahin und benutzten die Gelegenheit, um in dem Bürgerhaus Paternoster zu fahren. Außerdem baten wir Louise, nach Möglichkeit lebende Fische zu kaufen, was sie trotz der damit verbundenen Mühe auch tat. Zu Hause ließen wir die Meerestiere in der Badewanne schwimmen, fütterten sie und fingen sie wieder mit einem Schmetterlingskescher ein, bevor sie in die Küche gebracht wurden. Daß die Küche zwei Klappenverschlüsse für Müllschluckerkanäle enthielt, einer war nur für Nahrungsabfälle bestimmt, fanden wir besonders interessant.

Louise war musisch veranlagt, konnte etwas singen und begleitete ihre Lieder mit der Zither. Meistens waren es Schluchzer und Schmachtfetzen. »Warum weinst Du, liebe Bauernfrau ..« Oder »Schatz, mein Schatz, reise nicht so weit von hier ...« Ihr Lieblingsstück,

Unsere Mutter, 1912

das sie noch von ihrer Mutter gelernt, hatte »patriotischen« Charakter. Es klang aber nicht so kriegerisch wie ein Ruf aus der besungenen Zeit: »Mac-Mahon, wir komm'!«

»Als ich 1870 bin nach Frankreich ausmarschiert, hat die Guste, die bewußte, mir ein Butterbrot geschmiert. Und sie steckte mir 'ne Knackwurst unter heißen Tränen ein und sie sprach, mein lieber Junge, nun gedenke Du auch mein. Hier, mein treuer Füsilier, schenk ich einen Taler Dir, zieh fürs Vaterland ins Feld und betrage Dich als Held. Als ich gestern noch marschierte mit tränenfeuchten Blick, dacht' ich an die Guste, die bewußte, an die Kellertür zurück.«

Vor unserem Haus wurde ich als kleiner Bub zum ersten Mal Zeuge, wie Gewalt vor Recht geht. Zufällig hatte ich gesehen, wie ein lahmer Invalide mit Handwagen auf dem Hof aus einer Mülltonne Küchenabfälle entnommen hatte und sie mit seinem kleinen Gefährt abtransportierte. Plötzlich tauchte ein Fuhrwerk auf, das mit zwei Pferden bespannt war und drei Mann Besatzung hatte. Der Kutscher hatte erspäht, daß der Versehrte aus unserem einzeln stehenden Haus kam, hielt neben ihm und fragte im barschen Ton, wie er dazu käme, die Abfälle wegzufahren. Der Invalide erwiderte, daß dies mit Erlaubnis des Portiers geschehe. Auf einen Wink des Rosselenkers sprangen die Gehilfen vom Wagen, nahmen dem verdutzten Sammler seine drei Säcke von dem Vehikel und luden sie bei sich auf. Mit rohem Gelächter und drohenden Fäusten rollten sie davon.

Der Vorfall hat mein kindliches Gemüt lange beschäftigt.

Bald fielen Klaus und ich auf den Trick eines Bösewichtes herein. Früher konnte sich nicht jede Familie einen Rodelschlitten leisten. Es war durchaus üblich, daß sich auf den Abfahrtplätzen Jungens ohne Rodel einfanden, die von den Schlittenbesitzern für die Talfahrten mitgenommen wurden. Nachdem ein solcher Beifahrer mehrmals bei uns aufsitzen konnte, fragte er, ob er auch mal allein fahren dürfte. Wir willigten ohne Bedenken ein. Nachdem unser ehemaliger Sozius nach einer halben Stunde noch nicht zurückgekehrt war, dämmerte es bei uns. Als Siebenjährige waren wir zum ersten Mal im Leben bestohlen worden.

Im Privatleben fehlte mir fast immer die notwendige Portion Mißtrauen und ich bin häufig hereingeflogen. Geschäftlich war ich stets vorsichtig, weil es sich um fremdes Eigentum handelte.

Von den allgemeinen Entbehrungen der ersten Kriegsjahre merkten wir wenig. Wenn uns allerdings Besucher Schokolade und Süßigkeiten mitbrachten, mußten wir diese Leckereien als Feldpostpäckchen umpacken und an Soldaten schicken. Verständlich, daß dabei manch ein Saugbonbon für uns abfiel. Wiederholt bekamen wir von unseren Hausangestellten, die vom Lande waren und »Futterpakete« erhielten, ein Stück Dauerwurst geschenkt.

In dem Kohlrübenwinter 1917 merkten wir Buben, daß mit der Ernährung etwas nicht stimmte. Der penetrante Rübengeruch, der allmählich die ganze Wohnung erfüllte, wurde unerträglich. Die mit Sacharin gesüßten Speisen waren ebensowenig ein Genuß wie die häufig servierten Dörrgemüsesuppen.

Bei einer günstigen Gelegenheit nahm uns das Kindermädchen heimlich in ein Kino mit. In dem Saal der Schöneberger Hauptstraße gab es auch Stehplätze. Es fiel mir auf, wie stickig die Luft war. Mit einer Handspritze wurde Duftstoff in dem Raum versprüht. Unter der Bildfläche stand ein Piano und der Klavierspieler führte die Begleitmusik aus. Es lief eine Grotesk-Komödie aus Amerika mit dem beliebten Schauspieler Fatty. Die

Zuschauer jauchzten vor Vergnügen. Wir waren beeindruckt und begeistert. Als ich mir später von einem Onkel etwas schenken lassen durfte, bat ich um eine Laterna magica. Mit diesem Gerät konnten wir für uns und Schulkameraden Vorstellungen geben. Damals ahnte ich nicht, daß diese Spielerei einst mein Leben bestimmen wird.

Unsere Eltern hatten in Groß-Mölln bei Köslin ein Haus, in dem wir einen Teil der Sommerzeit verbrachten. Ein Bruder meines Vaters, der Königsberger Architekt Kurt Frick, hatte es erbaut. In der Nähe befand sich ein Militärflugplatz und die Doppeldecker flogen manchmal so niedrig über die Strandpromenade, daß wir glaubten, sie würden die Sonnenschirme der Damen berühren.

In dem dort gelegenen Hotel fand einmal eine Soiree statt, in der ein Unterhalter als Beitrag eine zeitgemäße Strophe brachte:

»Ich glaube, ich glaube, da oben fliegt 'ne Taube. Sie kommt aus einem fremden Nest, daß sie hier bloß nichts fallen läßt.«

Die nach dem österreichischen Konstrukteur benannten Rumpler-Tauben galten in der Zeit als die erfolgreichsten deutschen Flugzeuge.

1917 wurde unser Vater eingezogen. Er hatte vorher nicht gedient und rückte bei dem II. Garderegiment zu Fuß ein.

Seine Mitarbeiter schenkten ihm einen Holzschnitt mit der Darstellung von abmarschierenden Soldaten, denen eine junge Frau Rosensträuße an Helm und Gewehr steckt. Darunter stand die Zeile: »Ein Tag der Rosen im August, da hat die Garde fortgemußt.« Der Text stammt aus dem Gedicht »Die Mädchen und die Garde« von Erdmann Graeser.

Unser Vater mit Klaus und mir im Stadtpark von Berlin-Schöneberg, etwa 1914

Weihnachten bekam Papa Urlaub, und wir waren glücklich, das Fest gemeinsam begehen zu können. Damals schenkte er Mama eine Biedermeierkommode für 350.-, die durch Zufall im Keller erhalten geblieben ist. Ebenso die Rechnung der Tischlerei Dennewitz in Berlin W 62, Kleiststraße 11–12. Das Möbel steht noch in unserer Diele.

Inzwischen wurden wir Zwillinge im Prinz-Heinrich-Gymnasium in der Grunewaldstraße eingeschult. Zu den Zuckertütenträgern gehörte unser

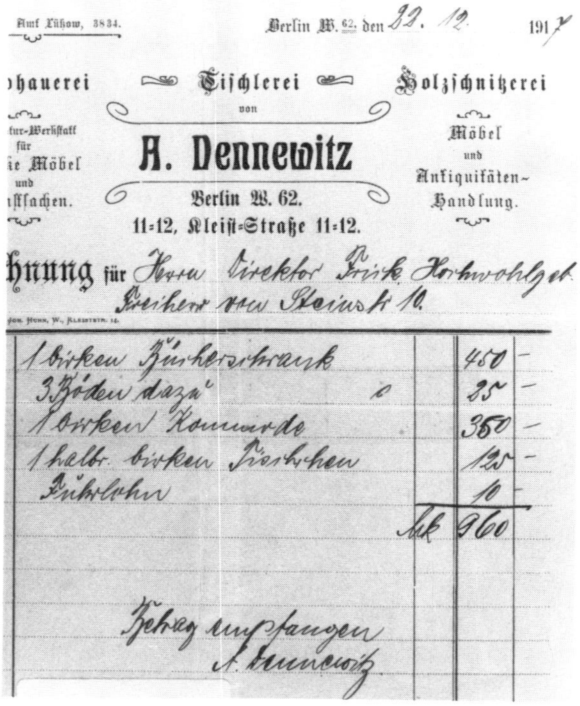

Amt Lützow, 3834. Berlin W. 62, den 22. 12. 1917

…hauerei — Tischlerei von A. Dennewitz — Holzschnitzerei

…tur-Werkstatt für …ie Möbel und …stsachen.

Berlin W. 62. 11-12, Kleist-Straße 11-12.

Möbel und Antiquitäten-Handlung.

…hnung für Herrn Direktor Frick Hochwohlgeb. Freiherr vom Stein Str. 10.

1 birken Bücherschrank	450 –
3 Böden dazu	35 –
1 birken Kommode	350 –
1 halbr. birken Tischchen	125 –
Fuhrlohn	10 –
Mk	960

Betrag empfangen
A. Dennewitz

Die in der Rechnung aufgeführte Biedermeier-Kommode blieb im Keller erhalten

Nachbar, Rudi Ball, der später ein berühmter Eishockeyspieler wurde.

Im März 1918 erhielt Papa abermals Urlaub. Wir waren zusammen im Varieté, dem späteren UFA-Palast am Zoo. Ich erinnere mich, wie ein Jongleur flache Herrenstrohhüte ins Parkett warf, die nach Art von Bumerangs im weiten Bogen auf die Bühne zurückflogen und dort von dem Artisten aufgefangen wurden. Eine von den »Kreissägen« landete allerdings unter der Rampe im Orchesterraum. Bei einer anderen Nummer wurde von dem Akteur eine wacklige Pyramide aus Tischen, Stühlen und Bierfässern errichtet. Nachdem er aufgestiegen war und sich an dem Quervorhang die Nase putzen wollte, stürzte das Gestell zusammen und der Künstler landete im eleganten Sprung auf der Bühne. Es trat eine Girl-Truppe auf, deren Körper von Hals bis Fuß in Trikots verhüllt waren. Nach dem Varieté-Programm lief eine Wochenschau.

Diesen Tag vergaß ich nie mehr.

Das Schicksal setzt den Hobel an

In der letzten Woche des Monats hatte unser Vater eine Besprechung mit Geschäftsleuten in der Stadt verabredet, zu der er nicht erschien. Da er auch nicht nach Hause kam, verbrachten wir bange Tage des Wartens und waren voller Sorgen. Nachdem meine Mutter eine Vermißtenanzeige aufgegeben hatte, erhielt sie nach einer weiteren Wartezeit von mehr als zehn Tagen eine Ladung für das Leichenschauhaus. Mit großer Mühe konnte sie dort unseren Vater identifizieren. Einige Tage später wurde ihr vom Standesamt eine Sterbeurkunde ausgehändigt, die besagte, daß der kaufmännische Direktor Walter Frick, geb. am 12. Februar 1880 zu Königsberg in Preußen, am 3. April 1918 im Landwehrkanal, Königin-Augusta-Straße 22, nachmittags um vier Uhr tot aufgefunden worden sei.

Er ist einem nie aufgeklärten Verbrechen zum Opfer gefallen. Unsere Mutter muß wie gelähmt gewesen sein. Sie ließ sich tagelang nicht sehen und brachte es nicht einmal fertig, uns Zwillingen von dem Unglück zu berichten. Louise kam zu uns ins Kinderzimmer, legte Klaus und mir ihre Hände auf die Schultern und stammelte unter Tränen: »Meine lieben Kinder, Euer guter Vater lebt nicht mehr.« Wir waren wie betäubt, vermochten es nicht zu glauben und wollten es auch nicht wahrhaben. Die Tragweite des Geschehens konnten wir nicht erfassen. In der Schule wollten wir mit keinem darüber sprechen. Die Mitschüler wußten es aber schon, die Zeitungen hatten davon berichtet.

Unverständlich blieb, daß Klaus und ich nicht an dem Begräbnis teilnehmen durften. Mama meinte später, daß wir damals noch zu klein waren.

Im Herbst mußten wir die teure Wohnung aufgeben und zogen in die Joachimsthalerstraße, nahe dem Zoo. Louise hatte wegen Heirat gekündigt und das Kindermädchen mußten wir entlassen. Fräulein Grete blieb bei uns.

Ein Teil vom Kurfürstendamm hatte damals noch einen Reitweg in der Mitte. Unter den S-Bahnbögen am Savignyplatz befanden sich Pferdeställe. Es war ein schöner Anblick, wenn die Reiter aus der Grolmanstraße kamen, den Boulevard hinunterritten und an der Ecke Joachimsthalerstraße zum Tiergarten abbogen.

Die Frauen im Damensattel und flachem Zylinder. Einmal sahen wir, wie aus der Toreinfahrt der heute noch bestehenden »Hotel-Pension Lloyd« neben Mampe eine Kutsche mit vier Pferden rollte. Es war wie in einem Gedicht von Detlev von Liliencron: »Viere lang, vorne Jean, fährt meine süße Lady.«

Die Firma, der Papa angehört hatte, die Baltic-Separator GmbH in Berlin-Schöneberg, machte Mama das Angebot über die Gewährung einer Pension und Beihilfe für uns drei Kinder bis zum 21. Lebensjahr, oder die Auszahlung einer einmaligen Abfindung. Mama, die niemals im Erwerbsleben gestanden und nichts von kaufmännischen Dingen verstand, wählte die Auszahlung. Deutschland hatte damals schon Friedensfühler ausgestreckt. In Verbindung mit den öffentlichen Regierungsmaßnahmen konnte man ohne viel Mühe aus den Zeitungen entnehmen, daß wir den Krieg verlieren würden.

Außerdem gab es am Kiosk an der Ekke Schweizer Journale zu kaufen, die das Thema Krieg und seine Folgen ausführlich behandelten. Das Verhängnis nahm seinen Lauf. Die Inflation griff um sich und unser Vermögen zerrann. Unsere Mutter, Tochter eines Dorfschullehrers bei Bromberg, stand der Situation hilflos gegenüber. Anstatt ihr Geld bei der Bank abzuheben und es wertbeständig anzulegen, was damals noch möglich war, lebte sie von dem Kapital. Nach der letzten Einkommensteuererklärung von 1917 hatte Papa Mk 83.213,25 verdient. Außer der stattlichen Abfindung von der GmbH, deren Höhe sie uns nicht mitgeteilt hat, bekam die Mutter auch die Lebensversicherung von Papa ausgezahlt. Mit diesen hohen Beträgen hätte sie Immobilien erwerben oder Antiquitäten,

Gold und Schmuckwaren kaufen können. Die benachbarte Kaiserallee, später Bundesallee, geriet zu jener Zeit fast völlig in ausländischen Besitz. Nur noch wenige Häuser gehörten Deutschen. In einer solchen Periode ließ sie sich von »guten Freunden« unser Haus in Groß-Mölln abschwatzen. Angeblich sollte es gegen ein Landhaus in Partenkirchen eingetauscht werden, da Mama den Ort besonders liebte.

Nach Verhandlungen mit unserer Hauswirtin, Frau Wanda Weihnacht, die in der gleichen Straße ein Früchtegeschäft betrieb, erhielten wir die Erlaubnis, drei bis vier Zimmer unserer Wohnung möbliert zu vermieten.

Bald erfolgte der militärische und politische Zusammenbruch Deutschlands. Als wir mit Grete vor einer Filiale »Pommersche Meiereien« nach Lebensmitteln anstanden, kam die Leiterin aufgeregt heraus und rief den Wartenden zu: »Es ist Waffenstillstand!« Ich fragte Grete, was das bedeute. Sie antwortete: »Jetzt schießen die Männer nicht mehr.«

Bald bestaunten wir Tanks, die am Zoo aufgefahren waren, lasen die Plakate an der Gartenmauer: »Halt! Wer weitergeht, wird erschossen!« Hinter der Umzäunung standen Bewaffnete in Uniform. Nach acht Uhr abends durfte keiner mehr auf die Straße.

Wegen der Untermieter mußte unsere Familie zusammenrücken und ich fand es besonders verdrießlich, daß ich jedesmal auf der Lauer liegen mußte, wenn ich mir ein Buch aus der Bibliothek holen wollte.

Die Geldentwertung galoppierte förmlich. Wenn wir einkaufen gingen, passierte es häufig, daß der Inhaber zwischendurch den Laden schloß, um neu auszupreisen. Ein Lebensmittelhändler hatte an seinem Geschäft ein Plakat mit der Aufschrift: »Auf Preiserhöhungen kann gleich gewartet werden.«

In den Nachkriegsjahren fiel in den Straßen eine ungewöhnliche Bettelei auf. Männer der verschiedensten Jahrgänge, darunter Invaliden und entlassene Soldaten, hielten den Vorübergehenden ihre Hüte und Kappen entgegen. Häufig trugen die Leute abgetragene Uniformen mit Orden und hatten ihre Soldbücher vor sich ausgebreitet. Die Mützen mit den schwarz-weiß-roten Kokarden, die unsere Truppen einst mit Stolz getragen hatten, dienten jetzt als Bettelgerät. Dachten die armen Kerle daran, daß ihnen einst der Dank des Vaterlandes versprochen wurde. Bei vielen herrschte bittere Not. Unter ihnen gab es Simulanten, Bummler und Schummler. Darunter »Blinde«, die sich nach Feierabend wieder ihres Augenlichts erfreuten. Ebenso sah man »Beinbeschädigte«, die abends ihre Krücken einem Kneipenwirt zur Aufbewahrung gaben. Am nächsten Tag wurden sie wieder abgeholt, sobald die Besitzer in »Stellung gingen«. Frauen, die sich verwahrloste Kinder ausliehen, um mit ihnen Mitleid zu erregen und zu betteln, waren gleichfalls vertreten. Hofsänger und Leierkastenmänner traten scharenweise auf. Sie brachten schaurige Texte von der weinenden Mutter, dem hungernden Sohn, dem

Grab in Flandern, den abgeschossenen Gliedern und der Frau im Morgenrot, die mit Kind an der Brust sterben mußte.

In der Umgebung vom Bahnhof Zoo standen zahlreiche Stiefelputzer. In teilweise witziger Art ermunterten sie die Passanten, sich die Schuhe wienern zu lassen. Da ihr Arbeitsgerät in erster Linie aus einer Stiefelputzbank bestand, wurden sie gern als »Bankangestellte« vorgestellt. So jedenfalls war es einem späteren Zille-Film zu entnehmen.

In unserem Haus gab es drei Arztpraxen. Einer von den Medizinern interessierte sich für die »neue junge Witwe« und suchte unsere Mutter unter den verschiedensten Vorwänden auf. Als wir zufällig erfuhren, daß er sich dafür um unsere Schulaufgaben kümmern wollte, weil wir doch keinen Vater mehr hätten, haben wir ihn gemieden. Unser Fräulein konnte den Arzt nicht leiden, weil sie vor seinen Besuchen extra in die Konditorei Schallehn am Lützowplatz fahren mußte, um für ihn eine bestimmte Keksart zu besorgen. Der große mächtige Medizinmann flößte unserer kleinen schmächtigen Mutter fast Scheu ein. Er war immer schwarz angezogen, hatte eckige Bewegungen und ein lautes polterndes Lachen. Wenn er sich krachend auf einem der zierlichen Sessel niederließ, fürchteten wir jedesmal, daß das Möbel unter seiner Last zusammenbrechen würde. Um nicht immer neue Besuchsgründe erfinden zu müssen, bat der Arzt, hin und wieder den Tee bei uns einnehmen zu können. Dafür bot er der Familie unentgeltliche Behandlung an. Angeblich konnte seine Wirtschafterin das Getränk nicht richtig bereiten.

Wie lange diese Übereinkunft dauerte, weiß ich nicht mehr. Nachdem der Doktor seine Haushälterin geheiratet hatte, war das Abkommen hinfällig.

Als wir – es war in den »Iden des März« 1920 – mit Grete zu Wertheim fuhren, ballte sich am Potsdamer Platz eine große Menschenmenge. Wir vernahmen den Marschtritt von Kolonnen und sahen bald einen Zug Uniformierter in dem bekannten Feldgrau. Sie trugen Stahlhelme, geschulterte Gewehre und Handgranaten im Koppel. An ihrer Spitze wehte die ehemalige Reichskriegsflagge. Die Kompagnieführer waren hoch zu Roß. Die Truppen marschierten in Richtung »Unter den Linden«. Dort wurden Geschütze aufgestellt. Der Wilhelmsplatz wurde ebenfalls besetzt. Sie sangen ein Marschlied, das uns unbekannt war:

> »Hakenkreuz am Stahlhelm, schwarz-weiß-rotes Band. Die Brigade Erhardt werden wir genannt.«

Der Kapp-Putsch war ausgebrochen.

Zu Hause empfanden wir Jungen es als eine interessante Abwechslung, daß wir wegen des bald ausgerufenen Streiks von der Pumpe an der Kurfürstendammecke Wasser holen mußten. Dort tränkten noch die Droschkenkutscher ihre Pferde. Wir saßen bei Kerzenlicht im Zimmer und konnten zu spät zur Schule kommen, weil die öffentlichen Verkehrsmittel den Betrieb eingestellt hatten. Die ältesten Kutscher, Kremser und Kaleschen belebten das Straßenbild.

Manche Rosinante, die schon für den Roßschlächter bestimmt, erhielt eine Gnadenfrist und zuckelte über das Pflaster. Das billige Pferdefleisch war damals begehrt. Wer eine Taxe ergattert hatte, benutzte sie nicht für sich allein, sondern rief an der nächsten Ecke den Wartenden zu: »Alexanderplatz!« oder »Bahnhof Friedrichsstraße!« Im Nu war eine Fahrgemeinschaft zusammen, die das gleiche Ziel hatte. Die dilettantisch unternommene Revolte brach zusammen. Nach einigen Tagen hatte sich das Leben normalisiert. Die Regierung, die erst nach Dresden geflohen war und von dort aus nach Stuttgart gegangen war, kehrte nach Berlin zurück.

Daß der spätere Reichskanzler und Außenminister Gustav Stresemann – 1926 Friedensnobelpreisträger – den Handstreich begrüßt hatte, zeugt von der damaligen Verwirrung. Dieser unterlag auch der Kultur- und Geschichtsphilosoph Oswald Spengler, der auf der Ministerliste von Wolfgang Kapp stand.

Die Restitution der Monarchie, an die manche geglaubt hatten, wurde nicht vollzogen. Im Kabarett konnte weiter gespöttelt werden:

> »Wen haben sie nach Holland verschoben? Wilhelm, den Doofen, den Oberganoven, den haben sie nach Holland verschoben. Wer hat ihm die Krone geklaut? Ebert, der Helle, der Sattlergeselle, der hat ihm die Krone geklaut.«

An einem Vormittag klingelte bei uns eine schwer bewaffnete Patrouille von drei Mann. Sie wollten in der Wohnung eine Durchsuchung nach Waffen vornehmen. Die Uniformierten waren höflich und kontrollierten die Räume nur flüchtig. Als Grete ihnen das noch unaufgeräumte Schlafzimmer unserer abwesenden Mutter öffnete, sagte der Streifenführer »Pardon« und ließ den Raum nicht betreten. Vermutlich gehörten die Männer zu dem Landesschützenkorps, das in der gegenüberliegenden Gemeindeschule sein Bezirkskommando hatte. Zwei Schrotflinten, die im Herrenzimmer an der Wand angebracht waren, nahmen sie ab, untersuchten sie kurz und hingen sie wieder zurück.

Wie wir später erfuhren, wurden die Kontrollen nur in vereinzelten Fällen und besonders in den vierten Etagen durchgeführt.

Neben Angst und Not herrschten Hunger und Krankheiten. Der Versailler Vertrag mit den Reparationen, deren Höhe und Laufzeit nicht einmal festgelegt waren, lastete auf der Bevölkerung.

Vor den Asylen für Obdachlose stauten sich jeden Abend Leute, die kein Quartier hatten. Ebenso sah es vor den Schlafsälen der Heilsarmee aus. Die städtischen Wohlfahrtsküchen, die gegen Ausweis Essen für zwanzig Pfennig ausgaben, waren belagert. Luxus und den Besuch von teuren Schlemmerlokalen konnten sich nur die Neureichen, die »Raffkes« sowie die Ausländer leisten. Ein Kabarett verkündete davon:

> »Vollgefressen erst bei Schweimler, saust man dann auf Austro-Daimler. Doch die Liebste auf Mercedes, denn ein jeder braucht sein jedes, nur der Goi, der geht per pedes.«

Am 23. Juni 1923 wurde der Dollar mit einer Million Mark notiert. Der Transport der Banknoten erfolgte häufig in Waschkörben auf Handkarren. Da die Bezahlung der Hilfskräfte zum Geldzählen in keinem Verhältnis zu ihren effektiven Leistungen stand, wurden die Geldscheine von manchen Instituten nach Gewicht ausgegeben.

Staatliche Bildungsanstalt in Naumburg an der Saale

Ostern 1922 teilte Mama uns unvermittelt mit, daß wir auf ein Alumnat nach Naumburg a. d. Saale kommen würden. Es gehörte bis 1920 zu den acht Kadetten-Voranstalten, die auf Grund des Versailler Vertrages aufgelöst wurden. Im gleichen Jahr hatte Preußen sechs der früheren Kadettenanstalten in Internatsschulen vom Typ der Staatlichen Bildungsanstalt (STABILA) umgewandelt. Über diese plötzliche Wende waren wir keineswegs erfreut. Die Idee hierfür war Mama schon früher in Groß-Mölln gekommen, als wir manchmal Zöglinge aus dem benachbarten Korps in Köslin eingeladen hatten und unser Vater mit den Erziehern Segelpartien machte.

An einem trüben Apriltag bestiegen wir zu Viert den Bummelzug am Anhalter Bahnhof. In der vierten Klasse rollten wir Jungen einer ungewissen Zukunft entgegen. Am Frühnachmittag kamen wir an, eine Taxe brachte uns zu der Anstalt. Eine rote Mauer mit einem schmiedeeisernen Zaunaufsatz umgab das Gelände. Nach der Meldung bei dem Pförtner betraten wir das ehemalige Kommandeurhaus, das damals als Dienstwohnung für den Direktor diente. Der Anstaltsleiter empfing uns kurz. Es fiel mir auf, daß sein rotes Gesicht einen merkwürdigen Kontrast zu seinem blauen Cheviotanzug bildete, der stark glänzte. Der Chef übergab uns an einen Major von Block, der die Aufsicht über die Oberabteilung (OA) führte, der wir zugeteilt wurden. Von ihm erfuhren wir, daß die Anstalt zwei OA – Ost und West – mit zusammen über 200 Schüler umfaßt. Der Ex-Major wurde noch mit seinem militärischen Titel angesprochen. Er trug eine leicht abgeänderte Uniform ohne Biesen und ohne Litzen, Reithosen und hohe Stiefel. Er war sehr liebenswürdig zu Mama, ganz Kavalier der alten Schule und seine etwas schnarrende Stimme störte nicht. Er führte uns durch das Gebäude mit seinen umfangreichen Einrichtungen. In dem Bogen des Hauptportals fiel mir eine mystisch leuchtende Glasmalerei auf, die den preußischen Gardestern mit der Inschrift zeigte: »Suum cuique«. Es klang wie eine Kurzform für einen kategorischen Imperativ.

Die beiden Oberabteilungen hatten je zehn Stuben. Zwischen zwei Schülerstuben lag jeweils eine Erzieherwohnung, die Wohn- und Schlafraum enthielt. Das gesamte Innere des Hauses und die Einrichtung waren von spartanischer Einfachheit. Die Wände mit Öl gestrichen

Staatliche Bildungsanstalt in Naumburg an der Saale, etwa 1930

und ohne Bilder. In den Stuben schlichte Tische und Stühle, braune schmale Spinde mit Namensschildern. Ein hohes wackliges Stiefelregal gehörte zu der Ausstattung. Eine Waschecke enthielt eine Emailleschüssel mit Kanne und Wassereimer. Daneben Besen, Handfeger und Schaufel. Über diesem Komfort hing ein großer Spiegel. Das ganze Haus verbreitete einen Hauch von Strenge und Kälte. Es wurde noch mit Gas beleuchtet. Die Schüler trugen zum Teil die rot gefütterten blauen »Waffenröcke« aus der Kadettenzeit, die zu Ziviljacken mit schwarzen Holzknöpfen umgearbeitet waren. Dazu lange schwarze Hosen mit Gummisteg.

Hans war bei der Aufnahmeprüfung in Latein so gründlich durchgefallen, daß Mama ihn am nächsten Tag wieder nach Berlin mitnehmen mußte. Ich vermute, daß er es absichtlich so eingerichtet hatte. Außerdem war er schon am Ankunftstag in eine mächtige Keilerei mit seinem Stubenältesten geraten, als er dessen Anordnung nicht unverzüglich befolgen wollte. Genützt haben ihm seine Manöver nicht, denn er kam in ein Alumnat nach Norddeutschland.

Klaus weinte in der ersten Zeit öfters, weil er Heimweh hatte und ihm die Umstellung so schwer fiel. Ferner konnte er die bisweilen recht rauhen Späße der Mitschüler nicht ertragen.

Jeden Stadturlaub mußten wir schriftlich beantragen. Ohne Angabe von Gründen konnten die Erzieher die Anträge ablehnen. Widerspruch war unerwünscht. Die häufige Antwort eines Erziehers klingt mir heute noch in den Ohren: »Halt den Mund! Ich habe Dich nicht aufgefordert, etwas zu Deiner Verteidigung anzuführen!« Zack-Zack. Den Stadturlaubsschein mußten wir beim Pförtner abgeben – einem ehemaligen Unteroffizier von der Gardedukorps in Potsdam – um passieren zu können. Vor sieben Uhr abens mußten wir zurück sein, um an dem gemeinsamen Abendbrot teilzunehmen. Manchmal schrillte ein Glockenzeichen für einen Appell. Dann traten wir vor unseren Stuben an und die vor der Front stehenden Stubenältesten meldeten dem Oberabteilungsältesten, einem Primaner, die Stärke ihrer Belegschaft. »Stube 1 mit zehn Mann zur Stelle. Einer beurlaubt, einer Lazarett.« »Stube 2 mit zwölf Mann vollzählig.« Nachdem der OA-Älteste dem Erzieher vom Dienst die Gesamtmeldung erstattet hatte, gab dieser dienstliche Anordnungen bekannt. Als einmal unser Religionslehrer und Hauspfarrer mit einer brennenden Zigarre zum Appell kam, ging im zweiten Glied Gemurmel los: »Zigarre aus, Zigarre aus!« Der Pfarrer wurde blaß und warf seine Havanna mit Bauchbinde aus dem Parterrefenster auf ein abgeräumtes Blumenbeet.

Zu den Mahlzeiten klingelte es. Wir traten vor den Stuben an und rückten in zwei Reihen, natürlich ohne Gleichschritt, in den Eßsaal. Vor dem Mittagstisch hatte der »UvD« – Bezeichnung für den längst abgeschafften Unteroffizier vom Dienst – ein Gebet zu sprechen. Danach gab der Erzieher das Kommando »Setzen!« Wir saßen auf Bänken ohne Rückenlehnen. An jedem Tisch nahm auf einem Stuhl ein Studienrat Platz. Die Essen waren karg. Die Abendgerichte besonders dürftig. Zwei Quarkschnitten und ein Becher Tee konnten uns nicht sättigen, zumal wir fast täglich Sport trieben. Gab es aber mal Bratkartoffeln, erhielten wir nicht genug. Von einem bestimmten Termin an gab es sonnabends zwei Butterbrote und Kakao. Ein Festtag für uns! Der Kakao war zwar mit einer uns unbekannten, leicht sandigen Substanz angereichert, aber er schmeckte uns und wir konnten die Tischkannen nachfüllen lassen. Hierzu »stemmte« der jeweilige Stubendienst den leeren Behälter hoch. Dann kam einer von dem vierköpfigen Eßsaaldienst der Schüler, um die Kanne abzuholen und sie von dem »Knux«, dem Küchenchef, auffüllen zu lassen. Dieser Dienst hatte einen Extratisch neben der Speisenausgabe. Wenn der Chef verhindert war, wurden Ausgabe und Nachfüllen von einer »Knuxkalle« ausgeübt. Hierbei ergaben sich günstige Gelegenheiten, um zwischen den Mädchen und Zöglingen zarte Bande zu knüpfen. Wenn ein Teilnehmer vom Saaldienst nicht interessiert war oder die betreffende Maid nicht seinen »psychoerotischen Anforderungen« genügte, konnte er sich als Postillon d'amour betätigen. An Anwärtern fehlte es nicht.

Nachdem der Kakao eingeführt war, schnallten sich viele von uns am nächsten Sonnabend Feldflaschen unter die Jakken und füllten sie bei Tisch heimlich mit dem begehrten Getränk. Der hohe Verbrauch der hierbei entstand, fiel natürlich in der Küche auf. Als wir am Samstag danach wieder mit unserer Originalabfüllung abrückten, mußten wir auf dem Flur haltmachen. Zwei Erzieher kontrollierten uns und beschlagnahmten die Feldflaschen. In Zukunft beschränkte sich der zugeteilte Nachschlag auf einen Becher pro Schüler.

Wir hatten ständig »Kohldampf«, und es herrschte die unschöne Sitte, daß manche Kameraden sich von anderen einen »Abbiß« von den Stullen geben ließen, die sich die glücklichen Empfänger von Futterpaketen bereiten konnten. Bei dem benachbarten Bäcker Lützkendorf kauften wir Kuchenkrümel, Randstücke und altbackenes Brot zu ermäßigten Preisen. Bei uns ging keine Krume verloren. Da wir nur 1,50 Taschengeld pro Monat bekamen, waren unseren Käufen Grenzen gesetzt. Wenn unsere Studienräte aber ermittelten, daß unsere Ausgaben diesen Etat überschritten, wurden die Eltern schriftlich ermahnt, uns keine Extra-Zuwendungen zu machen. Aus erzieherischen Gründen sollten keine sozialen Unterschiede herausgestellt werden. Das Erhalten von Paketen dagegen war gestattet. Es war üblich, daß man einen Teil der »Fressalien« an seine Stubenkameraden abgab.

Die Erzieher wurden von uns in der dritten Person angeredet. Von den alten Lehrern wurden öfters schon die Sextaner gesiezt, weil dies auf der Kadettenanstalt Vorschrift war.

Für Erkrankte stand uns ein Arzt, der »Assi« zur Verfügung. Er untersuchte und ordinierte im sogenannten »Revier«. Der längst pensionierte, ehemalige Kinderarzt wohnte in der Stadt und war nur stundenweise für uns tätig. In seiner Art war er ein Genius. Er benötigte niemals einen Medikamente-Katalog. Jod, Mixtura solvens, Kampferspiritus, Trikotschlauchbinde und Rizinusöl gehörten zu seinen täglichen Verordnungen. Unsere festangestellte Krankenschwester assistierte ihm. Für Bettkranke hatten wir ein eigenes Lazarett. Wir ließen uns gern dort einweisen, weil es mit besserer Verpflegung verbunden war, wir auf diese Weise schwänzen konnten, und schließlich der Lazarettgehilfe über einen Vorrat von Mikosch-Witzen verfügte.

Rauchen war erst ab Obersekunda von 9-10 Uhr abends auf den Stuben gestattet, falls eine schriftliche Erlaubnis der Eltern vorlag.

Die Zöglinge von Sexta bis Untersekunda mußten um 9 Uhr zu Bett gehen. Hierzu sprach der »UvD« das Gebet: »Nun ist es Nacht, wir gehen zur Ruh und schlafen dankbar ein. Gott, lieber Vater, wache Du für uns, denn wir sind Dein.« Manche Lehrer verlangten auch das »Vater unser«. Der Diensthabende rief uns »Gute Nacht«, wir antworteten auf die gleiche Weise.

Als wir uns einmal über einen Studienrat geärgert hatten, weil er die Strafversetzung eines beliebten Schülers verfügt hatte, verweigerten wir ihm die Erwiderung und blieben stumm. Obwohl wir ihn nicht dazu beauftragt hatten, entschuldigte sich der spätere Minister

Hans Joachim von Merkatz, der damals Primaner war, bei dem Doktor.

Der UvD hielt von 9-10 Uhr auf dem Schlafsaal Wache, es durfte nicht gesprochen werden und es herrschte absolute Nachtruhe. Die Gasbeleuchtung verbreitete ein blaues Notlicht. Um 10 Uhr mußten die älteren Mitschüler ihre Betten aufsuchen. Mit ihnen kam der Erzieher vom Dienst, der in einer verglasten Kabine im Saal schlief.

Um 7 Uhr früh wurden die doppelte Saaltür und die Verbindungstür zum Waschraum ruckartig von einem Hausbeamten aufgerissen. Fast gleichzeitig verließ der Erzieher sein Kabinett und rief: »Aufstehen!« Er durcheilte die beiden Gänge zwischen den drei Bettreihen. Wir waren ruck-zuck auf den Beinen und gingen in den Waschsaal. An das kalte Wasser hatten wir uns schnell gewöhnt. Wenn sich die »Neuen« nach Ostern nicht gleich damit abfinden konnten, half ihnen der Stubenälteste auf die Sprünge und tauchte ihre Köpfe feste in das kühle Naß.

Um 7.30 Uhr gab es zum Frühstück Roggenmehlsuppe.

Um 8 Uhr begann der Unterricht. Die Lehrer wurden stehend empfangen. Nachdem der Primus die Klassenstärke gemeldet hatte, durften wir uns auf Anordnung setzen. Die erste Stunde wurde mit einem Gebet begonnen.

Wenn der Lehrer für Französisch gute Laune hatte, rief er beim Betreten des Schulzimmers: »Chantons!« Wir stimmten an: »J'avais un camarade ...«

Niemand ahnte, daß wir nach fünfzehn Jahren tatsächlich viele unserer Kameraden verloren haben würden. Manche Zöglinge, die damals dankbar waren, wenn sie auf einer Fahrt zu einem deutschen Soldatenfriedhof im Ausland die Gräber ihrer Väter aufsuchen konnten, lagen später unter der fremden Erde im »Feindesland«.

In der großen Pause gab es eine Klappstulle, deren Belag häufig aus »Mammut«, einer gestampften Masse aus Erbsen, Kartoffeln und einer nicht definierbaren Zutat oder aus Quark bestand.

Nach dem Mittagessen hatten wir für Schulaufgaben zweieinhalb Stunden Arbeitszeit, während der wir nur mit Erlaubnis des Stubenältesten kurz und leise sprechen durften. Der Erzieher hielt während dieser Zeit die Verbindungstüren zu unseren beiden Stuben geöffnet. Wir konnten uns mit Fragen an ihn wenden und wurden von ihm inspiziert. Wer laut memorieren wollte, konnte dies nach »Abmeldung« auf dem Flur tun. Als ich mir bei einer solchen Gelegenheit auf dem Korridor eine geschenkte Zigarette ansteckte, wurde ich ertappt. Mein Sonntagsurlaub für eine Geburtstagsfeier wurde gestrichen.

Nach der Einnahme des Vesperbrotes mit Marmelade oder Kunsthonig und einem Becher Malzkaffee hatten wir bis zum Abendbrot Freizeit. Diese Stunde verbrachten wir mit Sport, Lektüre, Proben für Schüleraufführungen, Basteln und Brettspielen.

Jeden donnerstagabend hörten wir auf dem Flur die lang gezogene Stimme des UvD: »Putz- und Flickstunde!«

Darauf nahm der jeweilige Stubendienst unsere Wasserkanne, um aus der Küche im Keller vorbereitetes Salmiakwasser zu holen. Damit bürsteten wir unsere Kleidung aus. Einige Kameraden hatten sogar Fertigkeiten im Strümpfestopfen erworben. Das Annähen von Knöpfen gelang bald. Ich erinnere mich an einen Mitschüler, der einen Dreifuß besaß und Stiefel besohlen konnte.

Wer sich in der Anstalt beschweren wollte, durfte dies erst vierundzwanzig Stunden nach dem betreffenden Vorfall tun. Danach sah die Sache schon ganz anders aus, weil man genügend Abstand zu dem Vorgang gewonnen hatte.

Als Klaus sich nach einem Jahr noch nicht richtig eingelebt hatte, machte ich ihm den Vorschlag, unsere Sachen bei einem Altwarenhändler zu verkaufen, Fahrkarten zu besorgen und nach Berlin auszukratzen. Ich konnte mir nicht vorstellen, daß man zwölfjährige Kinder mit Gewalt in eine über 200 Kilometer entfernte Schule zurückbringen würde. Für solch Vorhaben fehlte meinem Bruder der Mut. Oder war es schon Besonnenheit, die ihn davon abhielt, und ich verwarf den Plan.

Den anderen Zöglingen ging es vielfach nicht besser. Nicht wenige hatten ihre Väter im Krieg verloren. Die meisten waren durch die Inflation verarmt. Das Internatsleben bedeutete für alle eine große Umstellung.

Da unser Haus verkauft war, mußten wir die ersten Sommerferien in Berlin verbringen und gerieten dadurch in bedrückte Stimmung. Grunewald und Wannsee boten nur einen dürftigen Ersatz für den Ostseestrand.

Dank der Generosität eines Bekannten unserer Familie hatten wir später das große Glück, die meisten Ferien auf dessen Schloß im Harz verbringen zu können.

Den Zeitungen entnahmen wir im Urlaub, daß die Rathenaumörder etwa zehn Kilometer von der Stabila entfernt, auf der Burgruine Saaldeck ihr verdientes Ende fanden. Der Attentäter Kern wurde von einem Hilfspolizisten bei einem Feuergefecht getötet. Darauf beging Fischer Selbstmord. Die Helfershelfer kamen mit kurzen Gefängnisstrafen davon. Den ersten Sonntag nach den Ferien benutzten wir, um an den Ort des Geschehens zu fahren und uns von den Einheimischen darüber berichten zu lassen.

Einesteils waren wir ganz froh, daß die Ferien beendet und wir wieder in Naumburg waren. Im Kreis der Kameraden, im Rhythmus der Anstalt traten unsere persönlichen Sorgen zurück. Wir hatten Grund, uns über die vorbildlichen Sportanlagen des Internats, seine Flußbadeanstalt und die Boote auf der Saale zu freuen. Die Landschaft war von besonderem Reiz. Man muß versuchen, aus jeder Lage das Beste zu machen.

Klaus hatte im Unterricht keine Probleme, während ich in Mathematik ein Versager war. Das ging soweit, daß der Lehrer, Dr. Altstetter, mich aufforderte, seinen Stunden fernzubleiben und während dieser Zeit in unserem Botanischen Garten spazieren zu gehen. Ein seltsamer Pädagoge, der mich dem Gespött meiner Mitschüler preisgab.

In der äußeren Ecke dieser Gartenanlage befand sich das Grab eines jungen Mädchens, die sich dort vor Jahren aus unglücklicher Liebe zu einem Kadetten erschossen hatte. Mit Erlaubnis der Stadt ist sie auf unserem Gelände begraben worden, worum die Eltern gebeten hatten. Als ich in meiner erzwungenen Freiheit verwelkte Blumen von dem Grabstein entfernte und sie durch frische Blüten ersetzte, tauchte ausgerechnet unser Schuldirektor mit seiner Morgenzigarre auf. Ich mußte ihm meinen unglaubhaft anmutenden Aufenthalt erklären, denn er hatte vermutet, daß ich den Unterricht schwänzen und dort eine Art Totenkult treiben würde. Darauf forderte er mich auf, ihm in das Klassenzimmer zu folgen und er übergab mich an Dr. Altstetter.

Diesem war es sichtlich peinlich, daß seine »Erziehungsmaßnahme« durchkreuzt worden war. Meine Teilnahme an den Mathematikstunden hatte der Direktor wieder hergestellt. Meine mangelhafte Begabung konnte dadurch nicht beseitigt werden. Der Studienrat war ein beispielloser Zyniker. Als ich wieder einmal eine Algebrafrage nicht beantworten konnte, ging er auf mich zu, musterte mich mit höhnischem Kopfschütteln und sagte: »Ihre Fliege sitzt ja wieder prima, aber darüber im Kopf, da sitzt bei Ihnen nichts. Sie können sich doch als Krawattenbinder bei Wertheim bewerben. In einem Gymnasium haben Sie nichts zu suchen.« Ausgerechnet bei dieser Firma, von der die Berliner witzelten: »Kauf nicht bei Wertheim, da gehst du ohne Wert heim«.

Ein Mitschüler wurde mit ähnlichen Komplimenten bedacht: »Mensch, Glombig, für Leute mit Ihren Geistesanlagen ist unsere Anstalt nicht gedacht, mit Ihrer schönen Handschrift können Sie doch als Schreiber in eine Margarinefabrik eintreten. Wenn Sie Sonntag Urlaub nach Bad Kösen bekommen, können Sie gleich bei ihrer Mutter bleiben. Eine Aufwendung öffentlicher Mittel ist bei Ihnen nicht gerechtfertigt.«

Als derselbe Lehrer im Physikunterricht demonstrieren wollte, daß der Entzug von Sauerstoff bei einem Lebenwesen zum Tode führt, wurde hierzu eine Feldmaus unter eine Glasglocke gesetzt. Da meldete sich ein verwöhnter Junge aus reichem Haus zu Wort und sprach geschwollen-pathetisch: »Ich bitte Herrn Doktor, den Klassenraum verlassen zu dürfen. Das Töten einer mus rusticus auf diese Weise verletzt mein ästhetisches Empfinden.« Der Studienrat antwortete verärgert: »Sie können gehen. Aber wenn ich Sie als Obersekundaner erleben müßte, würde mein ästhetisches Empfinden nicht minder verletzt.«

In diese Zeit fällt der Tod unseres verehrten Lateinlehrers. Er war Junggeselle und ging in der Welt der Antike auf. Nach seinen Schilderungen kannte er sich in Griechenland und Italien besser aus als in unserer Kleinstadt. Jeden Morgen kam seine Wirtschafterin, um ihm das Frühstück zu bereiten und den

Haushalt zu besorgen. Eines Tages saß er nicht auf seinem gewohnten Platz. Sie entdeckte den Professor leblos in der Badewanne. Ein Defekt in der Gasleitung hatte zu dem Unglück geführt.

Der Lehrer wurde in der Anstaltskapelle aufgebahrt. Sechs Primaner in blauen Anzügen hielten die Totenwache. Unbeweglich, wie aus Stein gehauen, flankierten sie bei flackerndem Kerzenlicht den Sarg, als der Pfarrer den Abschied zelebrierte. Kaum einer von uns konnte die Tränen unterdrücken, als die Orgel das Lied vom guten Kameraden intonierte.

Politische Betätigung und die Zugehörigkeit zu solchen Verbänden waren uns verboten. Unser Mitschüler Schnaffke war trotzdem heimlich einem konservativen Ordensbund beigetreten und wurde sogar zum Bannerträger seiner Formation ernannt. Als diese Organisation einen öffentlichen Appell in der Stadt durchführte, mußte Schnaffke Farbe bekennen und mit wehender Fahne antreten. Keiner von uns hätte ihn verpetzt – sowas war verpönt – und die Erzieher hätten wahrscheinlich weggesehen, wenn sie ihm begegnet wären. Der Bannerträger hatte aber das Pech nach der Veranstaltung von politischen Gegnern überfallen zu werden, die ihn verprügelten. Er mußte sich im Krankenhaus verbinden lassen und dadurch erfuhr unser Direktor von der Sache. Der Schüler mußte aus dem Orden austreten und kam mit einer schriftlichen Verwarnung davon.

Schnaffke blieb von weiterem Pech nicht verschont. Er verehrte eine auffallend hübsche Lyzealschülerin. Man sah die beiden gelegentlich durch die Stadt radeln. Züchtig, wie es sich geziemt, zog sie dabei unaufhörlich den Rock übers Knie. Einmal kamen sie an einem Haus vorbei, an dessen Gartentür ein Schild prangte: Roswitha Mehlhorn – staatlich geprüfte Hebamme. Unser Zögling deutete auf den Hinweis und fragte seine Begleiterin aus Scherz: »Wann wollen wir denn unsere bestellen?« Darauf trat die Primanerin halb bestürzt, halb wütend, mit voller Kraft in die Pedale und ward nicht mehr an seiner Seite gesehen.

Ein Original unter den Erziehern war der Pfarrer Dr. Unverzagt. Über seine bildhaften sowie pathetischen Formulierungen mußten wir häufig lachen.

Als er einmal von dem Bibelwort sprach, daß es schwer ist, »wider den Stachel zu löcken«, fragte der Schüler v. R. mit harmlosen Gesichtsausdruck, ob das Wort nicht »Löken« heißt? Der Geistliche erwiderte, daß ihm die Frage unverständlich sei, da es sich hier um völlig verschiedene Begriffe handelt. Der Tertianer gab zur Antwort, daß wir doch gelegentlich von dem Herrn Pfarrer als »Löken« bezeichnet werden! Der Doktor stutzte einen Augenblick und rief dann mit Emphase: »Von R. ich hätte nicht gedacht, daß der alte Potsdamer Stadtadel zum Mob der Gasse herabsinkt!«

Ein Schüler rief: »Stubendienst, lachen!«

Der Pfarrer: »Wer war das?«

Als sich keiner meldete, wiederholte

Dr. Unverzagt: »Wer war das? Sofort aufstehen!«

Keiner meldete sich. Der Pfarrer verfügte:

»Die ganze Klasse hat heute eine Stunde Nachsitzen!«

Aus organisatorischen Gründen konnte die angekündigte Buße nicht am gleichen Tag durchgeführt werden. Der Klassenprimus benutzte den Aufschub, um sich zu entschuldigen. Der Pfarrer setzte die rechtlich ohnehin zweifelhafte Kollektivbestrafung aus.

Sobald der Geistliche keine bildhaften Redewendungen benutzte, konnten seine Satzprägungen mal danebengehen. Auf dem Appellplatz gab er der soeben angetretenen OA bekannt: »Morgen ist in den Stuben auf besondere Ordnung und peinliche Sauberkeit zu achten. Es kommt ein hoher Beamter aus dem Kultusministerium und geht bei uns durch.« Über das schallende Gelächter war Dr. Unverzagt zunächst irritiert, aber dann huschte ein Lächeln über sein Gesicht. Ein Satz von ihm stimmte uns nachdenklich: »Der Sonnenschein des Idealismus macht keine kalte Stube warm.«

Der Doktor war von gleichbleibender Höflichkeit und ein Herr mit vorbildlichen Allüren. Er zog vor der Zeitungsfrau genau so tief den Hut wie vor dem Schuldirektor. Er schätzte Niveau, legte Wert auf Maßanzüge, seidene Krawatten mit Nadel und steife, blütenweiße Manschetten. Er bewohnte mit seiner Frau eine gediegene Villa mit gepflegtem Garten. Als ihm eine Pfarrei in der Stadt angeboten wurde, lehnte er sie ab, weil er nicht die düstere, in einer Gasse gelegene Dienstwohnung mit Gasbeleuchtung beziehen wollte. Als er aus ähnlichen Gründen eine Pfarrstelle in Merseburg nicht annahm, wurde er in das Frauengefängnis einer norddeutschen Stadt versetzt. Ein solcher Posten war nicht nach seinem Sinn.

1936 traf ich den Geistlichen bei einer Vorführung von »Traumulus« und er lud mich anschließend zu einem Glas Riesling ein.

Bei dieser Premiere in Berlin beehrte Emil Jannings den Nachwuchsschauspieler Hannes Stelzer mit einer sehr freundlichen Geste. Er stellte uns den Darsteller mit den Worten vor: »Ich mache Sie hier mit meinem neuen Kollegen, Hannes Stelzer, bekannt. Sie werden noch viel von ihm hören.«

Die Laufbahn des jungen Künstlers wurde zum allgemeinen Leid jäh beendet. Während des Krieges meldete er sich zur Luftwaffe und fand 1944 bei einem Übungsflug den Tod.

In der Anstalt waren drei Hausdamen beschäftigt, die keine Lehrbefugnis besaßen. Ihre Erziehungsmaßnahmen beschränkten sich auf Kontrolle der Schulaufgaben, pädagogische Anleitung und Hofaufsicht. Sie wohnten in den üblichen Erzieherwohnungen. Dienst im Schlafsaal brauchten sie nicht wahrnehmen.

Eine Dame namens »Frau Major« Schladebach zeichnete sich durch besondere Haltung, Würde, scheinbare Unnahbarkeit und eine gewisse Knauserigkeit aus. Ihr Gang bestand aus bühnenhaftem Schreiten und Stolzieren. Bei dem Zuschnitt von Stoffen für ihre Garderobe war sie nicht kleinlich. Ihre Rökke reichten bis zum Knöchel, die Ärmel bis zum Handgelenk und den Hals zierte eine Krause. Ich mußte während einer längeren Zeit an den Sonntagen für sie in die Stadt gehen, um für sie und ihren Besucher Kuchen zu besorgen. Sie ist nie auf die Idee gekommen, mir auch ein Stück zu spendieren, obwohl ich jedesmal achtzig Minuten für den Weg brauchte.

Als die Dame mich wegen einer Antwort, die sie als ungehörig empfand, mit dem Rohrstock schlagen wollte, weigerte ich mich, vor ihr die verlangte Bückstellung einzunehmen. Darauf rief sie einen Kollegen zur Unterstützung und forderte ihn auf, die Strafe in Form von drei »Jagdhieben« an mir zu vollziehen. Der Erzieher tat es. Vorher bat er sie, den Raum zu verlassen, damit ich nicht unnötig gedemütigt würde.

Als ich an einem Vormittag trotz Verbot auf meine Stube schlich, um ein vergessenes Heft zu holen, hörte ich aus der Erzieherwohnung jener Dame das Stimmengewirr von Herren und Damen, Gläserklingen und übermütiges, erkitzelt wirkendes Gelächter.

Hatte ich den Aufgabenkreis der Hausdamen nicht ganz übersehen!

Obwohl es keine Pflicht war, an den sonntäglichen Gottesdiensten teilzunehmen, wurden wir indirekt dazu angehalten. Als ich mich an einem Sonntagvormittag davor drückte und allein in der Stube war, kam Frau Schladebach herein. Sie fragte mich, warum ich nicht in der Andacht sei und ich erwiderte, daß ich den Gottesdienst bereits vernommen hätte. Auf ihre ungehaltene Frage, was das heißen sollte, ging ich zum Fensterbrett, schob den Vorhang zur Seite und schaltete den Detektor mit dem Leipziger Sender ein. Ich erklärte ihr, daß ich eine Liturgie per Radio empfangen hätte.

Von dem Gerät wußte sie nichts, denn Klaus hatte es erst einen Tag vorher zusammengebastelt. Ob es zulässig war, diesen Apparat in Betrieb zu nehmen, konnte in der Anstaltsordnung von 1920 noch nicht festgelegt sein. Ein Verbot wegen des Empfangs konnte demnach nicht bestehen. Nach einer kurzen Verlegenheitspause erklärte »die Majorin«, daß ich selbstverständlich den Gottesdienst des Pfarrers zu besuchen habe, der mich konfirmieren würde. Meine Antwort, daß Klaus und ich zwar in Naumburg Konfirmationsunterricht hätten, aber auf Bitten meiner Mutter in der Gedächtniskirche von Berlin eingesegnet werden, paßte ihr gar nicht. Leicht indigniert verließ Frau Schladebach den Raum. Nach einigen Minuten kam sie zurück und fragte, was ich da lesen würde. Meine Auskunft lautete: »Germinal« von Emile Zola. Sie näherte sich meinem Platz und nahm mir das Buch weg. Auf meinen Einwand, daß mir Herr Dr. Baumdorf den Band aus der Lehrerbibliothek gegeben habe, ging sie nicht ein. Sie legte das Buch ostentativ auf einen benachbarten Tisch. Dann versenkte sie Daumen und zwei Finger der rechten Hand in ihren Rockbund und nestelte daran herum. Ich glaubte erst, daß sie mir etwas zeigen wollte, was sie noch niemals einem Konfirmanden gezeigt hatte und wurde neugierig. Sie zog umständlich eine kleine goldene Uhr hervor, die an einer langen Halskette befestigt war. Etwas mühselig las sie nach Art der Kurzsichtigen die Zeit ab. An einer weiteren Kette hing ihr Lorgnon. Was das ganz Gehabe bedeuten sollte, wurde mir nicht klar, denn in dem Raum hing eine große Wanduhr. Als ihr Chronometer wieder seinen Platz unter der Gürtellinie bekommen hatte, verließ die »Kettenmieze« mit gemessenen Schritt – den Beute-Zola in der Linken – die Arena.

Gemäß Reglement hätte ich aufspringen, ihr die Tür öffnen und eine Verbeugung machen müssen, während sie die Schwelle überschritt. Dabei war es verboten, ihren Ausschnitt scharf ins Auge zu fassen. In diese Versuchung geriet ich bei der verblühten Erzieherin nicht, zumal ihre verschiedenen Stofflagen bis unter das Kinn gingen. Da ich der Dame Schladebach zeigen wollte, daß ich über ihre Störung des Sonntagfriedens verärgert war, blieb ich trotzig sitzen.

Mit der Wegnahme des Buches wollte die Hausdame wahrscheinlich gleichzeitig ihrem Kollegen eins auswischen. Zwischen den beiden bestanden Spannungen. Es war bekannt, daß Dr. Baumdorf uns nach dem Sport bisweilen aufforderte, in Turn- oder Badehosen Ringkämpfe zu machen, weil er die angespannten jungen Körper und das Spiel der Muskeln gern sah. Frau Schladebach hielt diese Schaukämpfe aus pädagogischen Gründen für unpassend und den Befürworter in gewisser Hinsicht für suspekt.

Jetzt konnte sie die Buchtrophäe für eine Anfrage bei dem Direktor benutzen.

Als die Frau bei uns ausschied, bat sie zwei Mitschüler und mich aus dem Keller verschiedenes Umzugsgut zu holen und auf dem Hof bereit zu stellen. Von dort sollte es der Spediteur aufladen. Als wir in ihrem Keller zwei große gefüllte Bonbongläser entdeckten, brachten wir ihr die Behälter in die Wohnung. Wir erklärten, daß es besser sein würde, wenn die Süßigkeiten nicht unbeaufsichtigt auf dem Hof stünden. Mit leichtem Stirnrunzeln nahm sie einen Teelöffel und angelte damit für jeden von uns einen Zukkerstein aus dem Glas. Sie überreichte uns die Spende mit den Worten: »Es ist wenig, aber es kommt von Herzen.«

Der Sport wurde bei uns gefördert. Zu den mitteldeutschen Schülerwettkämpfen, die alljährlich von der LATINA der Franckeschen Stiftung in Halle an der Saale veranstaltet wurden, entsandten wir stets eine Auswahl von Zöglingen. Man kannte uns als Gewinner von Preisen und Pokalen. 1927 gehörte ich der 4 × 100 m Staffel der betreffenden Jahrgänge an.

Der Weltmeister Dr. Otto Peltzer, Studienrat in der Freien Schulgemeinde Wickersdorf, war als Mannschaftsführer seiner Teilnehmer anwesend. In seinem Alumnat herrschte ein fortschrittlicher

Geist, naturwissenschaftliche Fächer wurden besonders gepflegt. Wir kannten den Sprinter bereits, da er als Kapitän seiner Handball-Elf auf dem Stabila-Sportplatz gegen uns angetreten war.

Als Dr. Peltzer 1926 im Berliner Stadion beim 1500 m Lauf vor Nurmi durch das Ziel ging, sprangen die Besucher vor Begeisterung auf und stimmten die Nationalhymne an. Der finnische Wunderläufer – der Mann mit der Stoppuhr in der Hand – war geschlagen. 1924 hatte er bei den Olympischen Spielen in Paris, als er mit einfachen Gummischuhen lief, mit seinen Mannschaftspreisen fünf Goldmedaillen errungen.

Damals hatte Frankreich die deutsche Beteiligung an dem Olympischen Fest verhindert. Wie sich die Geschichte wiederholt. »Der heitere Fridolin«, eine Jugendzeitschrift von Ullstein schrieb 1926 über ihn:

> Der Dr. Peltzer, wie ihr wißt,
> beruflich Oberlehrer ist.
> Er läuft, ob kalt ob heiß das Klima,
> von Sexta täglich bis zur Prima.

Der Studienrat kam 1936 in ein Konzentrationslager, weil er mit einigen Schülern nackt gebadet hatte. Unter dem Druck von England, das bei weiterer Inhaftierung mit dem Boykott der Olympischen Spiele drohte, wurde der Doktor freigelassen. 1939 wurde er abermals verhaftet und ins KZ eingeliefert. Angeblich sollte er sich nach Kriegsausbruch – zu der Zeit war er in Finnland Gast auf dem Hof von Nurmi – nicht termingemäß auf der Deutschen Botschaft gemeldet haben. Dr. Peltzer überstand den Krieg und ging nach der Kapitulation als Sportlehrer nach Japan. Als er bei einem Fußballspiel als Zuschauer in Hamburg war, überraschte ihn im Sommer 1980 der Tod.

Einmal mußten wir Halle mit gesenkten Köpfen verlassen. Wir hatten zwei ehemalige Mitschüler, die uns einige Tage vor der Veranstaltung besuchten, zur Teilnahme an den LATINA-Kämpfen gemeldet. Aus Ulk hatte ihnen einer von uns die grünen Schülermützen aufgesetzt und gesagt, daß sie für die STABILA starten könnten. Unser verantwortlicher Erzieher machte leider mit. Mit den beiden Brüder lief unsere Staffel so gute Zeiten, daß es allgemein auffiel. Das unsportliche Manöver wurde entdeckt und unsere gesamte Mannschaft während des Festes disqualifiziert. Wie üblich, war unser Spielmannszug zu der Veranstaltung eingeladen. Zum Abschluß begleitete er die auswärtigen Gäste zum Bahnhof. Hierbei wurden unsere Musiker von den Zuschauern wieder wohlwollend begrüßt. Im nächsten Jahr hatte man uns vergeben. Die Wickersdorfer waren besonders freundlich. An ihren weißen Baskenmützen, die sie als offizielle Kopfbedeckung trugen, waren sie leicht erkenntlich.

Der Schriftsteller und Drehbuchautor Erich Ebermayer hat ihrem Alumnat ein literarisches Denkmal gesetzt: »Kampf um Odilienberg.« Unsere eigenen Sporttreffen wurden jedesmal auf dem Anstaltsgelände mit einem Feuerwerk abgeschlossen. Wir hätten es nicht für möglich gehalten, daß wir dadurch zum

Ziel eines politischen Angriffs werden sollten.

Ich zitiere wörtlich das »TAGEBLATT« Amtsblatt der Stadt und des Kreises Naumburg vom 15. September 1924.

Das Schulfeuerwerk als militärische Nachtübung

Über das diesjährige Sportfest in der STABILA haben wir in Nr. 215 unserer Zeitung berichtet, daß es am Sonntag, den 9. September abends, mit einem glänzenden Feuerwerk verbunden war, das die Schülerwerkstatt in Szene gesetzt hatte. Dieses Feuerwerk hat allen, die es beobachteten, sehr gut gefallen. In einer Zuschrift an uns heißt es: »Eine volle Stunde dauerte das entzückende Schauspiel. Ein Komet, ein Strahlenmeer, Sterne jeder Größe, in allen Farben, so steigt's in die Lüfte, so senkt sich's hernieder, weithin die Straßen erhellend, zerfließend in nicht's.«

»Was hat nun ein kommunistischer Beobachter aus dem harmlosen, allgemein ergötzlichen Feuerwerk gemacht?«

Wir lasen am 14. September 1924 im dortigen »Klassenkampf«, Nr. 217, unter dem blutrünstigen Titel:

»Weiße Banden auf Kriegspfaden-Militärische Nachtübungen bei Naumburg.«

folgendes:

»Wer sich militärische Nachtübungen ansehen will, der gehe auf die Berge nach Roßbach an der Saale oder vor das Dorf selbst. Ich hatte Gelegenheit, am Sonntag, dem 9. September, auf meinem Spaziergang diesen Spielen zuzusehen. Es war 1/4 9 Uhr abends, als ich plötzlich durch ein Aufleuchten erschreckt wurde. Für den ersten Moment hielt ich dies Aufleuchten am Firmament für ein nahendes Gewitter. Ich blieb stehen und hielt Ausschau nach der Richtung, wo ich dann durch ein zweites Aufblitzen belehrt wurde. Es kam aus der Richtung des ehemaligen Artillerieschießplatzes. Es waren Leuchtkugeln, Schrapnells und ähnliche Dinge, die dort abgeschossen wurden. Die Leuchtkugeln waren dieselben, wie man sie während des Krieges verwendete (Leuchtkugeln rot, grün, weiß). Man sah genau die Feuergarbe von aufsteigenden Geschossen, die in der Luft krepierten. Weiter konnte ich feststellen, daß auch Minenfeuer dort zur Anwendung kam, auch, sich zwei Parteien gegenüberstanden. Die Partei südöstlich wurde hart bedrängt, denn das konnte ich daraus feststellen, daß dauernd Leuchtpistolen abgeschossen wurden. Was würden das nun für Leutchen sein, die da nächtlich über? Wir haben doch nicht mehr Noskiten, auch keine Zörgiebel-Mannen in Kappstadt Naumburg. Ich glaube, nicht zu irren, wenn ich sage, daß es vaterländische Verbände sind, die da ›üben‹. Vielleicht ist es Naumburger Proleten möglich, mehr Augenmerk auf dieses Treiben zu richten.«

Über eine derartige, nicht ernst zu nehmende »Berichterstattung« konnten wir erhaben sein.

Ein Schülerstreich dagegen, der sich auf unserem Gelände abspielte, führte zu einer tragischen Verwicklung.

Unter unserem Gebäude befanden sich Lüftungsschächte, die von einem vergitterten Einstieg über der Erde im Botanischen Garten bestiegen wurden. Die Kanäle waren so hoch, daß man sich in gebückter Haltung in ihnen bewegen konnte. Einer dieser Schächte führte unter das Konferenzzimmer.

Die Zöglinge v.N. und S. hatten zum Abschluß eines Schuljahres den Einfall, die entscheidende Lehrerkonferenz über die Versetzungen von dem Schacht aus zu belauschen. In ihrer unbequemen Haltung müssen sie sich aber durch ein Geräusch verraten haben. Unser stets wachsamer Dr. Schmetter erfaßte sofort die Situation, eilte zu dem Einstieg in den Garten und legte sich dort auf die Lauer. Da die beiden Lauscher auf ihrem Horchposten gemerkt hatten, daß man ihnen auf der Spur ist, traten sie den Rückzug an. Zu spät, denn durch das Schachtgitter erspähten sie bereits ihren Verfolger. Die beiden trugen schwarze Halbmasken und unternahmen den Ausbruch. v.N. richtete einen Armeerevolver auf den kriegsversehrten Erzieher und rief ihm zu, daß er sich nicht rühren solle. Dann liefen sie im Freien durch den Garten in die Anstalt zurück, suchten ihre verschiedenen Stuben auf und setzten sich hin, als ob nichts geschehen sei. Der ehemalige Frontoffizier Dr. Schmetter reagierte aber blitzschnell auf diesen Zwischenfall. Bei der Verfolgung konnte er noch beobachten, daß die Täter den Eingang für OA West benutzt hatten. Kurz nachdem die beiden Platz genommen hatten, erschien der Erzieher mit zwei Lehrern auf den Schülerzimmern und befragte die Stubenältesten, wer von den Jungen erst in den letzten Minuten seinen Sitz aufgesucht hätte. Diese wurden vernommen und die Delinquenten schnell überführt.

Da die Lehrerkonferenz noch tagte, war die fristlose Entlassung bald ausgesprochen.

Um v. N. wieder zur Vernunft zu bringen, den Revolver hatte er zu Hause entwendet, schickte ihn sein Vater zur Handelsmarine. Er wurde Schiffsjunge auf einem Segler, der noch zu der Windjammerklasse gehörte. Sein Boot beförderte zu der Zeit Lokomotiven nach Südamerika. Der Dienst auf jenen Kästen war eine harte Schule. Der Nachwuchs machte noch mit dem Tauende Bekanntschaft. Nach etwa einem Jahr besuchte uns v.N. in der Uniform eines Leichtmatrosen. Seine Tat war ihm verziehen und er wurde zum gemeinsamen Abendbrot im Eßsaal eingeladen. Er ging noch einmal auf große Fahrt, bevor er in die Verwaltung des Familienbesitzes eintreten sollte. Auf der Höhe der Azoren fand er bei einem Unwetter den Seemannstod. Die Nachricht hat uns tief erschüttert.

1938 habe ich Dr. Schmetter in Berlin getroffen. Er freute sich, daß ich auch ohne Abitur »was Ordentliches« geworden sei. Trotz seiner Verwundung hat er sich während des Krieges freiwillig zum Heer gemeldet und ist gefallen.

Wollte der Doktor mit der eigenen humanistischen Erziehung der staatlichen Hybris entfliehen. Konnte er es mit seiner Gesinnung und Gesittung nicht verantworten, dem System noch länger zu dienen. Oder hielt der Mann, der durch die Hölle von Verdun gegangen war, es für seine Pflicht, sich abermals dem Opfergang zu stellen. Fühlte der Verehrer von Ernst Jünger sich an das ungeschriebene Gesetz gebunden, nach dem er abermals den Weg des »Heroischen Realismus« beschreiten müßte. Wollte er das Vermächtnis des Goethe-Preisträgers von 1983 in die Tat umsetzen: »Der Krieg ist unser Vater, er hat uns gezeugt im glühenden Schoß der Kampfgräben als ein neues Geschlecht und wir erkennen mit Stolz unsere Herkunft an. Daher sollen unsere Wertungen auch heroische, auch Wertungen von Kriegern und nicht solche von Krämern sein, die die Welt mit ihrer Elle messen möchten.« Wie oft hatte uns Dr. Schmetter ausgerechnet Horaz skandieren lassen: »Dulce et decorum est pro patria mori«. (Süß und ehrenvoll ist es, für's Vaterland zu sterben.) Wollte unser ehemaliger Erzieher sein Leben beenden. Wir kennen die Gründe nicht.

Salut dem toten Ordinarius.

Die fristlose Entlassung wurde nur in seltenen Fällen angewandt. Ich erinnere mich an ein Vorkommnis, bei dem die gleiche Strafe verhängt wurde.

Zwei Kameraden hatten in einem Schreibwarengeschäft die damals beliebten Detektivschmöker, deren Helden Fred Parker, Hannibal Blunt oder Will Morton hießen, gestohlen. Da sie keinerlei Erfahrung auf diesem Gebiet besaßen, wurden sie beim ersten Mal ertappt. Der Wert der Hefte betrug 8–10 Groschen. Daß aber Angehörige von »de Kadette«, wie man uns in der Stadt noch nannte, mit ihren grünen Mützen klauen gingen, war für uns alle unfaßbar. Nach 48 Stunden wurden sie von Verwandten abgeholt, während wir Unterricht hatten.

Eine Schulstrafe konnte indes eine großartige, begehrenswerte Sache sein, nach der man sich in manchen Stunden sehnte. Um sich einer solchen Buße unterziehen zu können, mußten einige Voraussetzungen und eine glückhafte Fügung zusammentreffen.

Unsere beiden Primen hatten sich zu einem freiwilligen Ernteeinsatz gemeldet, den sie in unserer Nähe durchführten. Als die Helfer nach Feierabend mit den Bäuerinnen und Mädchen nach Hause gingen, löste sich der Trupp langsam auf. Verschiedene wurden mit Akkerwagen abgeholt. Es ergab sich, daß einer unserer Jungen einen Umweg machte, um ein Mädchen zu ihrem Gehöft zu begleiten. Unterwegs sprang der berühmte Funke über. Die Maid verspürte zum ersten Mal in ihrem jungen Leben, daß ihr eine Stunde schlagen würde, der sie sich nicht entziehen könnte. Die beiden Jugendlichen, die der Zufall zusammengeführt hatte, vermählten sich. Ohne Ring, ohne Standesamt, ohne Segen des Priesters.

Ein Birkenhain war ihre Hochzeitsstätte.

Als die glückliche Mutter ihren Knaben zur Taufe brachte, trat in der STABILA eine ziemlich ratlose Lehrerkonferenz zusammen. Sie sollten befinden, was mit dem Vater geschehen soll. Wo stand in der Anstaltsordnung, daß Vaterschaft verboten oder gar unter die Strafbestimmungen fällt. Von zugefügter Gewalt konnte hier nicht die Rede sein, auch nicht von einem Vertrauensbruch oder Mißbrauch einer Stellung. Kann man es als ein salomonisches Urteil bezeichnen, daß der Primaner für ein Jahr unser Haus verlassen mußte und den Unterricht nur als Externer besuchen durfte. Über eine andere Anordnung mußte wir lächeln.

Anfang 1928 kam es in Berlin zu der »Steglitzer Schülertragödie«, in der ein Primaner Krantz angeklagt wurde, den Bruder seiner Freundin Hildegard Scheller erschossen zu haben. Krantz wurde von dem berühmten Rechtsanwalt Dr. Frey, der zu Beginn seiner fulminanten Plädoyers, ein großes Monokel einklemmte, verteidigt. Der Angeklagte wurde freigesprochen, denn der Prozeß ergab, daß Scheller Selbstmord verübt hatte. Die Presse berichtete ausführlich darüber. Wir lasen von dem Fall mit großem Interesse und das Vorkommnis wurde lebhaft besprochen. Unsere Erzieher sahen das höchst ungern. Es wurde ein Ukas bekanntgegeben, der besagte, daß während der Dauer des Prozesses das Aufsuchen des Lesesaales für die Klassen Sexta bis Untersekunda untersagt sei. Damit wurde gerade die Wißbegierde von den Schülern geweckt, die für gewöhnlich keine Zeitungen lasen. Daß wir den Erlaß mit Leichtigkeit umgehen konnten, war klar. Außerdem konnten wir uns in der Stadt die verschiedensten Journale besorgen. Ein Jahr zuvor erschien in Berlin das berühmt gewordene Buch des amerikanischen Richters Lindsay »Die Revolution der modernen Jugend«.

Im Laufe der Jahre hatten wir Brüder uns an den Rhythmus der Anstalt gewöhnt und verspürten den Korpsgeist, der uns vereinte. Wir hatten Freundschaften geschlossen und erhielten Einladungen in die Stadt. Man übertrug uns kleine Rollen in Schüler-Aufführungen wie »Sommernachtstraum«, »Das Jahrmarktsfest von Plundersweilern«, »La cigale chez les Fourmis« und weiteren Stücken. Die Erzieher versuchten, uns die großen weltpolitischen Zusammenhänge zu erläutern, die zu dem Zustand und der Lage unserer Nation geführt hatten. Sie wiesen ebenso auf die Pflichten und Aufgaben hin, die sich für uns daraus ergeben würden.

Zu den Bekannten meiner Mutter gehörte Leopold Wölfling, ehemals Erzherzog und Renegat aus dem Haus Habsburg. Mama hatte ihn im Café des Westens kennengelernt. Bei seinen Besuchen erfuhren wir, daß er freier Mitarbeiter für »Der Querschnitt« sei. Diese Zeitschrift hatte einen geradezu legendären Ruf und sein Herausgeber, Hermann von Wedderkop, nannte sie »Magazin der Ewigkeitswerte«. Dieser Titel war nicht übertrieben. Ich erfreute mich an jeder der monatlichen Ausgaben. Als ich Wölfling meine Schulaufsätze zeigte, meinte er, daß ich für mein Alter schon flüssig schreiben könnte. Dadurch weckte er mein Interesse für den Journalistenberuf. Ein Jahr später fragte ich ihn, ob er mir bei einem Stellungsgesuch als Volontär in dem Ullstein-Verlag behilflich sein könnte. Er winkte sofort ab, worüber ich verwundert war. Später erst sah ich ein, wie richtig sein Verhalten gewesen ist. Berufliche Fürsprache und Empfehlungen konnten für die »Protektionskinder« häufig Umwege, Zeitverluste und Enttäuschungen bedeuten.

Da meine Mutter niemals Verständnis für meine Probleme aufbringen konnte, kam mir früh die Erkenntnis, daß ich mein Leben ohne Rat und ohne Beistand selbst gestalten müßte.

Die Schicksalsschläge, auf die wir alle keinen Einfluß haben, bleiben uns sowieso nicht erspart.

Inzwischen hatte ich erfahren, daß bei meinen schlechten Leistungen in Mathematik und Chemie – trotz der guten Ausgleichsnoten in Sprachen und Deutsch – kaum Aussicht vorhanden war, das Abitur zu bestehen. Daher faßte ich den einsamen Entschluß, die Schule zwei Jahre vorher zu verlassen. Nicht einmal Klaus weihte ich ein.

Während der allgemeinen frohen Stimmung über die Osterferien durchschritt ich zum letzten Mal Gänge und Räume des Internats. Ich nahm stumm Abschied.

Das »Suum cuique« leuchtete in der Abendsonne.

Beruf oder Berufung

Trotz der Einladung in den Harz fuhr ich Ostern 1928 allein nach Berlin. Auf die Frage von Mama, warum ich nicht mit Klaus zusammen auf dem Schloß sei, erklärte ich, daß ich abgeschrieben hätte, um bei ihrem Bruder Arwed Mathematikstunden nehmen zu können.

Daß ich in Wirklichkeit nach einem Beruf Umschau halten wollte, verschwieg ich noch. Ich dachte wieder an eine Ausbildung zum Journalisten. Obwohl ich zwei gute Bekannte in der Redaktion von Mosse hatte, wollte ich ihre Hilfestellung nicht in Anspruch nehmen. Mein Gesuch, als Volontär ohne Vergütung in den Verlag einzutreten, wurde abgelehnt.

Da besann ich mich auf meine Bücherliebe und stellte mich in verschiedenen Buchhandlungen vor, um eine Lehrstelle zu erhalten. Im allgemeinen war man freundlich zu mir, erklärte aber, daß ich zu spät käme, weil die Osterferien in Berlin früher begonnen hatten. Die Neueinstellungen waren demnach abgeschlossen. Der Inhaber eines Geschäftes in der Leipziger Straße gab mir aber den Rat, mich bei dem Börsenverein der Berliner Buchhändler, dem Fachverband, zu melden. Von dort schickte man mich zu dem Buchhaus Hermann Bahr in der Linkstraße nahe Potsdamer Platz. Dort verlangte man eine schriftliche Bewerbung, die abschlägig beschieden wurde.

Ich ließ nicht locker und stellte mich nochmal vor. Es war wieder vergebens, da keine »Vakanz« vorhanden war. Da kam mir eine Idee. In der Bücherei unseres Vaters befand sich eine sogenannte Klassikerausgabe, ich glaube sie enthielt die Schriftsteller Arnim bis Wieland mit etwa 130 Bänden. Diese Bücher enthielten sämtlich den blauen Einkleber der Firma Hermann Bahr. Das erste und letzte Buch nahm ich an mich und wartete damit unauffällig in der Nähe des Geschäftes. Ich wollte dem mir schon bekannten Chef, Dr. Bahr, begegnen. Mein Warten wurde belohnt. Nach einer Stunde kam der Inhaber aus seinem Haus. Ich begrüßte ihn, entschuldigte mich wegen meines ungewöhnlichen Verhaltens und wiederholte meine Bitte um Einstellung. Dabei zeigte ich ihm die beiden Bände mit dem Bemerken, daß mein Vater, der nicht mehr am Leben ist, schon vor über fünfzehn Jahren Kunde bei ihm war. Interessiert blickte der Doktor in eines der Exemplare und forderte mich auf, ihm in das Geschäft zu folgen. Dort übergab er mich dem Prokuristen, mit der Anordnung, daß ich ab Freitag, den 20. April, als Lehrling eingestellt werden könnte. Jetzt hatte ich schon einen »Gegner« in der Firma, bevor ich meinen Dienst angefangen hatte. Der Geschäftsführer und Prokurist fühlte sich übergangen, weil er mich schon zweimal abgelehnt hatte. Dieser Herr Acht war ein gestrenger Herr und führte ein straffes Regiment. Das machte mir nichts aus, denn an Hab-Acht-Haltung war ich von dem Internat her gewöhnt.

Er saß in einer unabgedeckten Glaskabine, in der er viel diktierte. Von diesem Befehlsstand aus konnte er das Sortiment beobachten und die Gespräche von Kunden sowie den Angestellten mithören. Wenn er glaubte, bei dem Personal einen schwachen Punkt entdeckt zu haben, schoß er aus seinem Gehäuse, fragte, was los sei, was wir da wieder gemacht hätten und ob wir immer noch nicht Bescheid wüßten. Der Herr hielt uns ständig unter Spannung.

Als er einmal merkte, daß ein älterer Mitarbeiter nicht die Kommentare zum Schußwaffengesetz im Kopf hatte, rief er mit schneidender Stimme: »Frick, wie heißen die Kommentatoren zum Schußwaffengesetz?« Ich konnte antworten: »Hoche, Wagemann und Bitter.« Zufällig hatte ich sie eine halbe Stunde vorher eingeordnet. Der Prokurist: »Ich bin erstaunt, Herr K., daß Sie sich von dem jüngsten Lehrling blamieren lassen.«

Mein Reinfall ließ nicht lange auf sich warten. Da ich in meiner Freizeit noch Akkumulatoren mit einem Dreirad ausfuhr – Netzanschluß für Radiogeräte war erst teilweise eingeführt – konnte ich mir von dem Geld einen schicken zimtfarbenen Modellanzug von Arnold Müller in der Tauentzienstraße erwerben. Ich stellte mich darin erst unserem Untermieter vor, einem englischen Botschaftsangestellten, ob ich in der Aufmachung Bücher verkaufen könnte. Er bejahte es und meinte, daß Verkäufer in Knightsbridge nicht besser angezogen wären. Bei dem Betreten des Geschäftes fiel mir auf, daß die Kollegen mich verwundert ansahen. Kaum hatte Herr Acht mich erspäht, stürzte er aus seiner Kanzel und donnerte mich an: »Was ist denn mit Ihnen los? Wollen Sie heute in den Grunewald fahren? Nächstens hängen Sie sich noch eine Botanisiertrommel um, wenn Sie zum Dienst kommen. So können Sie hier nicht stehen, melden Sie sich zur Arbeit in der Buchhaltung!«

Am nächsten Tag kam ich wieder mit meinem abgewetzten »Blauen« und durfte im Sortiment bleiben. Es war damals in der Branche üblich und erwünscht, im Verkauf dunkle Anzüge zu tragen. Manche Mitarbeiter legten noch die langen schwarzen Buchhändlerschleifen an, die schlapp wie Spaghetti vom Kragen herunterbaumelten. Mein revolutionärer Vorstoß, etwas Auflokkerung in die Kleiderordnung zu bringen, scheiterte schon im Ansatz.

Kaum war dies Intermezzo vergessen, gab es meinetwegen neuen Ärger. Ich wollte nach sechzehn Uhr über den Tiergarten nach Hause gehen und sah draußen im Café Josty, unseren ehemaligen Erzieher, Major von Block, sitzen. Ich grüßte und er winkte mich an seinen Tisch. Er war schon seit 1925 in Naumburg entlassen und befand sich für einige Tage dienstlich in Berlin. Er erkundigte sich nach meinem Beruf und fragte auch, was ich verdiene. Es waren achtundzwanzig Mark im Monat. Der ehemalige Major hatte einen Posten bekommen, der für jene Zeit einmalig in Deutschland war: Hofmarschall bei der Großherzogin von Sachsen-Weimar-Eisenach auf Schloß Heinrichau in Schlesien.

Ohne daß ich es wußte, suchte von Block meinen Chef auf, machte ihn auf meine dürftige Finanzlage aufmerksam und bat ihn, meine Besoldung zu erhöhen. Dr. Bahr wies die Buchhaltung an, mir künftig fünfzig Mark zu zahlen. Natürlich mußte der Prokurist davon unterrichtet werden. Er war eingeschnappt und knarrte mich an: »Wenn Sie noch nicht wissen, wer hier im Haus die Prokura hat, werde ich es Ihnen in Zukunft zeigen.« Meinen Einwand, daß ich von der Sache nichts gewußt hätte, glaubte er nicht. Als der Hofmarschall seine klangvolle Visitenkarte einem Kollegen mit der Bitte übergeben hatte, ihn dem Doktor zu melden, hatte der Mitarbeiter unter Umgehung des Geschäftsführers den Besucher direkt zum Chef gebracht.

Da ich in dem Fall »Gewinner« war, konnte ich es gelassen ertragen, wenn ich dafür ein bißchen gepiekt werde.

Das Spezialgebiet der Firma bestand in dem Vertrieb von Werken der Rechts- und Staatswissenschaft. Wir hatten gutes Publikum und die Arbeit war interessant. Wir mußten uns laufend über die Neuerscheinungen informieren. Von der Belletristik waren uns nicht nur die Titel geläufig, sondern auch kurze Inhaltsangaben. Diese konnten wir der Fachliteratur entnehmen. Die Lektüre der Verlagsprospekte war eine besondere Aufgabe, die ich an den Sonntagen erledigte. Manchmal leistete ich mir den Luxus bei »Zuntz sel. Wwe« eine Tasse Kaffee für fünfundzwanzig Pfennig zu bestellen und in einer Ecke die Buchangaben zu studieren.

Jeder Kunde wurde mit gleicher Höflichkeit behandelt, gleich ob er ein Reclam-Heft für zwanzig Pfennig kaufte oder ein wissenschaftliches Werk. Die Bücher von Marlitt und Courths-Mahler hatten wir nicht auf Lager. Bestellungen dafür wurden angenommen. Diese wurden über Leipzig erstaunlich schnell abgewickelt.

In den meisten Fällen dauerte es vierundzwanzig Stunden. Hierbei wurden wir durch das gegenüberliegende Postamt begünstigt.

Einmal beschwerte sich ein Jurastudent über einen Kollegen, der ihm angeblich ein falsches Buch eingepackt haben sollte. Einen Kassenzettel hatte der Herr nicht. Da der Beschwerdeführer aussagte, daß »der junge Mann sehr unsicher gewesen ist« und diesen Ausdruck wiederholte, schnitt ihm der Prokurist das Wort ab und entgegnete: »Nach Ihren Schilderungen können Sie gar nicht bei uns gewesen sein. Wir beschäftigen nur Herren und unsicher sind die auch nicht.« Der Student, der wahrscheinlich nur versucht hatte, einen Band umzutauschen, den er kurz gebraucht hatte, ging wieder.

Der Ausklang der »Goldenen zwanziger Jahre« brachte eine Fülle von Werken, die heute noch gelesen werden. »Im Westen nichts Neues« wurde in zweiunddreißig Sprachen übersetzt und der Autor, Erich Maria Remarque, über Nacht berühmt.

Trotz Arbeitslosigkeit und Wirtschaftskrise wurde »Die vollkommene Ehe« für 12,50 Mark gut verkauft.

Ein willkommenes Thema für die Cabarets, und der Topp-Keller in der Schwerinstraße am Nollendorfplatz schaltete schnell. In einer Bühnennummer traten drei Damen und drei Herren in Pyjamas auf und sangen nach einer bekannten Leierkastenmelodie:

»Wir üben, üben, üben nach van de Velde,
was bleibt uns da zum Lieben nach van de Velde!
Auf Seite vierundsechzig nach van de Velde,
schon Hirschefeld sagt, das rächt sich nach van de Velde.
Ich muß ganz stille liegen nach van de Velde,
er regelt das Vergnügen nach van de Velde.
Und selbst die schwulen Kinder von van de Velde,
die finden's so gesünder nach van de Velde.«

Einmal in der Woche war das Kellerlokal für eine geschlossene Gesellschaft reserviert und dann fand dort eine lesb(otan)ische Veranstaltung statt.

Einer von unseren Lehrlingen mußte alle vierzehn Tage zu der Gattin des Inhabers im Hause gehen und ihr die wichtigsten Neuerscheinungen der Belletristik vorlegen. Als sich ein Kollege davor drücken wollte, machte ich es freiwillig. Bei dem Zusammenstellen der Bücher, wählte ich auch einen Band von Pitigrilli, Autor von gewagt pikanter Literatur. Die hübsche damenhafte Frau des Chefs gab mir das Buch mit leicht mokantem Lächeln zurück. Ich fühlte, wie ich errötete, machte eine artige Verbeugung und zügelte in Zukunft meinen Übermut.

Für ihre ausländischen Gäste und ihre neuen Ideen waren die Bewohner der Reichshauptstadt stets aufgeschlossen und nahmen gebührend von ihnen Kenntnis.

Mitte der zwanziger Jahre kam ein französischer Apotheker, Emile Coué, nach Berlin. Er ließ bekanntgeben, daß es ihm möglich sei, durch Autosuggestion seelische Störungen und Neurosen zu heilen. Durch geschickte Werbung gelang es ihm bald, zahlreiche Anhänger zu finden. Man hörte sie auf Bänken, in den Straßen und Büros murmeln:

»From day to day in every way
I'm going better and better.«

Ob diese Jünger tatsächlich von ihren Gebresten befreit wurden und wie lange eine solche Heilung währte, erfuhren wir nicht.

In den dreißiger Jahren schuf die amerikanische Gymnastiklehrerin Bess Mensendieck eine dem Frauenkörper angepaßte formelle Bewegungsschulung. Die Übungen setzten sich schnell durch und man widmete der Erfinderin eine burschikose Reverenz:

»Frau Levy mensendieckt
des morgens früh.
Und weil sie Schlankheit liebt,
beugt sie die Knie
und wälzt sich täglich in dem Zimmer.«

Ebenfalls aus Gallien erhielten wir den Besuch des Modekönigs Poiret. Er stellte den Berlinerinnen bezaubernde Kreationen vor und eine Zeitung brachte ihm einen Willkommensgruß:

»Nach Deutschland kam jetzt auch, o weh,
der Modekönig Poiret.
Er kennt der Frauen Kleiderschwächen,
Wir Männer aber müssen blechen.«

1928 empfing Reichspräsident von Hindenburg das erste gekrönte Haupt in Deutschland nach dem Krieg. König Aman Ulla von Afghanistan erschien zu einem Staatsbesuch. Zu seinen Einkäufen gehörten auch vierzig dunkle Anzüge, die seine Regierungsmitglieder als Dienstkleidung tragen sollten. Seine Landsleute weigerten sich, ihre bunte Heimattracht abzulegen und es kam zu einer kleinen Palastrevolution. Im gleichen Jahr verlor der König seinen Thron und ging ins Exil.

Die verwegenen Berliner ließen es sich nicht nehmen, seinen Namen mit einer Zigarettenwerbung zu verbinden:

»Selbst König Aman Ullah
raucht gern eine Abdulla.«

Die Metropole an der Spree galt als eine der interessantesten Weltstädte und war von einer ungebrochenen Lebenskraft. Fast täglich konnte man bedeutenden Persönlichkeiten begegnen oder Zeuge von historischen Begebenheiten sein.

An einem Tag wurde ich zu dem Anwalt Dr. Frey geschickt, um ihm eine Auswahl von Fachbüchern vorzulegen.

Am nächsten Tag konnte ich auf der Potsdamer Brücke den ersten Ost-West-Atlantikfliegern zuwinken. In einer Junkersmaschine hatten die Flieger Köhl, Fitzmaurice und von Hühnefeld in 35 Stunden 6750 Kilometer überwunden.

Zu meiner Bestürzung wurde meine schöne Berufszeit durch ein Ereignis beendet, daß ich nie in Erwägung gezogen hätte.

Zwischen einem Bekannten meiner Mutter und mir bestanden Spannungen, die an einem Abend zu einem massiven Auftritt führten. Aus der heftigen Reaktion von Mama und ihrer einseitigen Stellungnahme zu Gunsten des Mannes entnahm ich, daß ich meine Mutter für immer verloren habe. Zehn Jahre nach dem Tod meines Vaters mußte ich das Feld räumen und hatte kein »Zuhause« mehr.

In meiner Verzweiflung wandte ich mich an den Bruder meiner Mutter, der in Berlin als Mathematiklehrer tätig war. Er hatte Verständnis für meine Lage und war nach Rücksprache mit seiner Frau bereit, mich aufzunehmen. Das Ehepaar hatte zwei kleine Buben. Als ich diese Aufnahme ein Vierteljahr in Anspruch genommen hatte, bekam ich ein schlechtes Gewissen, daß ich der Familie zur Last fallen würde und sie meinetwegen Einschränkungen hinnehmen mußten. Zu meinem Unterhalt konnte ich nur in bescheidenem Umfang beitragen.

Ich beschloß, mir eine Stellung zu suchen, auf der ich schon ein Existenzminimum erhalten würde, um auf eigenen Füßen stehen zu können.

Nahe vom Geschäft war eine Ullstein-Filiale in der Potsdamerstraße. Beim Studium der Stellenangebote entdeckte ich folgendes Inserat: »Sofort gesucht einige junge Leute mit englischen Sprachkenntnissen zur Ausbildung als Telegraphisten in Emden. Gehalt während der Ausbildung wird gezahlt.«

Umgehend schrieb ich eine Bewerbung und bekam Bescheid, daß ich mich bei der Deutsch-Atlantischen Telegraphengesellschaft (DAT) am Viktoria-Luise-Platz in Schöneberg vorstellen sollte.

Nach einem Gespräch war man mit einer Einstellung einverstanden. Der Vertrag darüber wurde von meiner Tropentauglichkeit abhängig gemacht, da man sich für einen zweijährigen Aufenthalt auf den Azoren verpflichten mußte. Dort lag der Kabelstützpunkt der DAT-Linie Emden-Azoren-New York.

Die Untersuchung bei dem Amtsarzt ging schnell und oberflächlich vor sich.

Die Unterschrift meiner Mutter für die Lösung des Lehrverhältnisses erhielt ich umgehend auf dem Postweg.

Zum Abschied lud der Onkel seine Frau und mich in das »Haus Vaterland« ein. Die größte Attraktion des Etablissements war die sogenannte »Vater-Rhein-Terrasse« in der stündlich ein himmlischs Donnerwetter mit folgendem Sonnenschein im Stil einer Theaterszene und optischen sowie akustischen Effekten veranstaltet wurde.

Am nächsten Tag fuhr ich nach Emden und bezog dort ein bescheidenes Zimmer bei einem Postbeamten. Vierundzwanzig Stunden später begann der Unterricht auf dem Telegraphenamt. In dem Winter 1928/29 herrschte eine grimmige Kälte. Wenn ich nach Hause kam, war ich froh, daß meine Wirtin mich in ihr Wohnzimmer bat, um mir eine Tasse Tee anzubieten. Der Teekessel stand stets auf einer brennenden Kerze. Das Getränk wurde mit Kandiszukker gesüßt.

Mit meiner Ausbildung in Maschinenschreiben, Morsen und Englisch hatte ich keine Schwierigkeiten. Diese kamen nach ein paar Monaten von einer ganz anderen Seite. Ich bekam öfters Fieber und nahm stark ab. Nach einer ärztlichen Konsultation schickte man mich zu einem Lungenspezialisten und aufgrund einer Röntgenaufnahme erfuhr ich, daß ich an einer doppelseitigen Infektion erkrankt war. Zur Wehleidigkeit bin ich nicht erzogen worden, aber das war ein bißchen viel. Ich fühlte, daß die Verhältnisse übermächtig sind und ich nicht dagegen ankämpfen konnte.

Eine Kur durch die Reichsversicherung hätte eine Wartezeit von mehreren Monaten erfordert. Das wiederum ließ mein Zustand nicht zu. Ich rief meinen Berliner Hausarzt an und bat ihn um Rat. Meine Annahme, daß er etwas unternehmen würde, um mir zu helfen, erwies sich als richtig.

Nach einigen Tagen lag ich bereits in einem Einbettzimmer – man hielt mich für einen moribundus – in einem Waldkrankenhaus von Osthavelland. Mir wurde ein doppelseitiger Pneumothorax angelegt. Ferner mußte eine Phrenicus-Exhairese durchgeführt werden. Gemessen an der Schwere des Falles, erholte ich mich schnell und zusehends.

Mein Zimmernachbar, ein Herr Stern, Redakteur an »Die rote Fahne« schickte mir täglich ein Exemplar des Blattes durch den Pfleger. Er war an das Krankenbett gefesselt. Der Nachbar war ein kluger Kopf und verfügte über ein verblüffendes Wissen. Um so verwunderter war ich, daß er Mitarbeiter an einer Zeitung war, die täglich Klassenkampf und Haß predigte. Leider vermochte die Kunst der Ärzte ihn nicht zu retten.

Als mir später ein anderer Journalist, Herr Schwarz, von der »Deutschen Allgemeinen Zeitung« regelmäßig sein Blatt bringen ließ, war mir dies angenehmer.

1929 fand in Wien ein Fußballänderspiel Österreich – Italien statt, das die Italiener 3:0 verloren. Weil im Stadion nicht die faschistische Fahne gehißt worden war, bezeichnete eine italienische Zeitung Österreich als »Brutstätte der Barbarei« und Wien als »stinkenden Spucknapf«.

Nach siebzehn Monaten konnte ich mich wieder bei der »DAT« in Berlin melden. Die Firma war sehr entgegenkommend und sozial. Man bot mir an, in die Abrechnungsabteilung ihrer Zentrale einzutreten. Für einen Auslandseinsatz käme ich nicht mehr in Frage und für einen Mann, dessen Berufsfähigkeit um siebzig Prozent gemindert war, wäre ein ruhiger Büroposten gerade richtig. Probezeit drei Monate. Tagesverdienst drei Mark. Sonntage würden mitbezahlt.

Mein Arzt war erstaunt, daß ich gleich arbeiten wollte und legte mir nahe, eine Schonzeit einzulegen. Das wollte ich auf keinen Fall.

Nach neun Monaten bezog ich das zweieinhalbfache des Probegehaltes. Mein Taschengeld im Krankenhaus hatte ich gespart – es waren sechzig Pfennig pro Tag – und so konnte ich mir in der Nähe des Büros ein helles, sonniges Zimmer nehmen. Das war wichtig, um mittags Siesta halten zu können.

Zwar schwebte noch ein Damoklesschwert über mir, aber ich war glücklich, wieder im Erwerbsleben stehen zu können. Nachdem ich meine Garderobe erneuert hatte, immerhin hatte ich über zwanzig Pfund zugenommen, war ich von wirtschaftlichen Nöten befreit.

Auf einer Abendschule belegte ich kaufmännische Fächer.

In der Innenpolitik kam es nach einer Kabinettskrise zu einem Regierungswechsel. Der Reichskanzler Hermann Müller überbrachte Hindenburg die Demission des Kabinetts. Der Zentrumsabgeordnete Heinrich Brüning bildete eine neue Reichsregierung. Mit den folgenden Ernennungen der »Barone« von Papen und von Schleicher wurde das Tor für Hitler aufgestoßen.

Als ich an einem Abend von der Schule kam, geriet ich am Nollendorfplatz in einen schweren Tumult. Die Nazis liefen Sturm gegen den Film »Im Westen nichts Neues« im Mozartsaal. Im Kino selbst wurden die Vorstellungen mit Stinkbomben und weißen Mäusen gestört. Ein großes Polizeiaufgebot schützte das Haus. Berittene Offiziere mit der Schuppenkette unter dem Kinn preschten mit geschwungenem Säbel bis in die Kassenhalle vor.

Nach der Vorstellung versammelten sich die Hakenkreuzler auf dem Wittenbergplatz, wurden aber mit Wasserwerfern auseinandergesprengt. Danach wollten sie durch die Tauentzienstraße marschieren, wurden jedoch von Polizeiposten abgedrängt. Die Nazis gelangten über die Augsburger- und Lietzenburgerstraße – dort kam es zu einer kurzen Schießerei und ihr Anführer Fabricius wurde festgenommen – zum Kurfürstendamm. Vor dem Tanzcafé »Uhlandeck« sammelten sie sich. Da sah ich zum ersten Mal Dr. Goebbels, den ich später wiederholt dienstlich empfangen mußte. Er trug eine Windjacke. Man half ihm auf das Dach eines Autos. In einer nächtlichen Ansprache sagte er unter anderem: »Man hat es gewagt, einen Zug von zwanzigtausend nationalen Deutschen, einen Zug von zwanzigtausend Patrioten mit dem Gummiknüppel auseinanderzudreschen. Kommen wird einst der Tag, an dem wir die Straße säubern, aber nicht mit dem Gummiknüppel, sondern mit der blanken Waffe in der Faust! Die Herren in der Wilhelmstraße werden noch erzittern, wenn der Marschtritt unserer braunen Legionen durch das Brandenburger Tor hallt. Deutschland, erwache!« Dumpf drohend wiederholten die Anhänger: »Deutschland, erwache!«

Ausgerechnet »Der Angriff« von Dr. Goebbels veröffentlichte zwei Jahre später als Plagiat unter dem Titel »Trommelfeuer« einen Abschnitt des Anti-Kriegsromans von Erich Maria Remarque. Hatten die Redakteure der Berliner Parteizeitung den Film »Im Westen nichts Neues« nicht gesehen und ihn trotzdem besudelt. Daß jene Schriftleiter das Buch nicht kannten, das der Generation gewidmet war, die »im Kriege zerstört wurde, auch wenn sie seinen Granaten entkam« bewies die Veröffentlichung.

Inzwischen waren zu Fuß und per Mannschaftswagen stärkere Polizeikräfte eingetroffen. Der Auflauf wurde endgültig zerstreut. Auf dem Heimweg kam ich an einem Damenwäschegeschäft vorbei, das an auffallender Stelle ein seidenes Nachthemd in der Dekoration zeigte. Das Oberteil zeigte eine Stickerei in Blau mit Violinschlüssel und Noten mit dem unterlegten Text:

»Parlez-moi d'amour ...

Lucienne Boyer machte das Lied populär. Ein fesches zeitgemäßes Geschenk für neunundzwanzig Mark.

Aus dem Zigeunerkeller kamen einige angeheiterte Jugendliche und sangen: »Eine Miezekatze hat se aus Angora mitgebracht und die hat se, hat se mir gezeigt die ganze Nacht ...«

Die letzten versprengten Braunhemden grölten heiser: »Deutschland, erwache!«

Am nächsten Tag verkündete die Schlagzeile der »Nachtausgabe«: »Hugenberg bittet Hindenburg um Verbot des Hetzfilms.«

Das Verbot von »Im Westen nichts Neues« wurde erreicht.

Später wurde der Film mit Auflagen – anfangs nur für Gewerkschaftsmitglieder – freigegeben.

Am 1. April 1930 fand im Gloria-Palast die Premiere des Films »Der blaue Engel« mit Marlene Dietrich und Emil Jannings statt.

Vor meinem zwanzigsten Geburtstag gelang es mir, meine Reifeprüfung nachzuholen. Das Mädchen hieß Walli. Sie war blond, hatte verträumte Veilchenaugen und war ihres Zeichen nach Lehrling bei Rosenhain. Das geheimnisvolle Wort Azubi, das so klingt, als ob es dem Kisuaheli entnommen wurde, war noch nicht erfunden. Ihre Ausbildungsfirma war durch ihre gediegenen Lederwaren und feinen Geschenkartikel ebenso bekannt wie durch ihren Slogan. »Das Portemonnaie von Rosenhain, das paßt in alle Hosen rein.«

Der Vater von Walli war Witwer und Besitzer eines Lederwarengeschäftes. Sein Laden lag in der Niederwallstraße. Die Wallungen, in die mich seine Tochter versetzen konnte, waren nicht von niederer Art. Ich muß ein schlechter Liebhaber gewesen sein, denn Walli hat mich nach einigen Wochen verlassen. Bald danach rief mich ihr Papa an und bat dringend um eine Zusammenkunft. Ich bekam Angst, weil ich fürchtete, daß er mit mir Rechtsfragen besprechen wollte. In einer Konditorei berichtete der Vater, daß seine Tochter »nach Holland gemacht hat«, er untröstlich und jetzt völlig vereinsamt sei. Das Mädchen war mit dem Geiger einer Tanzkapelle ausgerissen und hatte sein Paradestück aus dem Laden, eine Handtasche aus Krokodilleder, mitgenommen. Ich versuchte, den betrübten Vater aufzurichten, was mir nicht gelang. Vielleicht fehlten mir die richtigen Argumente. Seine früheren Angebote, daß ich in sein Geschäft eintreten solle, hat er nicht wiederholt. – So endete eine Liebe.

In anderem Sinn ergriffen hat mich 1930 der Film »Affäre Dreyfus« mit Fritz Kortner. Als wir das Stück 1962 wieder einsetzten, hatte ich die Freude, den Regisseur Richard Oswald, aufgrund unserer Einladung im Kino begrüßen zu können.

Die Außenfront vom Gloria-Palast zur Eröffnung, 1926

In der Wochenschau sah man Bilder von den letzten französischen Besatzungstruppen, wie sie das Rheinland verlassen und über die Mainzer Brücke abziehen.

Ende des Jahres wurden die Löhne herabgesetzt und die Gewerkschaft der Metallindustrie stimmte erstmals in ihrer Geschichte einer Lohnsenkung zu.

Als die NSDAP bei den Reichstagswahlen unerwartet 107 Sitze errang, sprach eine amerikanische Zeitung von dem »Sieg der wilden Männer«. Der Journalist Knickerbocker veröffentlichte bei uns eine Broschüre mit dem Titel »Hakenkreuz oder Sowjetstern?«

Vor den Zeitungsfilialen standen erregte und debattierende Gruppen. Schlägereien gehörten zu der Tagesordnung. Totschlag war keine Seltenheit mehr.

»Die Drei von der Tankstelle« und »Der Greifer« hatten Uraufführung und gehören noch immer zu dem Repertoire des Fernsehens.

Im Großen Schauspielhaus klatschten wir Beifall »Im weißen Rössl.«

1931 fiel mir an den Litfaßsäulen eine Mystifikationswerbung auf. Große Plakate trugen nur das Wort *Frankenstein.* Die Passanten blieben stehen und rätselten, was das Wort bedeuten soll. Einer verkündete, daß sich hinter dem Namen ein neues Auto verbergen würde. Ein anderer glaubte es besser zu wissen und deutete auf eine kommende Zigarettenmarke. Ein dritter gab mit geheimnisvoller Miene an, daß Frankenstein ein General von Hitler sein würde, der in der Mark Truppen zusammenziehen und Berlin besetzen würde.

Tatsächlich handelte es sich um eine Vorreklame für den Gruselfilm »Frankenstein«. Der Werbeeffekt für die Version nach dem Roman von Mary Shelley war erreicht. Die politische Reaktion auf die geheimnisvolle Voranzeige war typisch für die damalige Zeit.

Im Herbst vereinten sich die ungleichartigen Kräfte der »Nationalen Opposition« zu einem Appell in der »Harzburger Front«. Die Deutschnationalen unter Hugenberg, »Der Stahlhelm« mit Seldte und Hitler mit großem Parteigefolge. Ihre gemeinsame Forderung war der Sturz von Brüning. Der Domprediger Döhring krönte das Manifest mit einem Feldgottesdienst.

Als Gegenbegründung formierten sich das politisch linke »Reichsbanner«, Gewerkschaften und Arbeitersportverbände in der »Eisernen Front«.

Als diese Organisation 1932 zu einer Wahlversammlung im Lustgarten antrat, lautete ihre Parole:

Schlagt Hitler –
Wählt Hindenburg!

So verkündete es auch der »Vorwärts«. Sollte der greise Feldmarschall, der sich als eine Art Statthalter des im holländischen Exil lebenden Ex-Kaisers fühlte, die Marxisten zum letzten Gefecht führen!

Die geistige Verwirrung war perfekt.

Das Jahr 1932 begann mit zwei Signalen, deren Folgen für die Welt bis heute noch nicht beendet sind und die Landkarten verändert haben.

Hitler wurde mit den Stimmen der Deutschnationalen Landtagsabgeordneten von Braunschweig zum Regierungsrat ernannt. Dadurch erhielt er die deutsche Staatsangehörigkeit und konnte als Reichspräsident kandidieren. Die Geschichte wird nicht mehr erfahren, ob hierbei Bestechung im Spiel war.

Der frühere thüringische Innenminister Frick hatte Hitler schon ab Juli 1930 unter strengster Geheimhaltung als Gendarmeriebeamten in den Akten führen lassen, um ihn auf diese Weise einzubürgern. Durch Indiskretion gelangte der Fall an die Öffentlichkeit und das Vorhaben wurde vereitelt.

Durch die Wahl des Reichspräsidenten, Notverordnungen und zwei Reichstagswahlen entstand die Atmosphäre eines politischen Hexenkessels.

Die Polizei kam aus den Alarmstufen nicht mehr heraus. Ihre Gehälter wurden von den Notverordnungen ausgenommen und blieben ungekürzt. Der Oberbürgermeister von Leipzig, Carl Friedrich Goedeler, erhielt eine Berufung zum Reichskommissar für Preisüberwachung. Es wurden Vier-Pfennig-Stücke eingeführt, um die Pfennigrechnung zu achten. Goerdeler wurde 1944 zum Tode verurteilt. Wie aus den aufgedeckten Plänen der Opposition hervorging, sollte er nach der Beseitigung Hitlers als Reichskanzler eingesetzt werden. Nach dem Attentat war er auf der Flucht. Für die Kopfprämie von einer Million Reichsmark wurde er von einer Frau verraten.

In der bewegten Zeit gab es trotzdem viele Möglichkeiten, sich zu amüsieren. Als ich mit Bekannten das »El Dorado« in der Motzstraße besuchte, war die berühmte Filmschauspielerin Brigitte Helm anwesend. Nach einen Tusch der Kapelle wurde sie von dem Hausherrn

Anzeige aus dem Berliner Tageblatt vom 4. Juni 1929 für den Tonfilm »The singing Fool« mit Al Jolson

»auf Wärmste« begrüßt. Der Inhaber versprach, zu Ehren des Gastes den »Süßen Egon«, einen in dem Etablissement beschäftigten Tänzer, zum Küssen herumzureichen. An den Wänden des Lokals sah man banale, aber auch witzige Texte:

»Pinsle mich, ich bin der Drahtzaun.« Oder:
»Nahst Du der Frau mit zwei Orchideen, bekommt sie schneller Storchideen.« Ferner:
»Ist die Unschuld passé, tut es später nicht mehr weh.«

Nach einem guten Tropfen im »Zigeunerkeller« am Kurfürstendamm mußten Freunde und ich an der Garderobe warten und hörten aus der Telefonzelle den Teil eines erregt lauten Gespräches: »Wenn ihr den SA-Gruppenführer von Berlin, Graf Helldorf, besoffen zwischen Luden, Nutten und Strichjungens sehen wollt, dann kommt mal in den »Zigeunerkeller!« Der biedere Truppführer aus Bayern hatte wohl noch nicht viel erlebt, daß er sich wegen der Anwesenheit des späteren Polizeipräsidenten so ereiferte.

Wie wäre ihm zumute gewesen, wenn er von der Freundschaft des Grafen mit dem jüdischen »Hellseher« Erik Hanussen, alias Herrschel Steinschneider, erfahren hätte. Dieser unterhielt in Berlin W 15, Lietzenburgerstraße, eine Atelier-Praxis mit magisch-okkultem Brimborium und erleuchtbaren Sternbildern. Sein eignes furchtbares Schicksal konnte der »Wahrsager« nicht aus den Sternen lesen. Im März 1933 meldete eine Berliner Zeitung: »Im Grunewald, Jagen 87, wurde eine männliche Leiche aufgefunden. Das Gesicht war von Wildfraß zerstört.«

Zu der Zeit sah man Männer auf den Straßen, die auf der Brust und dem Rükken Schilder mit den Beschriftungen trugen.:

»Ich suche irgendeine Arbeit.«
»Nehme jede Arbeit an.
Bin verheiratet und habe 2 Kinder.«

Eine Monatszeitung brachte ein Inserat:

»Witwe sucht Zimmer mit Bett,
wo sie Unterricht erteilen kann.«

Als für den 1. Mai 1932 Alkoholverbot erlassen war, damit enthemmte politische Gegner nicht tätlich würden, brachte »Die rote Fahne« eine Karikatur. Man sah eine Pinte mit dem betreffenden Verbotschild und Arbeiter vor Selters- und Limonadenflaschen. Ein neuer Gast betrat den Raum, deutet auf die Bekanntmachung und sagt: »Alkohol brauchen wir gar nicht. Hitler macht uns schon mit Redensarten besoffen.«

Sehr bedenklich schien der geplante SA-Aufmarsch vor dem Karl-Liebknecht-Haus am Bülowplatz. Wegen der Genehmigung für die Demonstration hatte es viel Hin und Her gegeben. Am Vortag erschien die BZ mit der Überschrift: »Trutz der Trutzburg?« Unter den wütenden Protesten der dortigen Anwohner und Gegendemonstranten marschierten die braunen Kolonnen. Die Polizei war in auffallender Stärke erschienen und hatte zum ersten Mal leichte Panzerwagen eingesetzt, um die Nazi-Marschierer zu schützen. Als sich der Stabschef der SA, Ernst Röhm, kurz an der Spitze des Zuges zeigte, ertönten laute Sprechchöre:

»Fort mit Hitler, dem Gendarm,
und mit Hauptmann Röhm, dem Warm'n!«

Am nächsten Tag erschien in einer linken Tageszeitung eine Zeichnung. Man sieht zwei Jungen auf dem Boden knien, wie sie zwischen den breitbeinig stehenden Polizisten hindurchschauen. Einer der Jungen sagt: »Kiek mal, det Braune zwischen die Schupobeene sind die Nazis.«

Wir waren damals richtig froh, wenn wir einmal nichts von Politik hörten. Die Nachricht, daß die deutsche Mannschaft bei den Olympischen Spielen in Los Angeles nach den Amerikanern an zweiter Stelle lag, wurde ausführlich kommentiert. Am 24. Juli waren unsere zweiundachtzig Aktiven, reine Amateure, mit der »Europa« von Bremen abgereist. Ihre Sportverbände mußten pro Teilnehmer tausend Mark Unkostenbeitrag leisten.

Ein Kollege erzählte uns von einer Wahrsagerin am Lehrter Bahnhof, die für ihre Weissagungen zwei Mark verlangte. Ich suchte sie aus Spaß auf. Madame empfing mich in einem düsteren Hinterstübchen, ein Papagei krächzte mich an, und sie mischte die Karten. Sie verlangte, daß ich mich ganz auf sie konzentrieren solle. Das gelang mir nicht, denn diese Pythia war häßlich wie eine Märchenhexe. Assoziationen, die sonst im Beisein einer Frau aufkommen konnten, waren hier ausgeschlossen. Sie merkte meine Reserviertheit und bat nochmals um Konzentration. Dann begann ihr Orakel: »Das Brot wird knapp, aber es bleibt. Der Herr wird bald Uniform tragen. Da ist noch eine blonde Frau, die den Herrn begleiten wird. Ihre Spur verliert sich wieder. Die Mutter hat's mit den Füßen und muß vorsichtig sein. Beruflich kann eine Umstellung erfolgen.«

Das reichte mir. Ich legte ihr Honorar auf den Tisch und entfernte mich.

»Der Angriff«, die Berliner Zeitung der NSDAP schrieb über die Uraufführung von »Morgenrot«, die am 31. Januar 1933 in Anwesenheit von Hitler und Hugenberg stattgefunden hatte: »Bravo, Rudolf Forster! Endlich ein ganzer Mann in Uniform auf der Kommandobrücke und nicht mehr säuselnd im Frack.«

Der Grandseigneur des Theaters und

Films hatte in dem Stück zu sagen: »Wir Deutschen wissen vielleicht nicht, wie wir zu leben haben, aber wie wir sterben müssen – das wissen wir.«(!)

Auch in der Filmkritik, die bald einer »Kunstbetrachtung« weichen mußte, wurden die Signale der neuen Zeit gesetzt.

Am 31. Januar 1933 schrieben die »TIMES«:

Es war schon längst erforderlich, daß Herr Hitler, der im deutschen Reichstag die größte Partei anführt und bei den letzten Wahlen über ein Drittel der abgegebenen Stimmen erhielt, die Chance bekommt, daß er beweisen kann, mehr als ein Parteiredner und Agitator zusein. Heute ist die Gelegenheit dazu gekommen, da die Harzburger wieder erneuert wurde. Im Ausland allerdings wird dies Experiment mit Unbehagen verfolgt. Besonders in Frankreich, wo man das Unabhänderliche mit Resignation, aber ohne Befriedigung akzeptiert. Ebenso in Polen, einem der bevorzugten Stoßziele der Nazipropaganda. Viel mehr als in Frankreich registrierte man in diesem Land die Folgen des Regierungswechsels auf die deutsche Haltung zur Aufrüstung mit Mißmut. Allerdings muß man den Nazis zubilligen, daß sie zu den Einschränkungen, die ihnen der Versailler Vertrag auferlegt, auch nicht mehr gesagt haben, als die etablierten Parteien in Deutschland. Sie haben es allerdings wesentlich lauter gesagt.

Die »Deutsche Allgemeine Zeitung« berichtete von der Reichstagseröffnung im März und schrieb fast wörtlich:

Klara Zetkin, gestützt von dem KPD-Abgeordneten Heinz Neumann, schritt am Gummistock zum Rednerpult und eröffnete als Alterspräsidentin den Reichstag. Sie verkündete mit zitternder Stimme die Weltrevolution.

Als ihre Redezeit überschritten war, ging der nächste Sprecher, Göring, im Braunhemd und blitzenden Pour le mérite, zum Rednerpult. Als er verärgert auf seine Uhr blickte, rief ihm Neumann zu: »Herr Göring, Lächerlichkeit tötet!« Der SA-Gruppenführer antwortete: »Dann müßten Sie schon längst gestorben sein.«

Der sehr intelligente und polyglotte Neumann galt als der ghostwriter von Teddy Thälmann, dem KPD-Führer. Die Stilblüten in seinen Reden wie: »Das setzt dem Faß die Krone auf« stammten von Thälmann persönlich.

Die beiden kommunistischen Abgeordneten wanderten bald danach in die Sowjetunion aus. Frau Zetkin verstarb noch im gleichen Jahr. Neumann wurde während der »Großen Säuberung« 1935–1939 verhaftet und ist seitdem verschollen.

Von ihrem KPD-Genossen Max Hölz, der schon während der Weimarer Republik nach Rußland emigriert war, erfuhr man wenigstens nach langem Schweigen, daß er dort bei einem Fährunglück ums Leben gekommen sei.

Da ich nicht zu den sechs Millionen Arbeitslosen gehörte, und es mir bei der regelmäßigen ärztlichen Behandlung relativ gut ging, hatte ich allen Grund dankbar und zufrieden zu sein. Trotzdem hatte ich manchmal das Gefühl, daß dieser Zustand nicht so bleiben würde und neue Sorgen auf mich zukommen. Meine Ahnung trog nicht. Im März erhielten zehn bis zwölf Kollegen und ich unsere vorsorglichen Kündigungen. Als Begründung wurde angegeben:

»Durch Übergang der Abrechnungsarbeiten auf die Deutsche Reichspost sind wir zu einer Einschränkung unseres Personals gezwungen. Wir müssen die zuletzt eingetretenen Angestellten, darunter Herrn Frick, zum 15. August 1933 entlassen.«

Wir fielen aus allen Wolken. Unsere Firma war eine Aktiengesellschaft. Sie besteht noch heute mit dem Sitz in Köln. Wir konnten es nicht fassen, daß wir unsere Arbeitsplätze aufgeben mußten, um sie für Postbeamte freizumachen, für die man keine oder nicht ausreichende Beschäftigung hatte.

Der Grund für die Wegnahme unserer Arbeit war folgender: Nach dem Versailler Vertrag durfte die Post das Kabel nach New York nicht betreiben. Dies konnte nur durch eine Privatgesellschaft geschehen und war der DAT übertragen worden. Die Post garantierte uns notfalls einen finanziellen Zuschuß, damit der technische und verwaltungsmäßige Ablauf stets gewährleistet war. Das Abkommen sicherte der Reichspost ein Mitspracherecht bei wichtigen Entscheidungen, und darunter fielen unsere Entlassungen.

Unsere vielseitigen Bemühungen, die Kündigungen rückgängig zu machen, blieben ohne Erfolg.

Das einsetzende Anstehen auf dem Arbeitsamt, das endlose Warten, das Abstempeln der Arbeitslosenkarte empfand ich trostlos und deprimierend. Als ich nach mehreren Meldungen von dem Schalterbeamten zu einem Abteilungsleiter geschickt wurde, bot dieser mir nach einem kurzen Gespräch an, in die Dienste des Arbeitsamtes selbst zu treten.

Ich solle kleine Unternehmen aufsuchen, die Entlassungen beantragt hatten, und die Chefs bitten, die Kündigungen nicht durchzuführen. Unter Hinweis auf den bevorstehenden wirtschaftlichen Aufschwung sollte ich »Optimismus verbreiten«. Die Firmeninhaber sollten veranlaßt werden, eine kurze Durststrecke zu überwinden und um der »höheren Sache« willen auch kurzfristig wirtschaftliche Einbußen hinzunehmen. Mir war klar, daß ich einen derartig heiklen Auftrag niemals zur Zufriedenheit des Amtes durchführen könnte. Außerdem hatte ich für die Aufgabe keine praktisch-wirtschaftliche Erfahrung. Da ich selber Opfer des »wirtschaftlichen Aufschwungs« geworden war, fehlte mir die innere Kraft, eine solche Arbeit durchzuführen und ich gab sie nach einigen Einsätzen auf.

Überraschend schnell erhielt ich ein neues Arbeitsangebot. An meinem Mittagstisch in der Motzstraße hatte ich früher die Bekanntschaft eines Ehepaares gemacht, das ein Sarggeschäft unterhielt. Als ich die Frau wieder in dem Lokal traf, erzählte sie mir, daß ihr Mann kürzlich verstorben sei. Im Laufe der

Unterhaltung erwähnte ich beiläufig, daß ich arbeitslos wurde. Nach Tisch fragte mich die Witwe, ob ich nicht Interesse hätte, Mitarbeiter in ihrem Geschäft zu werden. Auf meine verwunderte Frage, was ich da machen soll, erwiderte sie, daß ich den Kundendienst übernehmen könnte. Die Arbeit wäre einfach. An Hand von Adressen sollte ich zu den Hinterbliebenen von Verstorbenen gehen, um den Familien die Dienste und Särge des Instituts anzubieten. Außerdem hätte ich die notwendigen Gänge zu den Behörden und Krankenkassen nebst dem damit verbundenen Formularwesen zu erledigen. Die Frau war erstaunt, daß ich prompt ablehnte. Ich bedankte mich für ihr Anerbieten und erläuterte, daß es für mich bedrükkend sein würde, mich mit Toten zu beschäftigen und ständig einen schwarzen Anzug zu tragen. Ferner wäre ich nicht in der Lage, den Leidtragenden zu kondolieren, während ich mich gleichzeitig über die Provision freuen würde.

Mein Zwillingsbruder hatte auch ein Theologie-Stipendium an der Universität Halle abgelehnt, das ihm ein befreundeter Kirchenpatron verschafft hatte. Ihm fehlte die Kraft des Glaubens und die Frömmigkeit. Es gibt Leute, die nicht aus jeder Sache ein Geschäft machen können.

Während ich ständig grübelte, welche Laufbahn ich jetzt einschlagen könnte, fiel mir ein, daß einer von meinen früheren DAT-Kollegen nach Büroschluß als Billett-Kontrolleur in einem UFA-Kino gearbeitet hatte. Er hatte uns damals in launiger Manier erzählt, daß ihm der Posten viel Spaß gemacht hat. Wichtiger war mir aber die Tatsache, daß einige seiner Abend-Kollegen nach einer Dienstzeit von zwei bis vier Jahren zu Filmtheaterleitern befördert worden sind.

Mit einmal kam mir eine Erkenntnis, daß in solchem Werdegang meine Berufung stecken könnte.

Gute Filme, besonders literarische und historische Stoffe, interessierten mich seit meiner Schulzeit und eine Verbindung von Liebhaberei und Beruf könnte ideal sein. Da der Siegeslauf des Tonfilms uns laufend großartige Werke brachte, bot sich hier ein weites Feld.

Daß die »Universum Film AG« die führende europäische Filmgesellschaft war, ist mir bekannt gewesen. An den Litfaßsäulen, in den Zeitungen, an den Fronten der Lichtspielhäuser, in den Titelvorspannen der Spielfilme und Wochenschauen prangte ihr Signum.

Der Gedanke, unter diesem Zeichen arbeiten zu können, ließ mein Herz höher schlagen. Ich war jung und bereit, von der Pike auf zu dienen.

Umgehend bewarb ich mich im UFA Palast am Zoo als Kontrolleur, weil dort ein Einstellungsbüro für Kinopersonal untergebracht war. Als ich mich nach vierzehn Tagen wieder dort meldete, erfuhr ich, daß meine Unterlagen noch nicht weitergereicht waren. Für diesen untergeordneten Posten mußten wir drei Referenzen angeben, aber keine Verwandten oder frühere Arbeitgeber. Nicht einmal diese Anfragen waren an die Adressaten gesandt.

Um mein Anliegen zu beschleunigen, fuhr ich mit neuen Bewerbungspapieren in die UFA-Zentrale am Dönhoffplatz und gab beim Pförtner an, daß ich den Personalchef, Dr. Hartung, sprechen möchte. Auf dem Passierschein vermerkte ich unter »Grund des Besuchs«: Information. Unter der Rubrik »Von welcher Firma« trug ich die Telegraphengesellschaft ein. Das stimmte sogar, denn es hatte sich nachträglich herausgestellt, daß mir noch Urlaub zustand.

Der kleine Trick klappte und ich stand kurz danach vor dem Mann, der vielleicht über mein künftiges Los entscheiden konnte. Er war sehr reserviert hinter seinem leeren Schreibtisch, auf dem ein gerahmtes Foto seiner Frau stand. Er bot mir keinen Stuhl an und fragte nach meinem Wunsch. Als ich ihm sagte, daß ich mich um einen Kontrolleursposten bewerben wollte, faßte er mit den Fingerspitzen an seine Brillenbügel und entgegnete betont kühl, daß sein Sekretariat derartige Gesuche bearbeiten würde.

Ich wollte aber nicht so schnell aufgeben und gab an, daß es mich mit großer Freude erfüllen würde, bei dieser weltbekannten Firma arbeiten zu dürfen. Um ihm mein Interesse an Filmfragen zu zeigen, schnarrte ich ein halbes Dutzend UFA-Filme der letzten Zeit herunter. Dazu die Angaben der Darsteller, Regisseure, Komponisten und Literaturvorlagen. Da der Generaldirektor Klitzsch auch Chef vom Scherl-Verlag war, spannte ich einen Bogen zu dem Haus und nannte dessen Neuerscheinungen. Das war nicht schwer, denn dort erschienen nicht viel Bücher. Seine Macht lag in der Presse.

Dr. Hartung stoppte meine jugendliche Suada, sagte, daß ich meine Bewerbung im Vorzimmer abgeben könnte und schriftlichen Bescheid bekäme. Es klang fast wie ein leichter Spott, als er hinzufügte,, daß für das nächste halbe Jahr genügend Gesuche vorliegen würde. Im Sekretariat nahm der Bürovorsteher meine Papiere mit spitzen Fingern entgegen und legte sie auf eine Ablage neben seinem Schreibtisch.

In meiner neuen winzigen Bude am Nollendorfplatz überlegte ich, ob mein Vorstoß am Dönhoffplatz richtig war.

Fünf Wochen mußte ich warten, bis auf der Dielenkommode der Witwe Kantorowicz ein Brief der UFA lag. Er enthielt die Mitteilung, daß ich mich auf Grund meiner Bewerbung unverbindlich bei dem Theaterleiter vom Gloria-Palast vorstellen könnte. Das nahm ich schon als ein gutes Zeichen. Man hätte mich auch nach Weißensee oder zum Alexanderplatz bestellen können.

Der Chef des Hauses war ein Herr Malbran. Er hatte ein paar Semester studiert, war eine Zeitlang Schauspieler, dann künstlerischer Leiter im »Titania-Palast« und danach Geschäftsführer im »Universum« am Lehniner Platz gewesen.

Er empfing mich in dem eleganten Büro, das mit Stilmöbeln ausgestattet war und wie ein Herrenzimmer wirkte. Tiefe Sessel, breite Couch mit übereck gestelltem Spiegel am Fußende, echte Brücken und pikante Stiche an den Wänden. Keine Schriftstücke auf dem Schreibtisch. Nur ein kleiner Kontrollautsprecher an der Wand, auf dem der Ton aus dem Film mitlief, ließ auf einen Dienstraum schließen. Der Leiter fragte mich, ob ich bei der Gesellschaft eine Laufbahn einschlagen wolle oder nur einen Zeitabschnitt überbrücken müßte.

Als ich ihm antwortete, daß ich aus dem Posten einen Beruf entwickeln möchte, erklärte er, daß sowas Jahre dauern könnte und das größte Hindernis meine Jugend sei. Er fügte aber lächelnd hinzu, daß diese bekanntlich von allein vergehen würde.

Nach dem eiskalten Empfang am Dönhoffplatz empfand ich dies Gespräch als freundliche Aufnahme.

Mit Wirkung vom 15. Oktober 1933 wurde ich mit einem Wochenlohn von 25.– eingestellt.

In Anbetracht meiner kommenden Einkünfte leistete ich es mir, wieder einmal an einem weiß gedeckten Tisch zu sitzen und bei Kottler zu speisen.

Vor meinem Dienstantritt mußte ich mir bei dem Uniformschneider Benedikt in der Hardenbergstraße eine Livree machen lassen. Sie bestand aus roter Jacke mit Goldverzierung, schwarzer Hose mit Gummisteg und weißen Handschuhen.

Nach verschiedenen Umwegen und Hindernissen sollte mein neuer Beruf beginnen. Ich hoffte, mein Ziel zu erreichen.

Im Gloria-Palast

Ein Besuch in dem Palast gehörte zum gesellschaftlichen Leben Berlins. Mit seiner kostbaren Einrichtung erinnerte er an ein Schloßtheater im Barockstil. Wir verfügten über eine Steinmeyer-Orgel, Rundhorizont und Wolkenapparat auf der Bühne. Der Orchesterraum bot für vierzig Musiker Platz. Otto Stenzel, der langjährige Kapellmeister der Berliner SCALA und nach 1945 von »Holiday on Ice« in den USA, war zu der Stummfilmzeit zeitweise Dirigent in dem Haus. 1895 wurde das Gebäude als »Romanisches Haus« mit drei Wohnungen zu zwanzig Zimmern errichtet. Nach zweijährigem Umbau in ein Kino mit 1200 Plätzen, wurde es am 26. Januar 1926 mit »Tartuffe« eröffnet. Ein UFA-Film mit Emil Jannings, Lil Dagover und Werner Krauß. In einer Kritik hieß es: »Das neue Barock-Haus wurde mit der Verfilmung eines Werkes des größten Komödiendichters des Barock, Molière, eröffnet.«

Auf der halben Etage zum Parkett plätscherte ein Marmorbrunnen und daneben befand sich der luxuriöse »Damensalon«, ein intimer Warteraum. In dem Salon stand ein Telefon, mit dem die Besucher kostenlos Stadtgespräche führen konnten.

Das Lichtspieltheater spielte täglich um 18.45 und 21.15 Uhr. Sonnabends und sonntags fanden zusätzlich Nachmittagsvorstellungen statt.

Wir waren etwa 60 Mitarbeiter, die

Hier schluchzte Al Jolson, wurde Marlene Dietrich Weltstar und Willi Forst seit »Maskerade« ein Olympier der Regie

sich nach folgenden Tätigkeiten aufgliederten: 1 Leiter, 1 Assistent, 1 Oberkontrolleur, 2 Vorführer, 1 Umroller, 1 Beleuchter mit Bühnenmeisterprüfung, 2 Kassiererinnen, 1 Sekretärin, 2 Tonsteuerer, 1 Hausmeister, 3 Fahrstuhlführer, 1 Autoportier, 1 Kassenwart, 11 Garderobefrauen, 4 Notausgangswächter (Sicherheitsvorschrift), 5 Putzfrauen, 2 Hilfskräfte zum Staubsaugen, 2 Toilettenbedienungen, 3 Pagen, 1 Nachtwächter und 12 Kontrolleure.

Der Personalaufwand wirkte übertrieben. Da der Gloria-Palast das nobelste Kino der Gesellschaft war und ihre repräsentative Visitenkarte, wurde an diesem Etat nicht gespart. Die Vergütung für die Angestellten selbst war nicht so großzügig. Die Kontrolleure waren außerdem am Programmumsatz beteiligt, ferner fiel manch ein Bakschisch für sie ab.

Da ich nicht rauchte und nicht trank, glaubte ich bei knapper Lebensführung ohne nennenswerte Schulden mit meinem Salär auszukommen.

Als ich Hans Albers und seiner Gefährtin Hansi Burg eine Separatloge öffnen mußte, bekam ich mein erstes Trinkgeld im Leben. Das Markstück brannte mir zwar in der Hand aber im gleichen Moment dachte ich daran, daß

Das »Romanische Haus« in seiner ursprünglichen Gestalt

man für diesen Silberling und weitere fünf Pfennig bei Woolworth am Stehtisch drei Linsengerichte bekommt. In meiner Freude über den Obolus teilte ich den Empfang den Kollegen im Pausenraum mit. Darauf erklärten sie, daß ich »einen ausgeben müsse« und ich war eine Mark und fünfzig für zehn Tassen Kaffee los. Ein älterer Kollege, pensionierter Schupo, nahm mich danach zur Seite und sagte, daß ich niemals erzählen sollte, wenn ich ein Trinkgeld bekommen hätte. Es wäre besser, immer zu jammern und zu stöhnen, was für ein mieser Tag das wieder wäre. Die meisten »Nebeneinkünfte« hatte der Kassenwart. Ich habe wiederholt gesehen, daß Gäste für zwei reservierte Logenplätze, die acht Mark kosteten, zwanzig Mark bezahlt haben. Der seit Eröffnung des Hauses bis 1933 tätig gewesene Kassenportier hat in dieser Zeit so viel verdient, daß er zwei kleine Kinos erwerben konnte.

Zu unseren Stammgästen gehörten auch die beiden »Silbertanten«. Betagte, altmodisch und fast ärmlich gekleidete Damen, die mit der Taxe vorfuhren und jedem Mitarbeiter, der ihren Weg kreuzte, eine Mark gaben. Das waren bei jedem Besuch sieben bis acht Mark. Der Chef und der Assistent gehörten nicht zu den Empfängern. Als ich einmal Zeuge war, wie ein Gast unserem Herrn Malbran im Fahrstuhl zwei Mark gab, bemerkte der Chef mein Erstaunen über diesen Vorgang. Er klärte mich später auf und erläuterte, daß er Beträge ab zwei Mark als Geldgeschenk betrachten würde, die er annehmen könnte.

Als ich in der ersten Woche nach meiner Arbeitsaufnahme an der Kartenkontrolle stand, kam ein kleiner, mir von Sehen her bekannter Kurfürstendamm-Boulevardier, der auch öfters im Café Kranzler saß. Er nickte mir vertraulich zu und sagte, daß er nur zum Telefonieren in den Damensalon gehen würde. Ich entgegnete, daß ich ihn ohne Eintrittskarte leider nicht passieren lassen könnte. Darauf erwiderte er, daß er Professor Becce sei, früher in dem Haus Kapellmeister war und ihm die Direktion gestattet habe, gelegentlich bei uns zu telefonieren. Zum Glück kam der Oberkontrolleur, der mir ein Zeichen gab, daß ich den Herrn durchlassen kann. Später, als wir uns kennengelernt hatten und manchmal im Zoo trafen, berichtete mir der Künstler, daß er schon 1912 in einem Spielfilm »Richard Wagner« die Hauptrolle gespielt habe. Als er Orchesterleiter im »Mozartsaal« war, gehörte zu seinen Musikern eine Violinistin, die einen kometenhaften Aufstieg als Schauspielerin vollzog: Marlene Dietrich.

Becce lebte auch nach dem Krieg in Berlin und hat für zahlreiche Filme die Musik komponiert.

Der Schriftsteller und Bühnenautor Dr. Hans Borgelt verfaßte über das Leben und Schaffen von dem Künstler einen Film »La vita è bella«, den wir im Gloria-Palast herausbrachten.

Nach einer Probezeit von vierzehn Tagen wurde diese exclusive Stätte mein neuer Arbeitsplatz. In der ersten Zeit war es mir peinlich, wenn mich Bekannte oder frühere Schulkameraden in Uniform sahen. Aber ich hatte Schlimmeres durchmachen müssen und gewöhnte mich daran, die Blicke gelassen zu ertragen.

Als mir noch ein kaufmännischer Posten von der Gewerkschaft angeboten wurde – bei einer Pflichtversicherung für Musiker – lehnte ich es ab. Ich wollte keine Arbeit ausüben, an der ich keinen Gefallen finde und die ich nur notgedrungen verrichte. Damals merkte ich bereits, daß Zufriedenheit und Lebensglück untrennbar mit meinem Beruf verbunden sein werden. Diese Chance, die sich mir geboten hatte, wollte ich nutzen und nicht für einen Hundertmarkschein im Monat vergeben.

Verschiedene ältere Mitarbeiter hatten

Die Haupttreppe von der Kassenhalle zum Parkettfoyer

ihre Posten schon seit Jahren und sich mit ihrer Stellung abgefunden. Etwa die Hälfte der engeren Kollegen waren Werkstudenten. Zu jener Zeit wurden in den Uraufführungshäusern keine Platzanweiserinnen beschäftigt. Dadurch wurden gewisse Spannungen und Komplikationen erspart, aber die Anwesenheit von »Glühwürmchen« hätte den Dienst reizvoller gestalten können. Die weibliche Jugend war durch zwei Sarotti-Verkäuferinnen vertreten, die im Foyer standen und auf einem »Bauchladen« ihre Schätze anboten. Ich könnte noch heute den Klang ihrer Lockrufe unterscheiden: »Schokolade, Mintips, Saure Drops, Gebrannte Mandeln, Knabbernüsse!«

Teilansicht vom Rangfoyer mit Fahrstuhltüren und Treppe zum Balkon

In den Lichtpausen durften sie im Saal durch die Reihen gehen, um ihre Ware darzubieten. Wenn sie dabei auf Widerstand in Form eines Männerknies stießen, mußten sie kehrtmachen. Als die Firma Sarotti den Antrag stellte, auch Eiswaffeln bei uns verkaufen zu dürfen, wurde dies abgelehnt. Wir wollten nicht, daß klebrige Eisreste, die auf den Fußboden geworfen werden, unseren Velours verderben.

Fünfundzwanzig Jahre später mußte ich eine Putzfrau einteilen, die mit einer Spezialflüssigkeit Kaugummis aus dem Fußbodenbelag entfernt.

Nachdem ich vierzehn Tage im Dienst war, beobachtete ich folgenden Vorfall. Nach Beendigung einer jeden Vorstellung hatte der zuständige Kontrolleur in die Separatlogen gehen, um Papierreste aufzuheben, die Sessel zurechtzurücken und etwaige Fundgegenstände an sich nehmen. Die Fundsachen waren dem Oberkontrolleur telefonisch zu melden, damit dieser bei Nachfrage in der Kassenhalle schon Bescheid wußte. Als ein Kollege in einer Eckloge ein weibliches Wäschestück entdeckte, hob er es auf und eilte der Verliererin nach, die sich in Begleitung eines Herrn befand. Hierbei

Ausschnitt vom linken Parkett und Rang

schwenkte er das zartgrüne Seidengewebe hoch in der Luft und rief: »Hallo, junge Frau, Sie haben hier was liegen gelassen!« Selbstverständlich tat die Besitzerin so, als ob sie nicht gemeint sei und verließ mit Haltung das Haus. Die ganze Szene spielte sich vor dem Büfett ab, an dem Gäste warteten oder einen Imbiß einnahmen. Der Pächter von dem Erfrischungsstand hat dem Chef die Sache gemeldet, und der Kontrolleur wurde in ein anderes Haus versetzt.

Bald nach meinem Eintritt wurde die Werbung für unsere Weihnachtspremiere »Viktor und Viktoria« mit Renate Müller und Adolf Wohlbrück angebracht. Regie führte Reinhold Schünzel. Es war ein Ufa-Film, der mit besonderer Sorgfalt und großzügiger Reklame herausgestellt wurde.

Vor dem Start fanden verschiedene Nachtproben statt, bei denen in Anwesenheit von Vertretern der Kopieranstalt, der Produktion, unserer Theatertechnik und auch Darstellern, der Film gezeigt wurde. Zweck dieser Proben war, noch bildtechnische und tonliche Feinheiten an der Kopie vornehmen zu lassen und unsere Vorführer und Tonsteuerer mit dem Streifen vertraut zu machen. Keine Kopieranstalt mit ihren kleinen Bildflächen konnte die gleichen technischen Daten für eine Wiedergabe haben, wie sie in den jeweiligen Premierenkinos vorlagen. Bei diesen Nachtproben gab es auch Proteste, wenn sich Produktion und Kopieranstalt gegenseitig die Schuld an verunglückten Passagen zuschoben. Schauspieler wiederum führten Klage, daß Szenen von ihnen der Schere zum Opfer fielen. Manche empfanden sich als zu »hart« kopiert, andere zu »gesoftet«. Wenn gar behauptet wurde, daß einer unserer Bildwerfer an der unzulänglichen Wiedergabe schuld sei, hielten wir an und setzten die gleiche Rolle in der zweiten Maschine ein. Wenn dort diesselben Fehler auftauchten, verstummten die Kritiker. Notfalls hatten wir einen Testfilm zur Hand, bei dessen Durchlauf wir beweisen konnten, daß unsere Apparatur einwandfrei arbeitet. Der Kopiermeister, bei dem die praktische Auswertung dieser Probeläufe lag, hatte einen schweren Stand.

Trotz der Auseinandersetzungen vereinten wir uns nach den Besichtigungen öfters zu einem Nachttrunk. Der Regisseur oder der Produzent verstanden es meist, die Gemüter wieder zu beruhigen. Unsere Bemühungen dienten der gleichen Sache.

Die Regisseure Willi Forst und Kurt Hoffmann nahmen ihre Premieren bei uns so wichtig, daß sie an diesen Tagen selbst am Tonsteuer saßen.

Am Uraufführungstag wurde vor dem Theater ein roter Läufer ausgebreitet, auf dem die Darsteller in Abendgarderobe und die Besucher überhaupt, das Haus betraten. Die Schauspieler wurden von den wartenden Fans begrüßt, mit Blumen beschenkt und um Autogramme gebeten. Die Polizei half uns, den möglichst reibungslosen Zutritt der Künstler in das Kino zu sichern. Unser eigenes Personal wurde durch Mitarbeiter aus anderen Häusern der Gesellschaft verstärkt. Trotzdem passierte es, daß jemand Dorothea Wieck, deren klassisches Antlitz seit »Wiegenlied« unvergeßlich war, auf die Schleppe trat. Daß auch einmal ein einsamer Ruf »Ministernutte« ertönte, als eine bekannte ausländische Darstellerin das Theater betrat, überhörte man.

Als Renate Müller bei »Viktor und Viktoria« neben ihrem großen Starfoto im Rangfoyer auch das von Hermann Thimig sah, nahm sie das Bild des Kollegen von der Wand, stellte es auf den Boden und sagte: »An dieser Stelle hänge ich allein.«

Damals lernte ich schon, daß man bei Künstlern auf gewisse Kapricen gefaßt sein müsse. Später mußte ich mich oft darauf einstellen.

Wenn der damalige Reichsbauernführer und Landwirtschaftsminister Walther Darré ins Kino kam, war es für die Ufa ein teurer Spaß. Er bestellte telefonisch eine Rangloge für sich und kam nur in Begleitung einer Dame. Die restlichen Sitze blieben frei. Da er sein Reservat nicht bezahlte, kostete uns der noble Besuch jedesmal vierundzwanzig Mark.

»Lieber zwei Jahre Dürre als ein Jahr Darre« sagte das Landvolk von ihm.

Wandelhalle im Rang, 1926.
Rechts vorn ist der Eingang zum Theatersaal

Rudolf Hess dagegen kam in seinem ausgeblichenen Raglan an die Kasse, kaufte einen Platz für zwei Mark im Rang und ging die beiden Treppen herauf.

Für die Polizei und einen Arzt hatten wir je zwei reservierte Dienstplätze, die zu jeder Vorstellung besetzt wurden. Für etwaige Vorkommnisse waren wir demnach vorbereitet. Für den Polizeipräsidenten selbst standen stets zwei Plätze in den Ranglogen zur Verfügung. Diese wurden verkauft, wenn sie nicht bis zum Ende der Wochenschau beansprucht wurden.

Zu der ersten Garnitur von Polizeipräsidenten im Dritten Reich gehörten mehrere Seehelden aus dem ersten Weltkrieg. In Berlin wurde der Admiral a. D. von Levetzow ernannt. Der alte Seebär liebte den Franz-Schubert-Stoff von Willi Forst »Leise flehen meine Lieder« ganz besonders. Er sah ihn mehrmals bei uns an, da wir den Film auch an den ern-

Glück durch Gloria: Zwei Jahre wies dieser junge Mann den Besuchern den Weg zum filmischen Glück. Bis ihm selbst eines Tages ein sehr reales Glück zuteil wurde – eine vermögende amerikanische Witwe nahm ihn mit – als Ehemann. Heute besitzt er mehrere Konservenfabriken in Illinois und zwei Lichtspieltheater in Philadelphia. Er wird, z. Zt. auf Europa-Trip, der feierlichen Premiere des neuen Gloria-Palastes beiwohnen. Allerdings kaum noch in Eskarpins, da sein Gewicht im Laufe der Zeit auf 197 deutsche Pfunde angestiegen ist.

sten Feiertagen einsetzten. Von Levetzow gestand einmal dem Theaterleiter, daß ihm bei diesem Stück vor Rührung die Tränen kamen.

Der nachfolgende »Po-Prä« – es gab auch einen »Vi-Po-Prä« und Po-Vi-Prä – wobei Vi=Vize bedeutet, war der bekannte Graf Helldorf. Er kam öfters mit der Filmschauspielerin Else Elster.

Wenn seine Dienstplätze schon verkauft waren, weil er zu spät kam, zeigte er sich nicht verärgert, sondern nahm die Plätze von dem eingeteilten Wachtmeister ein. Diesem und seiner Begleitung gaben wir zwei Stuhlsitze.

Ausgerechnet ein Stammgast von unseren Zoo-Häusern war ein enfant terrible. Die Dame hatte früher in Indien gelebt, trug seidene Kostüme im Kolonialstil der Queen-Victoria-Zeit und gab englische Sprachstunden. Sie hatte ständig zu nörgeln, zu kritisieren und gouvernantisieren. Wir machten einen Bogen um sie.

Wenn zum Beispiel ihr Stammplatz, Reihe acht, Platz sechs, schon verkauft war und sie den benachbarten Sitz bekam, beschwerte sie sich in aller Form beim Chef. Wenn die Frau eine Apotheke in der Tauentzienstraße betrat, verschwand der Inhaber, um ihre Bedienung einer Mitarbeiterin zu überlassen. Die Besitzerin von dem Obstwagen in der Rankestraße verkaufte ihr nichts. Als diese Lady einmal einen Verkehrsposten aufforderte, den Namen eines Mannes festzustellen, mit dem sie auf der Straße eine Auseinandersetzung hatte, lehnte der Beamte es ab. Darauf sagte diese Dame zu ihm: »Sie werden mich kennenlernen. Ich stehe unter dem persönlichen Schutz von Graf Helldorf und habe ihm testamentarisch zwanzigtausend Mark vermacht.«

Es gab aber auch heitere Dinge, die sich am Rand des offiziellen Geschehens abspielten.

Zu unseren Besuchern gehörte Prinz Eitel Friedrich, ein Sohn des letzten deutschen Kaisers. Ein bäurisch wirkender, dicklicher Herr im grünen Lodenmantel. Der Prinz kam gewöhnlich mit zwei Damen und sie nahmen im vorderen Parkett Platz. Der Hohenzollernsproß war dafür bekannt, daß er nie mehr als zwanzig Pfennig Trinkgeld gab. Als er diesen Betrag unserem plazierenden Kontrolleur Buchmann, einem stets lustigen Jurastudenten, überreicht hatte, nahm dieser militärische Haltung an. Er drückte dem verdutzten Spender die Gabe wieder in die Hand und sagte im näselnden Ton eines Offizierkasinos: »Danke, kaiserliche Hoheit, es stimmt so!«

Einmal wollte ein älterer Herr noch in den besetzten Fahrstuhl steigen, obwohl der Liftboy bereits abgewinkt hatte. Der Gast protestierte und rief: »Ich muß doch noch schnell zur Retirade!« Der Angestellte, dem der Ausdruck nicht geläufig war und wohl nicht richtig verstanden hatte, antwortete: »Da sind Sie bei uns sowieso falsch. ›Maskerade‹ läuft zur Zeit im Ufa-Theater Friedrichshain.« Inzwischen hatte ich verschiedenes auf dem Gebiet der Organisation gelernt, viele Filme gesehen, wodurch ein gewisses Urteilsvermögen entstand und mich im Umgang mit den Menschen geschult.

Bei dem Aufsuchen der Konkurrenz achtete ich darauf, was dort besser gemacht wird, denn im eigenen Haus wird man leicht betriebsblind. In Bezug auf Werbung, Kundendienst, Abwicklung der Vorstellungen mit dem Reklameteil konnte man ständig Kenntnisse erwerben.

Nachdem ich den Dienst über fünf Monate versehen hatte, merkte ich, daß man mit 110 Mark im Monat auf die Dauer nur schlecht leben könnte.

Als ich erfuhr, daß in »Ufa Kammerlichtspiele« (Kali) im Haus Vaterland am Potsdamer Platz ein gleicher Posten frei wird, bewarb ich mich dort. Ich war erstaunt, daß Herr Malbran mir sagte, daß ich der Letzte sein würde, den er von seinen Leuten weglassen möchte.

Mir fiel der Weg auch nicht leicht. In den »Kali« waren aber täglich vier Vorstellungen und wöchentlich drei Sondervorstellungen. Dadurch lag mein Monatsverdienst über siebzig Mark höher und das waren 1934 eine Menge Geld. Meine Versetzung ging glatt vor sich. Das Haus war modern ausgebaut mit Komfort und guter Technik. Luxus enthielt es nicht. Wir spielten »Verlängerte Uraufführungen« und hatten gewöhnlich zweimal in der Woche Programmwechsel. Bei der günstigen Geschäftslage hatten wir gute Umsätze. Wir waren etwa fünfundzwanzig Mitarbeiter. Auf den veränderten Rhythmus konnte ich mich schnell umstellen.

Als sich gelegentlich zwei Kontrolleure um eine Besucherin bemühten, die auf den Stufen zu Fall gekommen war, mußte der gerade anwesende Chef, Herr Schuster, an der Kontrolle einspringen. Er traute seinen Augen kaum, als ihm eine Frau, die ihm vom Sehen her bekannt war, eine Freikarte hinhielt. Jene Dame pflegte nämlich tagsüber vor unserem Eingang in der Köthenerstraße hin- und her zu promenieren. Der Theaterleiter ließ an Hand der numerierten Kontrollabschnitte feststellen, wer der ursprüngliche Empfänger der Eintrittskarte war und bestellte ihn ins Büro. Herr Schuster fragte, wie es möglich wäre, daß die Freikarte in die Hand einer Prostituierten gelangt sei, da es doch bekannt ist, daß diese Billetts für die Angehörigen des Personals bestimmt wären. Der Mitarbeiter antwortete: »Meene Anjehörjen können sich ihre Karten alleene koofen. Wenn ick aba det Meechen vier Karten schenke, kann ick eenmal bei ihr umsonst.«

Nach diesem Zwischenfall mußten sich die Empfänger von Freikarten diese direkt vom Oberkontrolleur abholen.

Als ich am 2. August als erster zum Dienst kam, war Herr Schuster schon da. Er beauftragte mich, Trauerflor zu besorgen und das Band an dem Bild von Hindenburg im Foyer anzubringen. Der Reichspräsident war auf seinem Gut Neudeck in Westpreußen verstorben. Sämtliche Lichtspieltheater blieben wegen Landestrauer geschlossen.

Es war ein schöner Tag und ich ging in den Tiergarten, um mir für ein paar Stunden einen Liegestuhl zu nehmen.

Wir sollten nicht zur Ruhe kommen. Die Erregung über den Röhm-Putsch und die Erschießungen der SA-Führer war noch nicht abgeklungen und es bahnte sich neues Unheil wegen der Präsidentenschaft an.

Bald danach rief mich der Chef ins Büro und fragte, ob ich Lust hätte, im Gloria-Palast Oberkontrolleur zu werden. Der jetzige Mann, ein Theologiestudent, hat gekündigt, und Herr Malbran hat mich über die Zentrale angefordert.

Ich war überrascht und sagte zu.
Am nächsten Tag meldete ich mich bei Herrn Malbran, um mich für die geplante Ernennung zu bedanken, meinen Antrittstermin zu erfahren und notwendige Anweisungen entgegenzunehmen. Er sagte nur, daß mein Kollege noch im Dienst sei und mir die Einzelheiten mitteilen würde. Ich solle mich bemühen, eine »gute Mischung von Eden-Hotel und Feldwebel« zu sein.

Der Oberkontrolleur unterrichtete mich, daß ich mitverantwortlich für die Betriebssicherheit und die Einhaltung des Lichtspieltheatergesetzes sein würde. Ich müßte die wöchentlichen Dienstpläne aufstellen, Programme anfordern und verrechnen, Überstunden einreichen, Eintrittskarten bestellen, Telefondienst machen und die Fotowerbung innerhalb des Hauses gestalten. Außerdem erhielt ich einen Freikartenblock »zu treuen Händen«. Kleinkram und Unannehmlichkeiten hätte ich vom Chef fernzuhalten.

Wenige Tage später gab es schon einen

Zwischenfall. Ein uns bekannter Stammgast kam während der Werbung zu mir und teilte mit, daß ihm beim Einnehmen seines Rangplatzes in der dritten Reihe seine Brieftasche gestohlen worden sei. Ich bat Herrn Malbran telefonisch ins Foyer und nach Besprechung des Falles hatte er folgenden Plan. Wir forderten von dem Polizeirevier in der Joachimsthalerstraße drei Beamte an. Der diensthabende Wachtmeister sorgte für schnellste Durchführung. Die vier Beamten verteilten sich an den beiden Rangeingängen und den Treppen, die vom Balkon zu den Rangreihen führten. Der Gast, der Chef, ein Tonsteurer und ich traten zu je einem Polizisten. Dem Vorführer hatten wir Anweisung gegeben, daß er zu Beginn des Hauptfilms den elektrisch aufgehenden Vorhang stoppen und wieder schließen solle. Hierdurch erfuhr das Publikum, daß etwas nicht in Ordnung sei. Danach wurde volles Saallicht eingeschaltet und es trat eine gewisse Spannung unter den Besuchern ein. In diesem Augenblick schritten wir acht Mann auf die dritte Reihe im Mittelrang zu. Es trat Totenstille ein. Die Gäste glaubten, daß sie jetzt Zeugen einer Festnahme sein würden und starrten auf das ungewöhnliche Bild. Plötzlich hörte man ein leichtes Geräusch, das von einem Fall herrührte. Der verängstigte, unbekannt gebliebene Dieb hatte sich der Brieftasche entledigt und der Besitzer konnte sie neben seinem freien Platz aufheben. Wir gaben dem Bildwerferraum ein verabredetes Handzeichen und der Hauptfilm lief an. Der Chef hatte uns imponiert.

Als uns während der »Grünen Woche« ein Besucher meldete, daß ihm im Laufe der Vorstellung in der Parkettloge seine Brieftasche gestohlen worden sei, konnten wir ihm nicht helfen. Er hatte bei einem Stadtbummel eine Frau kennengelernt, mit ihr einige Schnäpse getrunken und anschließend eine Separatloge bei uns genommen. Dort war er eingeschlafen. Als er wieder aufwachte, war seine Begleiterin verschwunden und mit ihr das Portemonaie.

Eines Tages erhielten wir von einem bekannten Rechtsanwalt ein Schreiben mit der Aufforderung, seiner Mandantin 1400.- Mark Schadenersatz zu zahlen, weil deren Rassehündin in unserem Kino gedeckt worden sei. Sie hat Junge geworfen und konnte danach nicht mehr auf Ausstellungen gezeigt werden, da sie deformiert geblieben ist. Bei der Hündin handelte es sich um ein mehrfach prämiiertes Tier.

Als die Besitzerin bei uns im Kino war, hatte sie die Hündin zur Verwahrung abgegeben und diese wurde in einer Einzelbox angebunden. Mit anderen, ebenfalls abgegebenen Hunden hatte die Fähe überhaupt keine Berührung. Da die Besucherin nicht nachweisen konnte, wann und wo der entscheidende Hundekontakt stattgefunden hat, war es uns möglich, ihren Anspruch abzulehnen.

Es gab auch Aufregungen persönlicher Art.

Nach Schluß einer letzten Vorstellung kam ein Mädchen zu mir und fragte, ob eine Dame das russische Lokal für das wir ein Diapositiv zeigten, allein aufsuchen könnte. Sie war ein sehr aparter Typ und erinnerte an eine Tanzelevin. Schlang, schwarze Haare mit Mittelscheitel und griechischem Nackenknoten, braune lebhafte Rehaugen, feuchte volle Lippen in einem schmalen Gesicht. Sie duftete nach Jugend und Eau de Cologne russe. Ich erklärte, daß ich das Restaurant nicht kennen würde, es aber für eine junge Dame nicht ratsam sei, zu nächtlicher Stunde allein dahin zu gehen. Besonders dann nicht, wenn man mit allen Reizen der blühenden Jugend ausgestattet ist. Ich würde es aber als eine angenehme Pflicht betrachten, wenn ich ihr für den Besuch Arm und Geleit antragen dürfte. Halb erstaunt, halb ablehnend musterte sie mich und willigte ein.

Bei Kerzenlicht und Balalaikaklängen nahmen wir ein Nachtmahl zu uns und mit leicht sächsischem Akzent erzählte sie mir, daß sie vor kurzem ihre Schauspielerprüfung in Leipzig abgelegt hätte. Sie habe heute vormittag bei einem Berliner Bühnenschauspieler vorgesprochen, um noch Stunden bei ihm zu nehmen. Mit dem Frühzug müßte sie in die sächsische Metropole zurück und eine Freundin würde sie zum Bahnhof bringen. Von wem der berühmte Satz stammt: »Die Gattin streichelt froh den Leib sich, denn ihr Mann kommt heut nach Leipzig,« wußte sie auch nicht.

Daß mir damals eine Sternstunde schlug und ich sie in ihr Hotelzimmer in der Nürnbergerstraße begleiten durfte, kommt mir nach fünfzig Jahren wie ein kleines Wunder vor.

Als meine Schlummermutter am Vormittag das Frühstück brachte, fragte sie leicht pikiert, warum ich die geschabten Mohrrüben nicht gegessen habe, die sie mir allabendlich hinstellte.

1934 teilte mir der Arzt mit, daß ich auskuriert sei und mich von dem Gedanken freimachen kann, noch krank zu sein.

Welch eine frohe Botschaft.

In dem Jahr verstarb der holländische Prinzgemahl, der ehemalige Herzog Heinrich von Mecklenburg. Die deutsche Adelsgenossenschaft veranstaltete für ihn eine Trauerfeier im Gloria-Palast. Die Veranstaltung fand als Sonntags-Matinee für geladene Gäste statt und ein Film von dem Leben des Verstorbenen sollte im Lauf des Sonnabends bei uns abgeliefert werden. Als dies bis sechzehn Uhr nicht geschehen war, rief ich die zuständige Dame in ihrer Wohnung an, um es zu melden. Sie geriet in große Verlegenheit, denn der Fahrer hatte ihr telefonisch versichert, daß die Kopie bei uns abgegeben worden sei. Sie könnte den Mann nicht mehr erreichen, da er zum Wochenende auf seinem Grundstück weilte. Obwohl es nicht unsere Sache war, die Kopie aufzuspüren, versuchte ich es. Erst ging ich in die Ufa-Häuser der Zoogegend. Leider ohne Erfolg. Dann suchte ich die Konkurrenz-Theater auf und hatte dort Glück. Im Capitol am Zoo wurde der Film versehentlich abgegeben.

Ich rief die Gräfin K. an und konnte

Kaiser-Wilhelm-Gedächtniskirche mit Gloria-Palast und Hardenbergstraße

sie von ihrer Sorge befreien. Die Veranstalter hatten ein merkwürdiges Talent, Verwirrung zu stiften und es gab die verschiedensten Knäuel zu entwirren. Der Ablauf hat aber geklappt und wir alle waren darüber froh. Nach der Feier kam die Gräfin zu mir und fragte etwas verlegen, ob sie mir eine Anerkennung für meine Mühen überreichen dürfe. Sie wüßte nicht, ob sie mir ein Geldgeschenk anbieten könne, wenn ich es aber nicht behalten möchte, könne ich es nach meinem Ermessen an einen Bedürftigen weiterleiten. Sie gab mir einen verschlossenen Umschlag. Da mir einfiel, daß ich selbst ein Bedürftiger war, konnte ich die zwanzig Mark für mich behalten.

Um die Jahreswende, als sich der Konflikt mit der Kirche zuspitzte und der Pastor Niemöller wiederholten Angriffen ausgesetzt war, kursierte ein Bonmot von Werner Finck: »Ein Intellektueller liebt NIE-MÖLLER, wiederholen

Sie mal den Satz!« Das Wort fiel gelegentlich in der »Katakombe«, die völkisch beobachtet wurde. Im Winter 1939 erzählte mir der Schauspieler Kurt Meisel, daß Finck eine hektographierte Karte an seine Freunde verschickt hätte: »Über meine Einstellung zur politischen Lage gibt's nur eine Einstellung, und das ist meine Einstellung zum 1. Dezember 1939 bei der Wehrmacht.«

Daß der Pastor sich übrigens im Winter 39/40 vom Konzentrationslager aus freiwillig zur U-Bootwaffe gemeldet hatte, ist unerklärlich. Das Oberkommando Marine konnte abwinken, denn der Pastor war damals schon 47 Jahre alt. Ebenso merkwürdig war es, daß der Geistliche von Moskau einen Leninorden annahm. Jener Russe, der 1940 Leo Trotzki in Mexiko ermordet hat, erhielt ebenfalls eine Lenin-Auszeichnung.

Im Kabarett brachte Werner Finck folgenden Sketch. Der Entertainer betrat die Bühne und im Saal, in dem die Besucher an kleinen Tischen saßen, erlosch das Licht. Der Künstler ging zu den Gästen herunter und leuchtete verschiedene mit einer Taschenlampe an. Er betrat wieder die Bühne, sinnierte, schüttelte den Kopf und sagte: »Ja, das Volk ist in Ordnung, das muß an der Leitung liegen.«

Wenn man glaubte, daß im Dienst alles glatt laufen würde, konnte man durch eine Reklamation daran erinnert werden, daß andere darüber anders denken.

Zwei Tage nach der Uraufführung von »Liebe, Tod und Teufel« mit Brigitte Horney gab mir der Chef den Brief eines damals wenig bekannten Schauspielers, damit ich die Sache untersuchen sollte. Der Herr beschwerte sich mit bewegten Worten, daß wir ihm einen Blumenstrauß, den er zu der Aufführung bekommen hätte, nicht in seine Wohnung geschickt haben. Da sich der Darsteller an keinen unserer Angestellten mit einer diesbezüglichen Bitte gewandt hatte, konnte ich die Reklamation nur mit Verwunderung zur Kenntnis nehmen. Außerdem waren uns die Privatanschriften nicht immer bekannt und wir konnten auch nicht wissen, wo sich die Künstler am Tag nach der Premiere aufhalten würden. Ferner gehörte es nicht zu den Gepflogenheiten des Hauses, unaufgefordert derartige Besorgungen zu übernehmen. In diesem Sinn wurde das unverständliche Schreiben beantwortet.

Mit diesem Film und seinem bekannten Chanson setzte für Brigitte Horney eine ruhmvolle Karriere ein. Sie wurde weit über Deutschlands Grenzen bekannt, denn das Stück wurde auch in englischer und französischer Fassung hergestellt. Das Lied lautete:

»So oder so ist das Leben,
so oder so ist es gut.
So wie das Meer ist das Leben,
ewige Ebbe und Flut.«

1935 lief »Barcalore« bei uns an. Der erste deutsche Film mit Lida Baarova, einer Tschechin von faszinierender Schönheit. Sie kam mit Gustav Fröhlich und wir gewöhnten uns sehr bald an deren verliebtes Gehabe. Die Schauspielerin war die Mätresse von Dr. Goebbels, der sich 1937 von seiner Frau scheiden lassen und als Botschafter nach Tokio gehen wollte. Hitler hat es verhindert. Die Baarova lebte mit Fröhlich in dessen Villa auf Schwanenwerder, wo auch der Minister ein Haus hatte.

Die Geschichte, daß der Künstler dem Dr. Goebbels aus Eifersucht eine Ohrfeige gegeben haben sollte, bezeichnete Fröhlich mir gegenüber als »Quatsch«.

Die Geste des ohrfeigenden Werner Finck auf der Bühne und sein Satz: »Ich möchte einmal fröhlich sein!« hatte nur fiktiven Anlaß.

Die Zeitschrift »Die Woche« veröffentlichte Mitte der dreissiger Jahre ein Interview mit Jan Kiepura. In dem Artikel erklärte der polnische Sänger, daß er mit seinen Filmen am liebsten im »Apollo-Theater« von Wien oder im »Gloria-Palast« Berlin herauskäme, da die ausgezeichnete Akustik von den Häusern seine Stimme am besten wiedergeben würde. Wir hingen die kaschierte Seite über das Gespräch in einem Barockrahmen in unserem Foyer auf. Als Kiepura bei uns war und das bebilderte Blatt sah, bedankte er sich dafür bei uns.

Für Silvester machte Herr Malbran mich dafür verantwortlich, daß das Alkoholverbot für die Angestellten strikt eingehalten würde.

Beide Vorstellungen waren ausverkauft und Betriebssicherheit galt als oberstes Gesetz. Im vergangenen Jahr war es zu Mißständen gekommen. Die Anordnung setzte ich mit STABILA-Gründlichkeit durch, bekam jedoch persönlichen Ärger. Ich hatte noch nicht ausgelernt.

Im Mai hatte ich an den Vormittagen die gesamte Inventaraufnahme des Hauses zu erstellen und konnte mir von dem Überstundengeld einen Urlaub im Harz leisten. Ich war immer noch eifriger Benutzer eines Liegestuhls, denn so ganz traute ich nicht der ärztlichen Beurteilung.

Wenige Tage vor Urlaubsende erhielt ich vom Chef eine Karte mit folgendem Inhalt:

> Lieber Frick! Ich freue mich, Ihnen als erster mitteilen zu können, daß Sie mit Wirkung vom 1. Juli zum Assistenten ernannt worden sind und gratuliere Ihnen dazu. Vom gleichen Tag an übernehmen Sie die Urlaubsvertretung im »Universum«. Herzlichen Gruß Ihr Malbran.

Als Assistent war man Gehilfe des Leiters und sein ständiger Vertreter. In Theaterbetrieben, der organisatorischen Zusammenfassung meherer Kinos einer Stadt im Reich, wurde einem praktisch die Leitung eines Hauses übertragen. Die Gesamtleitung solcher Betriebe lag in der Hand eines Direktors.

Meine Bestallung, die nach der »Hierarchie« noch nicht fällig war, hatte ich indirekt unserer Revisionsabteilung zu verdanken. Der Assistent vom »Universum« hatte der Sekretärin aus Gutmütigkeit hundert Mark aus der »Kleinen Kasse« gegeben. Sie hatte ihn gebeten, ihr diesen Betrag kurzfristig zu leihen, um sich von einer Geschäftsauflösung billig einen Mantel kaufen zu können. Gegen zweiundzwanzig Uhr, nachdem der Hauptfilm begonnen hatte, erschienen zwei Revisoren und zeigten eine Bescheinigung des Ufa-Vorstandes, daß sie ermächtigt seien, eine Kassen- und Kartenbestandsprüfung in dem Haus vorzunehmen.

Die Entnahme von Geld für Privatzwecke, auch wenn es nur vorübergehend und gegen Quittung geschah, war eine dienstliche Unkorrektheit, die nicht ohne Folgen blieb. Der Kollege wurde aus seiner Stellung abberufen und für allgemeine Vertretungen und Sonderaufgaben eingesetzt. Warum er mir von da an aus dem Weg ging, war mir schleierhaft.

Daß ich gleich in dem modernen Mendelsohn-Bau am Lehniner Platz anfangen konnte, machte mir besondere Freude. Das Haus war im Juli 1928 eröffnet worden und hatte 1800 Plätze. Leider wurden 1935 Bühne und Orchesterraum nur noch selten benutzt, weil der hierfür erforderliche Aufwand zu kostspielig war. Die Besucher kamen wegen der Filme und nicht wegen der Bühnenschau im Vorprogramm. Die Lage des Lichtspieltheaters war auch ungünstig, denn so weit draußen spielte sich am Kurfürstendamm kein Boulevardverkehr mehr ab. Der Plan, die U-Bahn bis nach Halensee zu führen und hierbei die Gleisanlagen der S-Bahn zu untertunneln, mußte aus technischen Gründen aufgegeben werden. So war das Kino trotz seiner großartigen Konstruktion und seiner vollendeten Bedingungen für Sicht und Akustik ein geschäftliches Sorgenkind.

In der Mitte der dreißiger Jahre gehörten Bühnennummern vor den Filmen nur noch selten zum Programmteil. In Hamburg und Düsseldorf konnten sie noch lange durchgeführt werden. Ich erinnere mich, daß sogar das Ufa-Theater (UT) Kurfürstendamm, nach 1945 »Filmbühne Wien«, eine solche Vorschau zeigte.

Ein Mädchen sang 1927: »Ich möcht mal prominent sein, möcht eine die man kennt sein. Ich möchte mal mit Harry Liedtke schlafen gehen und Emil Jannings aufstehen.«

Daß bald nach meiner Dienstaufnahme PYGMALION mit Gustaf Gründgens, Jenny Jugo und Anton Edthofer auf dem Spielplan stand, war für mich günstig. Die Laufzeit konnte verlängert werden und das hatte es in dem Theater schon lange nicht mehr gegeben. Die bei der Gunst der Stunde erfolgte Einführung einer Nachmittagsvorstellung mit ermäßigten Preisen, konnte das weitere Geschäftsergebnis nicht wesentlich beeinflußen. Bei einer Jugendvorstellung von »Emil und die Detektive« lernte ich Erich Kästner kennen. Er saß oft im »Café Léon«, das in unserem Gebäude lag.

Zu der Zeit hatten wir Ursula Herking als »Märchentante« engagiert. Als ein Junge ihren Auftritt durch Zwischenrufe stören wollte, hat sie ihn blitzgescheit abgekanzelt und zur Ruhe gebracht. Im Büro staunten wir über ihre Gelenkigkeit, als sie uns einen Handstand vorführte.

Die Kunstreiterin Cilly Feindt teilte uns bei einem Besuch mit, daß sie gern wieder bei uns auftreten würde, aber es war wegen der Kosten nicht möglich. Mit der SCALA konnten wir nicht konkurrieren.

1935–36 wurde ich in verschiedenen Berliner Häusern eingesetzt und auch in einzelnen Abteilungen unserer Zentrale beschäftigt.

Infolge einer Nachtprobe kam ich an einem Morgen erst gegen drei Uhr ins Bett und wollte den versäumten Schlaf nachholen. Gegen neun Uhr rief die Theaterverwaltung bei mir an, daß ich um elf Uhr im Ufa Palast am Zoo eine Tanzprobe mit Marika Rökk wahrnehmen sollte. Die Ballettmeisterin Sabine Ress würde die Einstudierung vornehmen, da Frau Rökk am nächsten Tag zu der Premiere »Leichte Kavallerie« auf unserer Bühne tanzen würde. Ich mußte den Bühnenmeister und zwei Beleuchter benachrichtigen, daß sie ins Haus kämen. Für den Organisten, Horst Schimmelpfennig, konnte ich die Nachricht nur im Hotel hinterlassen.

Für die Laufzeit von dem Suppé-Film hatten wir uns den Kollegen von unserem Hamburger Ufa-Palast ausgeliehen. Notfalls stand noch ein Musiker zur Verfügung, der jetzt als Tonsteurer bei uns angestellt war. Wir hatten uns pünktlich eingefunden und der Tanz konnte beginnen. Die Rökk mußte sich damals noch mit einigen unnötigen Pfunden quälen und geriet bald ins Schwitzen. Als ihr in der Hitze des Gefechtes ein Achselband abriß, kam ich in den Genuß, mich über ihre dampfende Schulter bücken zu dürfen, um den Schaden mit einer Sicherheitsnadel zu beheben.

Die rassige Ungarin war den Berlinern von dem Varieté Wintergarten bekannt. Als junges Mädchen hatte sie dort 1929 ein glanzvolles Debut in der Solonummer »Pirouetten-Königin auf der Spitze«.

Am Premierentag kam es noch zu einer operettenhaften Einlage. Zum Einlaß der 19-Uhr-Vorstellung, als der Chef mit den Künstlern und dem Regisseur Jacobi im Konferenzzimmer war, meldeten sich bei mir zwei Herren. Eilig und mit wichtigen Mienen stellten sie sich als Rechstanwälte vor. Sie legten einen Gerichtsbeschluß vor, in dem auf Antrag der Erben von Franz Suppè, die öffentliche Aufführung von »Leichte Kavallerie« verboten war. Wenn die Herren dachten, daß wir die Vorstellung absagen, mußten wir sie enttäuschen. Ich stellte ihnen nach Rücksprache mit dem Chef anheim, sich am nächsten Tag mit unserer Rechtsabteilung in Verbindung zu setzen. Wahrscheinlich ging es nur um Tantiemeansprüche, denn wir hörten nichts mehr von dem Verbot.

Daß ein Film, der von der Zensur offiziell freigegeben war, dennoch zurückgezogen wurde, konnte auch vorkommen. 1934 lief im »Capitol am Zoo« ein Stück mit Elisabeth Bergner an »Katharina die Große«. Regie führte ihr gleichfalls jüdischer Mann Paul Czinner. Eine Zeitung meldete, daß das deutsche Publikum lebhaft gegen die Aufführung protestiert hätte. Ein Tag danach wurde der Film verboten. Tatsächlich wurde der SA-Führer Karl Ernst am Uraufführungstag vor dem Lichtspieltheater beobachtet, wie er seine Rollkommandos, die zum Teil Zivil trugen, in das Kino schickte. Das geschah während der Vorstellung, die mit Sprechchören gestört wurde. Um einen Abbruch der Vorführung zu erzwingen, drangen SA-Männer über die Notausgangtreppe in den Bildwerferraum und entwendeten einige Rollen des Hauptfilms.

Wenn bei dieser Aktion »nur« Hausfriedensbruch und Eigentumsdelikt vorlagen, so erlebte Ernst an sich selbst die Vollendung der Anarchie. Drei Monate später wurde er hinter den roten Mauern der ehemaligen Kadettenanstalt in Lichterfelde von einem Partei-Peleton erschossen. Der Röhm-Putsch forderte seine Opfer.

Als ich 1935 im Ufa-Palast assistierte, kam Hitler zu der Premiere »Der höhere Befehl«. Auf der Bühne mußte ich den Hauptdarstellerinnen Lil Dagover und Heli Finkenzeller je ein großes Bukett vom Führer überreichen. An den Blumensträußen waren seine Visitenkarten in englischer Schreibschrift, die er mit handgeschriebenen persönlichen Widmungen versehen hatte. Das besondere Interesse von Hitler galt aber dem Vorfilm »Unsere Wehrmacht – Nürnberg 1935« von Leni Riefenstahl. Die Künstlerin saß neben seiner Loge, er begrüßte sie mit Handkuß und übergab ihr ein Blumengebinde.

Als der Reichskanzler nach der Vorstellung von der Rangtreppe herunterkam, drängelte sich trotz der Absperrung durch die Leibstandarte, ein junges Mädchen in Tracht hervor. Sie überreichte ihm ein Handsträußchen. Hitler nahm es ihr ab, gab die Blumen an seinen baumlangen Adjutanten weiter und sagte zu ihm: »Brückner, da ist ja unsere Freundin aus Berchtesgaden, schreiben Sie doch ihre Adresse auf.«

Weil die Bühnendekoration für diese Premiere besonders gut ausgefallen war, bat ich den Gärtnereibesitzer wegen eines neuen Auftrags ins Büro. Bei seinem Besuch gab er dem Oberkontrolleur in der Kassenhalle seine Geschäftskarte ab. Unter dem Namen stand: »Der Gärtner des Führers«.

Im Anschluß an die letzte Nachtprobe von »Der Student von Prag« nach der Filmnovelle von Hanns Heinz Ewers fand die übliche Beurteilung wegen der Abnahme statt. Ich machte den Produktionsleiter Klotzsch darauf aufmerksam, daß sich eine steinerne Kulissenwand bewegte, als Wohlbrück sie als Stütze benutzte. Keiner der Anwesenden hatte es bemerkt oder wollte den erforderlichen Schnitt veranlassen.

Am nächsten Tag schrieb die BZ, daß Wohlbrück über erstaunliche Körperkräfte zu verfügen scheine, da er eine Mauer aus Felsgestein zum wackeln bringen kann. Auf Grund dieser Kritik wurde die Kopie abgeholt und die notwendige Korrektur vorgenommen.

Die Handhabung der Freikarten gestaltete sich manchmal zu einem schwierigen Kapitel und bereitete Sorgen.

Die »Deutsche Arbeitsfront« hatte für eine Festveranstalung unseren Ufa-Palast am Zoo gepachtet und auch den gesamten Kartensatz bekommen, da sie die Einladungen selbst herausschickte. Wir hatten also keinen Einfluß auf die Plazierung. Während des Einlasses kam der Admiral Raeder vom Rang herunter und bat mich, ihm zwei andere Plätze anzuweisen, da seine Sitze zu ungünstig wären. Ich erklärte ihm den Sachverhalt und bedauerte, nicht helfen zu können. Er nahm es mit Befremden zur Kenntnis.

1940 lief im gleichen Haus »Der Sieg im Westen« an. Ein Dokumentarfilm über den Feldzug in Frankreich. Es war eine große Staatspremiere mit Hitler. Ich war zur Verstärkung für den Empfang eingeteilt. Als ich in der Kassenhalle meinen Posten bezogen hatte, wurde ich aus dem Gewimmel heraus wieder von dem Großadmiral Raeder angesteuert. Er hatte eine Einladung für zwei Personen und bat mich um einen dritten Platz für seinen Schwager, einen Major, der sich gerade auf Urlaub befand. Zufällig hatte ich eine Karte zurückbekommen und konnte sie dem Urlauber geben. Dann begleitete ich Raeder mit Frau zum Rang und wies ihnen ihre Logenplätze an. Der Befehlshaber der Seestreitkräfte stutzte leicht über die Lage in der vorletzten, also leicht außen gelegenen Mittelloge und fragte: »Hier soll ich mich hinsetzen?« Ich machte eine militärische Verbeugung, schlug die Hacken zusammen und erwiderte: »Wenn ich bitten darf, Herr Großadmiral.« Inzwischen hatte mein Kollege Förster den Reichskanzler zu der »Führerloge« gebracht. Förster teilte mir mit, daß Göring und zwei Feldmarschälle abgesagt hätten. Auch das noch. Dadurch blieben zwei Logen zwischen Hitler und Raeder frei. In der Lichtpause nach der Wochenschau ging ich wieder zu dem Großadmiral und bat ihn, in der Loge neben dem Führer Platz zu nehmen.

Der Oberbefehlshaber der Kriegsmarine lehnte es kühl ab.

Fast fünf Jahre später sah ich Raeder zum letzten Mal. Er befand sich im Garten seiner Villa in der Stubenrauchstraße von Babelsberg. Die Russen standen vor den Toren und kurz danach geriet er in Gefangenschaft.

1946 wurde er in Nürnberg zu lebenslänglicher Haft verurteilt und 1955 begnadigt.

Nach dem Krieg verklagte Frau Raeder jenen Feldwebel, der ihrem Mann als Ordonanz zugeteilt war, wegen Diebstahls. Er soll angeblich den »Marschallstab des Großadmirals von Großdeutschland« im Babelsberger Garten ausgegraben und verkauft haben. Das war dem Mann jedoch nicht nachzuweisen. Das Geld, mit dem sich der ehemalige Feldwebel in Düsseldorf ein Konfektionsgeschäft erworben hatte, konnte er auch auf dem »Schwarzen Markt« verdient haben. So geht der Ruhm der Welt unter.

Während meiner knapp bemessenen Mittagspause bekam ich einen Anruf der Zentrale, daß ich unbedingt für Herrn Georg von Stauss, Dir. der Deutschen Bank, Staatsrat, ehemals Finanzier der UFA, zwei Logenplätze freimachen müßte. Man hatte schon mit der Kasse gesprochen und Auskunft bekommen, daß ausverkauft sei. Wegen der Wichtigkeit der Sache sollte ich mich darum kümmern und die zwei Plätze auf jeden Fall bereitstellen. Ich fuhr ins Kino, um mir von den telefonischen Bestellungen eine Parkettloge mit zwei Plätzen herauszulegen, auch auf die Gefahr hin, daß ich deswegen mit dem Kunden Ärger bekomme. Als Ersatz ließ ich zwei gute Parkettkarten reservieren, die für besondere Fälle zur Verfügung standen. Der Zentrale meldete ich, daß die Billetts für von Stauss abgeholt werden können.

Abends entschuldigte ich mich bei dem Kunden wegen des »vertauschten« Reservats und bat ihn, seine Plätze als Ehrenkarten entgegenzunehmen. Außerdem gab ich ihm eine Anweisung für zwei weitere Freikarten. Etwas reserviert nahm er mein Angebot an. Nach dem Krieg erfuhr ich, daß von Stauss mit einem hohen amerikanischen Politiker ein »Geheimtreffen« vereinbart hatte und dazu einen unverdächtig neutralen Ort brauchte. Eine Kinologe schien ihm hierfür geeignet.

Bei anderer Gelegenheit wunderte ich mich, daß der Generalfeldmarschall von Brauchitsch mich nach Besichtigung eines Films bat, in meinem Büro telefonieren zu können. Unsere Leitung wurde nicht von der Gestapo abgehört.

Der Sohn eines bekannten Staatssekretärs legte mir die Ehrenkarte seines Vaters vor und bat, ihm zwei Karten anweisen zu lassen. Da der Ausweis mit Lichtbild nur persönlich gültig war, lehnte ich es mit Bedauern ab. Mit der Antwort: »Ich muß mich über diese Behandlung sehr wundern«, verließ er das Haus.

Als ich dem Sohn von unserem Generaldirektor einmal eine Separatloge geben ließ, kam sein Vater zufällig zur nächsten Vorstellung. Er sah den Sohn mit weiblicher Begleitung die Treppe herunterkommen und fragte mich, wo die beiden gesessen hätten. Auf meine Antwort erwiderte unser »General«: »Mein Sohn studiert noch und bekommt Parkettplätze. Wenn er mal was geworden ist, kann er in einer Loge sitzen.«

Auf dem Gebiet der Herstellung von Rundschreiben war die Gesellschaft ebenfalls aktiv. Wenn diese von roter Farbe waren, stand im Kopf: »Rundschreiben auf rotem Papier sind besonders wichtig.« In einem dieser Rundbriefe wurde uns mitgeteilt, daß die Theaterleiter keine Freikarten mehr an Schauspieler ausgeben dürfen. Die Karten müssen von der Zentrale telefonisch avisiert oder durch Vorlage einer Anweisung unserer Presseabteilung belegt sein. Die Diskussion über das Zirkular war noch nicht verstummt, als Hans Albers im Marmorhaus auftauchte und um eine Freikarte bat. Unter Hinweis auf das Rundschreiben lehnte der korrekte und vorsichtige Kollege es mit Bedauern ab. Der Schauspieler kaufte sich einen Platz für vier Mark.

Da Albers zu der Zeit einen Ufa-Vertrag hatte und am nächsten Tag in Babelsberg war, beschwerte er sich dort wegen der Kartensache bei dem Produktionschef, Herrn Corell. Um die Sache schnell aus der Welt zu schaffen, legte ihm die Sekretärin acht Mark für zwei Logenkarten hin und der große Künstler steckte das Geld ein.

Mit besonderer Erwartung sahen wir der Uraufführung des Gigli-Films »Vergiß mein nicht« entgegen. Der Sänger kam, sang und siegte. Er war liebenswürdig aber zurückhaltend, hatte keine Starallüren, gab keine Autogramme und wünschte keine Interviews.

Während der Vorstellungen suchte er mit seinem Sekretär einen abgeteilten Raum des Künstlerzimmers auf. Sie spielten dort Karten und tranken eine Flasche Rotwein.

Auf der Bühne schlug Gigli stürmischer Beifall entgegen. Er wurde von unserem Herrn Christoph auf der Wurlitzer Orgel begleitet und sang das schmelzend-schmachtende Lied aus dem Film: »Weil du so zärtlich küßt, sag mir, sag mir vergiß mein nicht.« Der Applaus nahm kein Ende. Der Tenor schien selbst Freude an seinem Auftreten zu haben und ließ seinen Belkanto ausgiebig erschallen. Da die Pause zwischen den Vorstellungen fast beendet war, rief ich Herrn Förster auf der Bühne an, und bat ihn, den Auftritt abzuschließen. Das Haus hatte 2325 Plätze und die Vorstellungen waren ausverkauft. Die Abwicklung für einen geordneten Ein- und Auslaß braucht eine gewisse Zeit, zumal die meisten Besucher ihre Garderoben abgegeben hatten.

Wir fuhren die Orgel in die Versenkung, schalteten das volle Saallicht ein, öffneten sämtliche Saaltüren und bliesen mit voller Kraft Frischluft durch die Fußbodengitter und Wandkanäle. Die Damen waren gezwungen, sich die Röcke festzuhalten. Es nützte alles nichts. Die Gäste wichen nicht von den Plätzen, klatschten und riefen: »Bravo! Da capo!« Unser Organist spielte unten vor Begeisterung weiter und Gigli sang. Die Besucher für die kommende Vorstellung warteten in einem Teil des Foyers, der Kassenhalle, auf den Eingangsstufen des Kinos und auf der Straße. Sie waren gereizt und murrten, weil sie noch nicht in den Saal konnten. Ich erklärte ihnen die Situation – den Gesang konnten sie ja zum Teil selbst hören – bat um Geduld und fühlte, wie mein steifer Eckenkragen weich wurde. Um die prekäre Lage zu beenden, ging ich in den Zuschauerraum und bat die Gäste dringend, ihre Plätze zu räumen. Ich wies nachdrücklich darauf hin, daß sonst eine gefährliche Drängelei entstehen würde, und sie dann keine Möglichkeit mehr hätten, an die Garderobe zu gelangen. Das wirkte und die Besucher begannen, das Theater zu verlassen. Inzwischen hatte auch mein Kollege den Sänger bewegen können, die Bühne zu verlassen und der Vorhang war gefallen.

Der Gong für die letzte Vorstellung ertönte mit erheblicher Verspätung.

Am Vormittag hatte im Eden-Hotel eine Pressekonferenz für den Film stattgefunden. Ein Vertreter von dem Verleih drückte sein Bedauern und Befremden aus, daß die Schauspielerin N. N. es abgelehnt hatte, zu dem Bühnenauftritt zu kommen, weil ihr Name an der Außenfront des Kinos kleiner als der von Gigli geschrieben war. Der Herr fügte hinzu, daß andere Darstellerinnen froh wären, wenn sie an der Seite des weltbekannten Sängers spielen könnten und beendete den Satz: »Aber Schluß jetzt mit dieser ganz – dummen Sache.«

Die Klagen von Schauspielern, daß ihre Namen zu klein geschrieben wurden, gab es öfters. Manche beschwerten sich auch, daß in den Vitrinen und Schaukästen zu wenig Bilder von ihnen sind oder diese ungünstig plaziert wurden. Als die Mutter einer Nachwuchsschauspielerin mich aber bat, das Foto ihrer Tochter nach dem Lauf der Sonne umhängen zu lassen, damit das Bild stets in strahlendem Licht erscheint, bat ich sie, mich zu entschuldigen.

Im UT Kurfürstendamm passierte uns folgendes:

Eine Stunde vor dem Einlaß führten wir wegen der angekündigten Künstler eine Scheinwerferprobe durch. Plötzlich flatterte ein Spatz im Lichtkegel. Uns durchfuhr ein eisiger Schreck. Wenn wir den Vogel nicht aus dem Saal bekämen, könnte dies den Ausfall einer Vorstellung bedeuten. Wir verdunkelten den Zuschauerraum, ließen eine Parkettür offen, die zu dem vom Tageslicht erhellten Foyer führte und öffneten die Kurfürstendammfenster. Von dort konnte unser fliegender Gast das Schilpen seiner Artgenossen hören, die damals noch scharenweise auftraten. Wir glaubten, daß der Einflieger dem Ruf seiner Straßenheimat folgen und uns verlassen würde. Den Gefallen tat er uns nicht. Er legte ein paar Kurzflüge ein und ließ sich an Seitenbeleuchtungen und Gesimsen im Saal nieder. Ich rief im Vogelhaus im Zoo an, ob sie uns einen Rat geben könnten, wie wir den Sperling aus dem Raum bekämen. Sie hatten keinen verwendbaren Vorschlag und Eile war geboten. Darauf telefonierte der Theaterleiter mit dem Polizeirevier, erläuterte kurz den Sachverhalt und bat, uns einen Scharfschützen zu schicken. Inzwischen besorgten wir aus dem Waffengeschäft in der Joachimsthalerstraße eine Jagdflinte für Schrot. Der hinzugezogene Polizist legte an, ein Schuß krachte und das aufgescheuchte Vögelchen fiel leblos auf den roten Velours des Parkettbodens. Wir begruben es in der noch feuchten Erde eines gerade gelieferten Blumenkübels.

Die Gäste konnten Einzug halten.

Bei dem Start eines Films waren verschiedene Darsteller, darunter auch Adele Sandrock, anwesend. Während wir auf der Bühne die Reihenfolge des Auftritts besprachen, stellte ich zu meinem Schreck fest, daß ausgerechnet die große alte Dame auf dem Weg dahin heimlich zurückgeblieben war. Ich eilte zurück in das Künstlerzimmer, um sie zu bitten, schnell mitzukommen, weil der Vorhang gleich fallen würde. Sie rollte mit ihren Augen und grollte mich an: »Junger Mann, seit wann betritt eine Dame mit Straßenschuhen die Bühne?« Mein Bitten war umsonst. Georg Alexander begrüßte sie an dem Abend mit einem Handkuß. Sie hielt ihm ihr faltiges Antlitz entgegen und sprach vorwurfsvoll: »Bekomme ich keinen Kuß auf die Wange?« Der Bonvivant holte es galant nach.

Zu den vielen Besuchern von Berlin, die ich während der Olympischen Spiele wiedersah, gehörte ein ganz besonderer Freund aus meiner Schulzeit. Als ich im Ufa Palast am Zoo Dienst hatte, hörte ich hinter meinem Rücken in der Kassenhalle eine mir vertraute unvergeßliche Fistelstimme. Ich wußte sofort, wem sie gehörte. Dr. Altstetter, unserem Mathematikpauker aus Naumburg. Der Mann, der mich aus dem Unterricht verwiesen hatte und mich verspottete, weil ich nicht wußte, daß die Summe der Hypotenusenquadrate gleich der Summe der beiden ihm nicht anliegenden Kathetenquadrate war. Dieser Satz stammt von einem gewissen Herrn Pythagoras, und ich weiß bis heute noch nicht, was man mit dieser Weisheit beginnen kann. Mir kam gleich der Gedanke, daß ich es jetzt dem Studienrat besorgen könnte. Ich begrüßte ihn ganz kollegial und fragte, ob er ein Begehr hätte. Leicht verlegen erwiderte er, daß er sich mit seiner Begleitung gern den Film angesehen hätte, aber leider feststellen mußte, daß ausverkauft wär. Wer zu ihm gehörte, konnte ich in dem Gedränge nicht übersehen. Auf dem Programm stand »Der Kaiser von Kalifornien«. Ich drückte ihm betont lässig ein paar Reservekarten in die Hand und winkte ab, als er bezahlen wollte.

Die Rache des Ausgestoßenen.

In Hannover

Ende 1936 übernahm ich den Ufa-Palast in Hannover am Ägidien Tor. In der Stadt hatten wir fünf Häuser. Da ich Verbindungsmann zu der Presse war und die Inserate und Drucksachen aufgeben mußte, hatte ich einen beweglichen Posten.

Als ich mich zum Dienstantritt bei Dir. Dau gemeldet hatte, gab er mir nur den allgemeinen Rat: »Seien Sie immer zehn Minuten eher auf dem Schlachtfeld als der Feind.« Den Satz habe ich zeitlebens befolgt. Herr Dau hatte für mich ein freundliches Zimmer in einer Familienpension besorgt, in der er früher gewohnt hatte und dort war ich gut aufgehoben.

Daß vier Wochen später noch ein Berliner einzog, der neue Polizeipräsident, SA-Gruppenführer Geier, fand ich weniger schön. Das Stubenmädchen tröstete mich aber, daß der Mann, der früher im »Wintergarten« beschäftigt war, bald wieder gehen müsse. Auf meine Frage, wo sie diese Kenntnis herhätte, erwiderte sie, daß Geier beim Essen schmatzen würde und deswegen nicht auf dem Posten bleiben könnte.

Die Pensionsinhaberin, Frau Macombey war eine charaktervolle, mutige Frau und ich empfand für sie Hochachtung. Sie hatte in ihren Privaträumen eine Jüdin versteckt, die sich nie zeigte aber leichtsinniger Weise in ihrem Zimmer von einer Angestellten das Essen serviert bekam. Nur nachts, wenn die

Straßen leer waren, verließ die »Nichtarierin« das Haus, um sich etwas in frischer Luft zu bewegen. Es fiel mir manchmal auf, daß sie den Pensionseingang betrat, wenn ich vom Dienst kam. Damit sie sich nicht beobachtet fühlte, richtete ich es so ein, daß wir nicht gemeinsam in das Haus gingen.

Die Dame des Hauses pflegte uns in etwas steifer Manier zu behandeln und war stets auf Würde bedacht. Bei der Begrüßung hielt sie den Herren ihre Rechte zum Handkuß hin. Ihre Gäste kamen fast immer auf Empfehlung und blieben längere Zeit. Der Ehemann der Frau mußte emigrieren und war in London als Arzt tätig.

Unter den Pensionsbewohnern befand sich auch ein Herr Miesbach. Er war von Beruf Angestellter einer Krankenkasse und hatte in der Stadt einen Kursus zu absolvieren. Über die merkwürdig saloppen Gewohnheiten des Mannes war unsere Wirtin leicht indigniert. Er kam in Filzparisern und ohne Hemdkragen zum Früstück, rauchte während des Essens an der gemeinsamen Tafel und strich die Asche an der Untertasse ab. Außerdem machte er in Gegenwart von Damen Bemerkungen, die witzig sein sollten, über die er nur selber lachte. Frau Macombey teilte mir vertraulich mit, daß sie den Herrn gebeten habe, sich dem Niveau des Hauses anzupassen. Bevor er diese Umstellung vollzogen hatte, trat ein anderes Ereignis ein.

Unangemeldet bat ein junges Fräulein Trittvogel, die sich als Vertreterin für Zeitschriften ausgab, um ein Zimmer und bekam es auch. Diese Dame zeigte ein auffallendes Gebaren, kokettierte gern, war schon zum Frühstück stark parfümiert, ihre Pullis waren stets zwei Nummern zu eng und sie zog beim Sitzen nie den Rock über's Knie. Wenige Tage nach ihrer Ankunft besuchte sie mit Herrn Miesbach ein Tanzvergnügen in einem bekannten Hotel. Als ihr Begleiter einmal den Waschraum aufgesucht hatte, fand er das Fräulein nach seiner Rückkehr nicht mehr auf ihrem Platz. Bei dem lebhaften Betrieb konnte der Kellner auch nichts über ihren Verbleib aussagen. Der verlassene Tänzer wartete noch eine Zeit, bezahlte die gemeinsame Zeche und begab sich in die Pension. Dort klopfte er stürmisch an die Tür von Fräulein Trittvogel, nannte sie beim Vornamen und verlangte Eintritt. Als er keine Antwort erhielt, aber bemerkt hatte, daß sie im Zimmer war, polterte er laut und beschimpfte das Mädchen. Die Gäste in der Etage wachten allmählich auf und waren über die Störung verärgert. Einige glaubten, daß ein Pensionsgast, ein Polizeihauptmann, einschreiten würde, wurden aber enttäuscht. Dafür erschien die Hausherrin in der Szene und wir hörten, wie sie auf den Störenfried einredete, sein beispiellos skandalöses Verhalten unverzüglich einzustellen und ihm mit einer Anzeige wegen nächtlicher Ruhestörung und Hausfriedensbruch drohte. Der beschwipste Zimmergast lallte sie an, daß er das Essen für das Weib bezahlen mußte, sie mit einem anderen abgehauen sei

Ufa-Palast in Hannover, 1936

und sich mit diesem Kerl in ihrem Zimmer eingeschlossen hätte. Darauf verlangte Frau Macombey Zutritt zu dem »Damenzimmer« und drohte auch hier mit der Polizei, falls ihr nicht geöffnet werden sollte.

Rechtlich hätte sie dies tun können, denn Übernachtungsgäste mußten ihr gemeldet sein. Das belagerte Zimmer wurde aufgemacht und die Wirtin konnte es betreten. Nach einer kurzen Besichtigung kam sie heraus und erklärte dem wartenden Pseudokavalier, daß sich kein Mann in dem Raum befunden hätte. Inzwischen war auch ein Hausmädchen zur Unterstützung der Inhaberin hinzugekommen.

Frau Macombey forderte Herrn Miesbach zum letzten Mal auf, in sein Zimmer zu gehen, kündigte sein Wohnverhältnis und teilte ihm mit, daß sie seine Firma verständigen würde. Der Mann verschwand mit den Worten: »Und ich sage Ihnen, gnädige Frau, es war doch jemand bei ihr drin.«

Die Ruhe war wieder hergestellt.

Am nächsten Morgen stellte der Hausmeister an Spuren auf einem Beet unter dem Fenster von Fräulein Trittvogel fest, daß ein Mann aus ihrem Zimmer gesprungen war.

Die Vertreterin mußte die Pension verlassen und ihr Gepäck wurde einbehalten, weil sie die Miete nicht bezahlen konnte. Der Besitzer der Filzpariser zog es vor, ebenfalls ohne Adieu zu verschwinden.

Allgemein war ich kurz vor Mitternacht zu Hause, wenn die Lichter in dem Haus erloschen waren. Als ich wieder einmal meine Zimmertür behutsam öffnete, bekam ich einen leichten Schreck. Die Stehlampe brannte, in ihrem Schein lag auf dem Sofa ein junges Stubenmädchen im friedlichen Schlummer. Ein schmaler Band von dem Bücherbord »Rudolf Binding-Reitvorschriften für eine Geliebte« war ihren Händen entglitten und lag auf dem Fußboden. Ich hatte keine Ahnung, wie man sich in einer solchen Situation verhält. Dann glaubte ich wiederum, daß die Besucherin gar nicht schlafen würde und sich nur verstellt. Ich strich ganz zart über ihre Himbeeren, die sich unter einem gelben Angorapullover abhoben. Ihr glattes Kindergesicht zeigte keine Regung. Darauf zog ich mich in die Waschecke hinter der spanischen Wand zurück, entkleidete mich und schlüpfte in meinen Pyjama. Durch das Laufen des Wassers mußte das Mädchen aufgewacht sein, denn ich hörte plötzlich ihre Schritte im Zimmer. Ich trat hervor und ehe ich sie begrüßen konnte, entschuldigte sie sich überschwenglich. Als Erklärung für ihre Anwesenheit gab sie an, daß ihre Mansarde kalt sei, sie nicht einschlafen konnte und noch etwas in meinem warmen Zimmer lesen wollte, da ich ihr schon Bücher angeboten hatte. Sie bat mich dringend, der gnädigen Frau nichts von dem Vorfall zu berichten. Ich konnte sie beruhigen, daß die Sache selbstverständlich unter uns bleiben würde, und legte ihr väterlich die Hand auf die Schulter, als sie sich formell mit einem Knicks verabschiedete.

Ich wurde aber das Gefühl nicht los, daß ich der Besucherin gegenüber eine Unterlassungssünde begangen hätte.

Als ich eine Woche später zu derselben Zeit mein Zimmer betrat, lag das Mädchen wieder auf dem Sofa. Diesmal verlief die Nacht bis zum Morgengrauen anders.

»Ach, es schien der Mond die ganze Nacht,
und da ward das Boot vom Ufer losgemacht,
und es konnte gar nicht anders sein.« (B. Brecht)

Ich muß hier einfügen, daß ich mich vorher niemals der abendlichen Besucherin genähert hatte. Einmal hatte ich ihr en passant einen leichten Klaps auf jene Partie gegeben, die durch die Venus Kallipygos in den Kunstrang erhoben worden ist.

Im Oktober teilte mir Herr Dau mit, daß unser Verleih die Weltpremiere von »Annemarie« nach Hannover vergeben hat. Da Stoff und Besetzung aus dem Verleihkatalog bekannt wären, sollte ich mir zeitig Gedanken über die Werbung machen. Der hierfür anzusetzende Etat könnte großzügig ausfallen.

Es war die Geschichte von zwei jungen Menschen, die sich fanden, die sich liebten und in den Sonnentagen ihrer Jugend alles schenkten, bis ein Soldatenschicksal sie auseinanderriß. Da die niederdeutsche Landschaft den Hintergrund für die Handlung gab, wurde der Film auch in dieser Gegend aus der Taufe gehoben.

Während der Laufzeit hatten wir unsere Hausfront mit Erika geschmückt und zu der Premiere erhielt jede Besucherin ein Sträußchen Heidekraut.

Der aufregende Tag begann mit einer Panne. Als ich auf dem Bahnhof wartete, um Gisela Uhlen abzuholen, war sie nicht eingetroffen. Niedergeschlagen kehrte ich mit meinen Bukett in das Hotel »Ernst August« zurück, in dem schon die Presse für den Empfang versammelt war. Die Journalisten frotzelten und fragten, ob ich die Hauptdarstellerin nicht erkannt hätte. Sowas war schon vorgekommen, sogar bei Künstlern, die

Im Hotel »Ernst August« aus Anlaß der Welturaufführung des Filmes »Annemarie«, Hannover 1936. Von links nach rechts: Dau (Ufa), Gisela Uhlen, von Zitzewitz, Dr. Buch (Regisseur), Fritz Hoopts (Darsteller), Krüger (Produzent), Verf.

zu der Starprominenz gehörten. Frau Uhlen hatte aber inzwischen im Hotel angerufen, daß sie erst zwei Stunden später eintreffen könne. Ihre Filmpartner Viktor von Zitzewitz, natürlich wurde er geneckt mit »Gott schütze uns vor Donner und Blitz, vor Zitzewitz und Itzenplitz« und der Regisseur Fritz Peter Buch waren bereits anwesend. Ebenso der Schriftsteller Bruno Wellenkamp, dessen Roman »Lauter Sonntage« den Stoff geliefert hatte.

Bei einem zweiten Anlauf konnte ich Gisela Uhlen auf dem Bahnhof begrüßen und ihr für ihren ersten Film Glück wünschen.

Die Interviews zogen sich in die Länge und nach dem gemeinsamen Mittagessen mußte ich eilig ins Kino.

Von dort rief ich das Zimmermädchen in der Pension an und bat sie, mir meinen Smoking und Zubehör ins Büro zu bringen. Ein Glück, daß ich am Morgen alles bereitgelegt hatte.

Die drei Vorstellungen waren ausverkauft, werbemäßig hatten wir mächtig getrommelt, und waren gespannt, wie das Publikum den Film aufnehmen würde. Der Schluß paßte nicht recht in unsere »heldische Zeit«, in der so häufig der »Helm fester geschnallt« werden sollte. Ursprünglich sollte die Handlung musikalisch mit dem aufrüttelndem »Annemarie-Lied« aus dem Kriegsstück »Die endlose Straße« ausklingen. Dabei hätte man eine Kolonne von marschierenden Soldaten sehen sollen. Das wurde geändert und die Titelheldin brach jetzt schluchzend an der Kirchenorgel zusammen, als der Pfarrer den Heldentod ihres Geliebten verkündete, von dem sie ein Kind erwartete. Der Geistliche blickte verlegen zu der Empore, weil die Organistin, gespielt von der Uhlen, nicht einsetzte.

Darauf stimmte der Pfarrer mit zitternder Stimme das rührselige »Jesus, meine Zuversicht« an. Die Kirchgänger, überwiegend Frauen und einige alte Männer, fielen zaghaft in den Gesang ein. Die Mutter des Gefallenen erhob sich in der Reihe, erklomm die Orgeltreppe, drückte die Kriegsbraut an ihr Herz und sagte: »Es soll unser Kind sein.« Das war zu viel.

Die Mehrzahl der Besucher konnte ihre Tränen nicht zurückhalten und von der folgenden Vorstellung an mußten wir nach dem Fallen des Hauptvorhangs eine »Pause zum Tränentrockenen« einlegen, damit die Gäste noch im Dunkeln ihre Taschentücher benutzen konnten. Das blieb während der gesamten Laufzeit des Films.

Frau Uhlen war mit diesem Stück ihr künstlerischer Durchbruch gelungen. Das war bei ihrem Partner von Zitzewitz nicht der Fall. Später traf ich ihn in Berlin wieder. Ich war traurig, als ich erfuhr, daß er durch Suizid aus dem Leben schied.

Da unser Vorstandsmitglied, Major Grau, aus Berlin gekommen war, konnte eine üppige Premierenfeier stattfinden, die bis drei Uhr dauerte. Ich taumelte vor Müdigkeit und wär so gern schlafen gegangen.

Während der Laufzeit von »Weiße Sklaven« hatten wir zum Wochenende die bekannte Schauspielerin Camilla Horn für ein Gastspiel eingeladen. Ihr Filmruhm strahlte schon seit 1926, als die bis dahin Unbekannte, die Gretchenrolle in Murnaus »Faust«-Verfilmung erhielt. Die Verstitel hierfür hatte Gerhart Hauptmann gedichtet. Auf der Fahrt vom Bahnhof zum Hotel fragte sie mich, wie ich ihr Lied angekündigt hätte. Ich nannte ihr den Text: »Camilla Horn singt das Lied »Wenn die Sonne hinter den Dächern versinkt.« Sie antwortete: »Falsch, ganz falsch. Ich kann überhaupt nicht singen. Sie hätten schreiben müssen ›bringt‹. Das ist ganz was anderes.« Außerdem rügte sie, daß wir ihrer Agentur nicht mitgeteilt hätten, daß der Film schon in der zweiten Woche bei uns lief. Wenn sie das gewußt hätte, wäre sie nicht gekommen. Nach dieser dienstlichen Einleitung wurde sie später freundlicher und auch mitteilsam. So erzählte sie, daß sie in ihrer Jugend als Näherin in einer Werkstatt gearbeitet hätte. Jeden Freitag, wenn sie ihre Arbeitsstätte verließ, eilte aus der gegenüberliegenden Fabrik ein junger Mann auf sie zu, drückte ihr stumm mit hoch rotem Gesicht ein Blumensträußchen in die Hand und entfernte sich wieder. »So möchte ich noch einmal geliebt werden«, fügte sie nachdenklich hinzu.

Als ich die Schauspielerin am Montag vom Hotel abholen wollte, sagte der Portier, daß sie mich im Zimmer erwarten würde. Dort erklärte sie, daß sie erst einen Zug später fahren würde und wir noch einen Kognak trinken könnten. Mit meinen Korrekturabzügen in der Aktentasche saß ich wie auf Kohlen, denn ich mußte in die Druckerei.

Sie bat mich noch, die obligatorischen Trinkgelder an die Hotelangestellten zu verteilen. Natürlich würde sie mir den Betrag zurückgeben. Bei der Abreise von Prominenz waren diese Spaliere besonders dicht. Als ich sie auf dem Bahnhof bat, mir die einundzwanzig Mark zu erstatten, erwiderte sie, daß ich diese Auslagen mit der Ufa verrechnen sollte. Ich habe sie nie erhalten und war um eine Erfahrung reicher.

Für eine Sonntags-Matinee hatten wir »Das letzte Paradies« von dem Schriftsteller und Afrikaforscher Hans Schomburgk auf dem Spielplan. Am Mittwoch davor rief Schomburgk aus Hildesheim bei mir an und beschwerte sich, daß für die Veranstaltung noch nicht inseriert sei. Er kündete an, daß mit seinem Kommen nicht zu rechnen sei, wenn nicht noch Donnerstag eine Anzeige erscheinen würde. Obwohl ich diesen Dschungel-Schreckschuß nicht ernst nahm, wies ich Schomburgk darauf hin, daß die Matinee bereits seit letztem Freitag auf sämtlichen Litfaßsäulen der Stadt angeschlagen sei. Wenn es zeitlich noch möglich, wäre ich bereit, die zusätzlich erbetene Anzeige aufzugeben. Selbstverständlich müßten die Kosten dafür von seinem vereinbarten, prozentualen Honorar abgezogen werden. Laut Vertrag hatte das Theater die Anzeigekosten zu tragen. Demnach lag es bei uns, den Umfang und die Erscheinungstage zu bestimmen. Da mein Vorschlag auf seinen Protest stieß, war der Fall für mich erledigt. Zwei Minuten vor Beginn der Vorstellung traf der Forscher am Sonntag ein. Er fragte, ob auf der Bühne zwei Flaschen Selters für ihn bereit stünden, da er beim Sprechen eine trockene Kehle bekommt. Er erläuterte den Film und erwähnte ausführlich, daß er vor kurzem in Kamerun war, wo ihn die Eingeborenen erkannt, stürmisch begrüßt und ihm zugerufen hätten: »Wann kommt Lettow-Vorbeck wieder?« Das war der Kommandeur der Schutztruppe von der ehemaligen Kolonie Deutsch-Ost-Afrika.

Der deutschen Kapitulation von 1918 hatte er sich mit seinen Streitkräften nicht angeschlossen. Als Reichswehroffizier mußte er 1923 wegen seiner Teilnahme an dem Hitler-Putsch in München den Dienst quittieren. Die Episode mit den Einwohnern war von Schomburgk frei erfunden. Sie paßte zu der Sprachregelung und den Kolonialansprüchen des Dritten Reiches und fand bei den Matinee-Besuchern Beifall. Meine drewitzer Nachbarin, die geschiedene Frau von dem Forscher, berichtete mir, daß ihr früherer Gatte nach 1918 nicht mehr in dem südlichen Kontinent war. Sie fügte maliziös hinzu, daß er oft auf das falsche Pferd gesetzt hätte: »Vor dem 1. Weltkrieg war er auf Seite der Buren und nach dem 2. ging er zu der SED.«

Als der Bundespräsident Heinrich Lübke 1966 zu einem Staatsbesuch in Kamerun war, wurden ihm zwei ehemalige Askaris vorgestellt, die unter Lettow-Vorbeck gedient hatten und von Deutschland Ehrensold bezogen. Lübke fragte die Schwarzen, ob sie noch etwas Deutsch könnten. Einer von ihnen nahm soldatische Haltung an und erwiderte im Kommandoton: »Rechts um – links um! Halt's Maul!«

Der Heiligabend von 1936 in Hannover ist mir noch in Erinnerung. Wir spielten zum Fest »Das Mächen Irene«. Regie hatte Reinhold Schünzel, ein kultivierter Künstler und Könner, der es nicht nötig hatte, seine Filme mit Nuditäten zu »würzen«.

Auf Grund einer Polizeivorschrift mußten die jeweiligen Außenreklameflächen vom Polizeipräsidium genehmigt werden. Das war eine Routinesache, die seit Jahren reibungslos lief. Hierfür machte ich eine grobe Skizze von dem Entwurf, fügte den Text ein und legte die Fotos hinzu, die von der Filmprüfstelle genehmigt waren. Auf dem Fotoabzug, der in diesem Fall verwendet werden sollte waren Karl Schönbeck und Lil Dagover abgebildet, beide in Abendgarderobe, wie er dezent ihre Schulter küßte.

Ein weiteres Bild unter dem Titel zeigte eine Kopfaufnahme von Sabine Peters. Unser Bote brachte die Unterlagen zum Polizeipräsidium und holte sie nach Zahlung einer Stempelgebühr wieder ab. Danach besprach ich die Fläche mit dem Maler und er konnte die Arbeit beginnen. Am dreiundzwanzigsten Dezember nach einundzwanzig Uhr wurde die Werbung an der Hausfront angebracht.

Am vierundzwanzigsten vormittags erhielt ich von dem zuständigen Polizeirat Malus einen Anruf, mit dem er mich aufforderte, die nicht genehmigte Reklame umgehend entfernen zu lassen. Wie sich herausstellte, hatte ich übersehen, daß die eingereichte Vorlage nicht von dem Polizeibüro abgestempelt war. Auf meinen Einwand, daß dies eine reine Formsache sei, da die beigefügten Fotoabzüge von der Filmprüfstelle genehmigt waren, entgegnete er, daß die Kußszene in der Vergrößerung »anstößig« wirke. Was sollte ich tun. In zwei bis drei Stunden würden die Behörden und Geschäfte geschlossen sein.

Als ich erfuhr, daß unser Maler in seinem Atelier sei, besorgte ich eine Kiste Zigarren und fuhr zu dem Meister. Ich beschloß folgende Änderung. Die beanstandete Szene auf der rechten Seite der Werbefläche könnte abgedeckt und mit der Beschriftung »wünscht Frohe Weihnachten« versehen werden. Der linke Teil mit dem Filmtitel und dem Kopfbild von Sabine Peters, der »Irene« würde unverändert bleiben. Ein fertiger Schriftzug »Frohe Weihnachten« wäre schnell zu besorgen. Der Grafiker hätte nur das Wort »wünscht« auf der Abdekkung handschriftlich anzubringen. Hierfür besorgte ich unterwegs zehn Quadratmeter grünes Malleinen. Zeitlich könnte die Arbeit mit Montage in drei Stunden erledigt sein.

Als ich das Atelier betrat, begrüßte der Meister mich so freundlich und fragte, woher ich wüßte, daß er Geburtstag habe. Jetzt merkte ich erst, daß er und seine Gehilfen angeheitert waren. Unter diesen Umständen hatte es keinen Zweck mein Vorhaben anzubringen. Niemals hätte ich zulassen dürfen, daß die Männer in diesem Zustand eine Leiter besteigen würden. Ich gratulierte dem Chef, gab ihm seine Zigarren und einen Geldschein für eine »Festrunde«. Nachdem ich frohe Feiertage gewünscht, entfernte ich mich eilig. Ich mußte das Problem anders anpacken und fuhr in das Polizeipräsidium. Nicht zu jenem Herrn Rat, sondern dem Hauptmann, den ich noch vom Berliner Revier in der Joachimsthalerstraße kannte, und der in unserer Pension wohnte. Ich erklärte ihm kurz die Sache, bat um seine Unterstützung und um Erwirkung eines Aufschubs durch seinen Kollegen Malus. Bei gutem Willen müßte das gehen, denn während der Feiertage könnte ich keine Leute für die geforderte Änderung bekommen. Es kam mir zunächst auf Zeitgewinn an.

Bei dem Hin und Her war ich zu dem Entschluß gekommen, die Fläche nicht zu ändern, sondern aus der Angelegenheit einen Präzedenzfall zu machen.

Ich telefonierte anschließend mit unserer Berliner Rechtsabteilung und bat sie, mit allen Mitteln gegen diese unverständliche und schikanös anmutende Verfügung vorzugehen.

Die Unterlagen schickte ich ihnen per Express zu.

Da hier Gesamtinteressen der Gesellschaft auf dem Spiel standen, wurde die Affäre mit Bravour von unseren Advokaten durchgepaukt und Malus machte einen Rückzieher.

Der Kuß auf die Schulter war nicht mehr anstößig.

In jenem Winter war auch der Don-Kosakenchor mit Serge Jaroff für eine Sonnabend-Nachtvorstellung engagiert. Da das Ensemble schon im Vorjahr bei uns aufgetreten war, brauchte keine Bühnenprobe stattfinden. Um so verwundeter war ich, als der Chorleiter nachmittags zu mir kam und mich bat, ihm die »erweiterte« Bühne zu zeigen. Als ich ihn um eine diesbezügliche Erklärung ersuchte, erwiderte er, daß mein Vorgänger ihm bei seiner letzten Veranstaltung versprochen hatte, im nächsten Jahr die Bühne nach vorn zu verbreitern, damit die Sänger mehr Platz für ihre Aufstellung haben. Ich bedauerte, daß ich jetzt nichts mehr in der Sache tun könnte. Es war Sonnabend und die erste Vorstellung lief bereits. Der Besucher ließ aber nicht locker und meinte, daß noch Zeit wäre, um passende Bretter schneiden zu lassen, und seine Männer bei dem Anbau helfen könnten. Das mußte ich ablehnen und erklärte ihm, daß es zeitlich und technisch unmöglich sei. Außerdem können wir in einem Lichtspieltheater, das strengen Sicherheitsvorschriften unterworfen ist, keine Pfuscharbeit machen. Ferner würden Gründe der Ästhetik dagegen sprechen, daß wir in einem dekorativen und gepflegten Theatersaal einen provisorischen Anbau aus rohem Holz einfügen. Sichtlich verstimmt verließ der Chorleiter das Büro.

Die Veranstaltung war ausverkauft und die Sänger hatten den gewohnten Beifall.

Beim Abschied bat mich Serge Jaroff zu einem Umtrunk in eine benachbarte Weinstube und wir schieden im besten

Einvernehmen. Ein Versprechen wegen des Bühnenanbaus konnte ich ihm nicht geben, da ich nicht wissen konnte, ob ich im neuen Jahr noch in dem Haus arbeiten würde. Ich gab ihm aber den Rat, seinen Wunsch bei einem neuen Engagement für das Kino zum Vertragsteil zu machen.

Es war bei uns ungeschriebenes Gesetz, daß wir keinen Druckauftrag vergaben, dessen Probeabzug wir nicht abgezeichnet hatten. Als ich einmal einen Kinderfilm austauschen mußte, rief ich die Druckerei aus zeitlichen Gründen an und gab den neuen Titel mit der Bitte um Änderung durch. In der Setzerei muß es leicht gespukt haben und sie nannten den Film: »Spuck im Spielwarenladen.« Einem Kollegen ging es schlimmer, als er »Friedemann Bach« spielte.

In der mündlich durchgegebenen Anzeige stand:

»Frieden am Bach«
mit Gustaf Gründgens

Der Film kam 1941 heraus und gehörte nicht zu den großen Kunstwerken. Dem Ansehen und der Beliebtheit des Generalintendanten, der sein Staatsratgehalt für wohltätige Zwecke stiftete, tat dies keinen Abbruch. Seine Popularität schien mit der Karikatur zu wachsen:

»Die Hoppe und der Gründgens,
die kriegen keine Kindgens.
Und wenn sie kriegen Kindgens,
dann sind sie nicht von Gründgens.«

Ende Mai oder Anfang Juni 1937 holte mich ein Freund zu einem Bummel ab und wir landeten auf dem »Mäuschenboden« in der Nähe vom Bahnhof. Dort herrschte stets eine lockere Stimmung. Die Zeilen von dem Literaten Rideamus, die schon vor dem ersten Weltkrieg verfaßt wurden, paßten zu der Atmosphäre:

»Mein Herr, Sie tanzen gar zu eng.«
»Das kommt von selber im Gedräng.«
Es fliegt das Bein, es fliegt der Rock,
ein jeder Jüngling wird zum Bock.

Als wir dabei waren, ein paar fesche Antilopen »anzumustern«, erschienen plötzlich ein Feldwebel mit einem Unteroffizier. Sie sprachen die anwesenden Soldaten kurz an, die danach den Saal verließen.

Wir dachten nicht lange über den Vorfall nach, wollten uns auch nicht belasten.

Am nächsten Tag konnten wir aus den Zeitungen entnehmen, daß es im politischen Gebälk mächtig knisterte.

Unser Panzerschiff »Deutschland«, das während des Spanischen Bürgerkrieges unter der internationalen Nichteinmischungsflagge auf der Reede von Ibiza in Ruhestellung lag, war von zwei russischen Flugzeugen beschossen worden. Anschließend wurde es von mehreren rotspanischen Zerstörern angegriffen. Wir hatten einundreißig Tote.

Als »Vergeltung« ließ Hilter den linksspanischen Hafen Almeria von einem deutschen Kriegsschiff unter Feuer nehmen.

Die Welt geriet in Bewegung und wir näherten uns dem Rand eines Krieges. Deshalb erging an jenem Abend in dem Tanzlokal der Befehl der Ausgangs- und Urlaubssperre und die Soldaten mußten in die Kasernen zurückkehren. In diesen unheilvollen Tagen glaubten viele Völker Europas das Haupt der Medusa zu sehen.

Der militärische Sachverhalt war aus englischen Zeitungen zu entnehmen, die man damals per Post beziehen konnte.

Später teilte mir ein Bekannter mit, daß unsere Toten mit allen militärischen Ehren von der Royal Navy auf dem Soldatenfriedhof von Gibraltar bestattet wurden.

Bald danach wurden sie auf Anweisung Hitlers nächtlich exhumiert und mit einem propagandistischen Spektakulum abermals in Wilhelmshaven beigesetzt.

Die arbeitsreiche und interessante Zeit, in der ich viel lernen konnte, wurde jäh abgebrochen. Die Ärzte stellten fest, daß mein Leiden wieder aufflackerte und ich mußte für sechs Monate einen »Zauberberg« im Westerwald aufsuchen. Ich hatte Glück, daß mir zum zweitenmal auf derselben Seite ein Pneumothorax angelegt werden konnte.

Die Ärzte schmunzelten. Bei Liegekur und Parkgängen erholte ich mich bald, die Wangen wurden wieder rot. O, du schöner Westerwald.

Mein sehr tüchtiger und kameradschaftlicher Nachfolger am Ägidien-Tor hielt mich über das gesamte Geschehen im Kino auf dem Laufenden. Er schickte mir auch seine Dissertation »Die moralische Beurteilung des deutschen Berufsschauspielers«. Es war Dr. Rudolf Hefter, der nach dem Krieg als public relation-Mann selbständig war. Meine Frau und ich waren wiederholt Gäste in seinem Haus auf der Promenade von Bad Homburg. Mit Bestürzung erhielten wir im Mai 1981 die Nachricht von seinem Tod.

Die Zwangspause bedeutete einen Rückschlag für meine Laufbahn. Ab Anfang 1938 wurde ich wieder in Berlin eingesetzt.

Zur besonderen Verwendung

Auf diesem Posten konnte es passieren, daß man in fatale Situationen hineinschlidderte, für die man nicht verantwortlich gemacht werden konnte, die man aber ausbaden mußte.

An einem Sonnabend, als ich im Ufa Theater Friedrichshain Dienst hatte, bekam ich von der Inspektion einen Anruf, daß der Dienstplan geändert wurde, und ich am nächsten Tag im Ufa Palast am Zoo eingeteilt sei.

Vierzig Minuten vor Beginn der Sonntags-Matinee meldete mir der 1. Vorführer, daß die Kopie nicht im Hause wäre. Ich rief den zuständigen Theaterleiter in seinem Haus am Kleinen Wannsee an, und er war genauso perplex und ratlos wie ich.

Nach Abschluß eines Spielvertrages ist der Verleiher verpflichtet, uns die Kopie bei Fälligkeit ins Haus zu liefern. Natürlich wird der Theaterleiter dadurch nicht von seiner Aufsichtspflicht entbunden, sich zu überzeugen, ob der Film tatsächlich gebracht worden ist. Da die Kopien aus Sicherheitsgründen im Bildwerferraum abgegeben wurden, hätte der Vorführer spätestens am Freitag dem Chef mitteilen müssen, daß der Film noch nicht eingetroffen sei. Dann hätte der Theaterleiter noch Zeit gehabt, sich darum zu kümmern. Die Schuld an der Situation hatte sich »verteilt«. Verleiher oder Kopieranstalt waren sonntags nicht zu erreichen. Als ich verzweifelt in die Kassenhalle ging, um den Vorverkauf abzubrechen, fiel mir ein Herr auf, der sich eingehend die Werbung für die Matinee betrachtete. Ich hatte ihn schon vor zwanzig Minuten beim Betreten des Hauses bemerkt. Intuitiv ging ich zu ihm, stellte mich vor und fragte, ob er etwas mit dem Film zu tun habe. Er machte sich als der Kameramann dieses Reise- und Dokumentarfilms bekannt und fragte, ob er eine Freikarte haben könnte, da er den Streifen gern in Anwesenheit von Publikum sehen würde. Auf meine kurze Erklärung, daß uns der Film gar nicht geliefert wurde, erwiderte er, daß er noch eine Arbeitskopie in seiner Neuköllner Wohnung hätte. Ich ließ eine Taxe kommen, instruierte einen Kontrolleur, daß der Organist fünf Minuten später beginnen und etwa zwanzig Minuten »Hausmusik« machen solle. Danach müßte der Vorführer unseren Beifilm vor dem Hauptprogramm einsetzen. Der Gehilfe sollte uns etwa nach vierzig Minuten an der Eingangstür erwarten, um die Matinee-Kopie entgegenzunehmen. Der Kasse hatte ich schon Anweisung gegeben, den Kartenverkauf wieder aufzunehmen. Während der Fahrt konnte ich dem Kameramann erst sagen, daß ihn die Götter geschickt hätten, und ich ihm zu großem Dank verpflichtet sei. Zunächst konnte ich ihn nur bitten, nach der Vorstellung mein Gast zum Mittagessen zu sein.

Als wir zurückkamen, war unser Herr Christoph noch beim »präludieren«. Die Gäste hatten natürlich bemerkt, daß da irgendeine Panne überbrückt wird, verhielten sich aber ruhig. Sie hatten aber ein Anrecht zu erfahren, was bei uns »gespielt« wird.

Vor dem Hauptvorhang erklärte ich, daß unser Programm bei dem gestrigen Eisenbahnunglück auf der Strecke München-Berlin, von dem die Zeitungen berichtet hatten, unbrauchbar geworden ist. Es ist uns aber in letzter Minute – leider doch mit Verspätung – gelungen, eine Ersatzkopie zu beschaffen. Wir bitten, den Vorfall zu entschuldigen und bitten gleichzeitig um gütige Nachsicht wegen des nicht einwandfreien Zustandes der Kopie. Die heutigen Karten behalten auch für den nächsten Sonntag Gültigkeit, an dem wir das Programm wiederholen. Natürlich würden wir zu der kommenden Matinee eine gute Kopie haben.

Es wurde Zustimmung und Beifall laut.

Der Vorhang ging auf.

Herr Dau hatte in Hannover recht behalten, daß man eher auf dem Schlachtfeld sein muß als der »Feind«.

Ein derartiges Intermezzo konnte man nicht vor unserer Zentrale verheimlichen und ich rief abends den Theaterleiter an, wie ich den fälligen Bericht in seinem Sinne formulieren sollte. Er forderte mich auf, die Sache zu verschweigen. Damit war ich nicht einverstanden. Abgesehen davon, daß bei über fünfhundert Besuchern die Ufa-Direktion sowieso Kenntnis von dem Vorgang erhalten hätte, war ich dienstlich verpflichtet, solch ein Vorkommnis zu melden.

Es tat mir für meinen Kollegen leid, daß die Gesellschaft wenig Verständnis für diesen Vorfall hatte.

Die Gegend »Berlin-Alexanderplatz« kannte ich bisher aus dem Buch von Alfred Döblin besser als von der Wirklichkeit. Jetzt bekam ich Gelegenheit, mich dort dienstlich umzusehen. Ich arbeitete kurze Zeit in dem dortigen Ufa-Theater und lernte ein für mich neues Milieu kennen. Von den Fenstern meines Büros blickte ich in die Alte Schützenstraße, in der eine Markthalle stand. Unter Friedrich II. hatte sie als Pferdestall gedient. Alles fließt. Jetzt standen schon vormittags Freudenmädchen dort, lockten, zankten, keiften, gingen gelegentlich mit Schirmen aufeinander los und schleppten Männer ab.

Ich war auch Zeuge von fast unvorstellbarer Armut. Wenn ich gegen zehn Uhr den S-Bahnhof verließ, sah ich täglich in den Nebenstraßen ärmlich gekleidete Leute, die aus den Abfalltonnen der Gemüsehändler Reste für sich heraussuchten. Vielfach haben sie diese Überbleibsel gleich verspeist. Diesen erschütternden Anblick konnte ich lange nicht vergessen.

Daß sich zehn Jahre später viele Deutsche um die Essensreste der Besatzungstruppen stritten, hätte man damals für unmöglich gehalten.

Ein älterer Vorführer hatte noch ein Diapositiv aus der Stummfilmzeit aufbewahrt:

> *Bleiben Sie ruhig sitzen*
> wenn Feuerruf ertönt, denn das Theater ist streng nach polizeilicher Vorschrift gebaut. Es kann Ihnen nichts passieren. Die Films sind in einem feuerfesten Raum.

Der Plural von Film wurde zu der Stummfilmzeit noch auf englisch gebildet. Das Wort wurde erst im Lauf der Zeit verdeutscht. Die Tatsache, daß an meinem Schreibtisch einst unser Generaldirektor Klitzsch gesessen hatte, erfüllte mich mit Ehrfurcht vor dem Büro. Übrigens hatte ich nicht das Gefühl, auch den Marschallstab im Tornister zu tragen. Wenn er darin gelegen, hätte ich ihn bestimmt nicht entdeckt.

Nach Aussagen eines Buchhalters verdiente unser »Betriebsführer« tausend Mark pro Tag. Diese Summe bezog ich nach meiner Ernennung zum Assistenten ebenfalls, mußte jedoch dafür fünf Monate arbeiten.

Als ich bei Gelegenheit die Besucher der ersten Vorstellung um 11 Uhr zählte, ermittelte ich 87 Personen. Die Kassiererin hatte nur 79 Karten verkauft. Irgendwas ging nicht in Ordnung. Mit zwei Kontrolleuren nahm ich vor dem

Hauptfilm eine Billettkontrolle im Saal vor und 8 Besucher hatten keine gültigen Karten. Es waren alles junge Leute, die Eintrittskarten mit alten, vor mehreren Tagen verkauften Nummern vorwiesen. Der Aufforderung, das Haus zu verlassen, leisteten sie verdächtig schnell Folge.

Um der Mogelei auf den Grund zu kommen, setzte ich mich zu Beginn der 13-Uhr-Vorstellung in das hinter der Kartenkontrolle gelegene Foyer, weil ich von dort die verschiedenen Türen unauffällig beobachten konnte. Da fiel mir auf, daß aus der Toilette mehr Männer kamen, als hineingegangen waren. Diesen Überblick kann man nur bei schwach besuchtem Haus erhalten.

Ich ging in die Örtlichkeit und sah durch eine offenstehende Kabinentür wie sich gerade ein Jüngling vom Hof aus durch ein vergittertes Fenster zwängen wollte. Als ich ihn anrief, trat er schleunigst den Rückzug an.

Wie nahmen abermals die geschilderte Saalkontrolle vor und konnten wieder vier Schwarzseher aus dem Haus weisen.

Die Platzanweiserinnen traf hier keine Schuld, denn sie konnten nicht im Halbdunkel die kleinen aufgedruckten Kartennummern erkennen. Den Kontrolleuren hätten die »überzähligen« Gäste auffallen können, sofern sie wendig und beweglich gewesen wären.

Am nächsten Tag ließ ich durch unsere schnell arbeitende Bauabteilung weitere Stäbe an den Fenstergittern einsetzen und es ergab sich kein »Besucherplus« mehr.

In dieser Stellung »zur besonderen Verwendung« war ich nicht gerade glücklich – manchen Kollegen machte man zuviel, manchen zu wenig – und bisweilen saß man vor verschlossenen Schreibtischen. In jedem Haus konnte ich aber Erfahrungen sammeln, die mir später nützlich sein konnten.

Im Herbst 1938 wurde ich interimistisch in das »Marmorhaus« versetzt und hatte die deutsche Uraufführung des Dokumentarfilms »Sehnsucht nach Afrika« des schwedischen Ornithologen und Schriftstellers Dr. Bengt Berg herauszubringen.

Eine Arbeit, um die mich keiner beneidete, denn der Autor war als diffiziler Herr bekannt. Er hatte in Heidelberg promoviert und sprach fließend deutsch. Die Nachtprobe am Vorabend der Premiere verlief noch glatt. Am nächsten Vormittag gab es schon Ärger, weil dem Doktor einige Fragen des Rundfunkreporters nicht passten. Anschließend legte er mir verschiedene Inseratseiten der Berliner Zeitungen vor, beschwerte sich über ungünstige Plazierung, nicht ausreichende Größe und teilweise mangelhafte Wiedergabe der Autotypien. Wir hatten an den Wänden des Foyers eine besonders großzügige Werbung herstellen lassen, die den Rahmen des Üblichen weit sprengte. Als ich mir erlaubte, darauf hinzuweisen, machte Dr. Berg nur eine verächtliche Handbewegung und sagte, daß dies die typische Reklame von Leuten sei, die nichts davon verstünden. Wir hätten vorher nach Paris fahren sollen, um uns anzusehen, wie dort sein

Film herausgebracht wurde. Die Franzosen würden ihr Metier beherrschen.

Da mir bekannt war, daß der Autor mit den Machthabern des Dritten Reiches auf gutem Fuß stand, mußte ich mir eine Antwort verkneifen. Mein Auftrag lautete, das Gastspiel von dem Forscher glatt über die Bühne zu bringen. Ich hütete mich, aus Mätzchen eine Staatsaktion werden zu lassen, die ein vorzeitiges Abreisen von dem Doktor zur Folge haben könnte.

Außerdem hatte der Cutter des Films, Marcel Kleinow, mir erzählt, daß der Schwede auch sehr nett sein könnte.

Der Film war teilweise ohne Ton und zu diesen Passagen sprach Dr. Berg. Er kam im Frack und brachte einen Friseur mit, der ihn schminkte und ihm ein kleines Toupet aufsetzte. Kurz vor seinem Auftritt fragte er mich: »Wo ist meine weiße Nelke?« Da nie davon gesprochen wurde, war keine vorhanden. Weil die Läden schon geschlossen hatten, ließ ich für die nächste Vorstellung eine Nelke aus dem Eden-Hotel besorgen und sie zierte sein Knopfloch.

Zwei Tage später wurde ein Ölgemälde mit Staffelei im Auftrag von dem Schriftsteller bei uns abgegeben. Es stellte eine unbekleidete Schwarze in Lebensgröße dar, von makelloser Schönheit und von idealen Formen. Dr. Berg hatte mir gegenüber nichts von dem Bild erwähnt und ordnete bei dem Oberkontrolleur den Standort im Umgang an. Aus Sicherheitsgründen mußte ich widersprechen und bestand darauf, daß das Gemälde an einem mehr geschützten Ort aufgestellt würde, wo es den Ein- und Auslaß nicht behindern könnte. Außerdem durfte das wertvolle Stück selbst auch nicht gefährdet sein. Ich teilte dem Doktor schriftlich mit, daß ich das Bild erst am nächsten Tag bei der Versicherung anmelden könnte, und wir vorher keinerlei Haftung übernehmen würden. Er mokierte sich über meine »preußische Gründlichkeit«.

Einmal kam der Forscher mit der Bitte zu mir, ihm aus einer Verlegenheit zu helfen. Sein Friseur hätte ihn im Stich gelassen, und ich sollte so freundlich sein, ihm das Toupet aufzusetzen, weil er keinen anderen in die Sache einweihen wollte.

Auf meine Frage, wozu er das Ersatzstück eigentlich benötigt, da er entfernt vom Publikum im Halbdunkel stehen würde, erwiderte er, daß er zum Schluß des Films eine Verbeugung machen würde. Dies geschähe bei Saallicht während gleichzeitig ein Scheinwerfer auf ihn gerichtet sei. Bei dieser Situation sollten die Besucherinnen nicht erspähen können, daß schon ein leichter Haarausfall bei ihm vorläge.

Ich bestrich das Behelfsstück mit dem Klebemittel, plazierte es auf dem kleinen Kahlschlag und preßte es gegen den Gelehrtenschädel. An einer Randstelle quollen zwei Tropfen von der Fixiermasse hervor und vermengten sich mit seinem natürlichen Haupthaar. Soll ich noch schildern wie ungehalten der Herr über meine Ungeschicklichkeit war.

In den deutschen Ausgaben seiner Bücher befand sich ein Protest gegen die

Sowjetunion. Dieser besagte, daß die UdSSR, die angäbe für die Rechte der Arbeiter einzutreten und diese zu verteidigen, ihn den Autor um die Früchte seiner Arbeit bringt. Die Sowjetunion würde seine Werke ohne Erlaubnis und ohne Honorar veröffentlichen und dabei teilweise verstümmeln und entstellen.

Nach der »Kristallnacht« glaubte ich in Sack und Asche vor ihn treten zu müssen und hätte mich vor Scham am liebsten krank gemeldet. Der Schriftsteller empfing mich mit den Worten: »Was die Nazis gestern gemacht haben, war zu viel und zu laut. Die Preußen übertreiben immer und machen zu viel.«

Drei Tage später erzählte er mir, daß er aufgrund einer Anzeige viele Offerten bekam, mit denen ihm Kunstgegenstände und Antiquitäten angeboten wurden. Wie er selbst sagte, konnte er von den verängstigten Juden die verschiedensten Pretiosen billig erwerben.

Der Reichsbankpräsident Dr. Hjalmar Schacht besuchte Dr. Berg in meinem kleinen Büro. Ich mußte von Dr. Bengt Berg eine Rüge einstecken, weil ich für unseren hohen Gast keinen repräsentativen Raum zur Verfügung stellen konnte. Den Vorwurf steckte ich gern ein, da ich reichlich entschädigt worden war. Jetzt hatte ich noch einen Mann kennengelernt, dem die KPD bei ihrem letzten Wahlkampf eine Parole geliefert hatte:

»Wer hat uns arbeitslos gemacht?
Hitler, Hugenberg und Schacht!«

Dr. Berg sprach auch von unserem Büro aus mit dem Staatssekretär Dr. Otto Meißner. Die Kunstobjekte, die der Forscher in Berlin gekauft hatte wurden als Diplomatengepäck deklariert und gingen so ohne Schwierigkeiten nach Schweden.

Zum Abschied schenkte mir der große Naturfreund sein Buch zu dem Film mit einer sehr freundlichen Widmung und lud mich in die benachbarte »Königin-Bar« ein.

Kaum waren die Gläser auf dem Tisch, als er sich entschuldigte, um kurz einen Freund zu begrüßen. Er hatte unter den Gästen den Reichskulturkommissar, SS-Gruppenführer Hinkel, entdeckt und ging an dessen Tisch. Nachdem ich über zehn Minuten auf seine Rückkehr gewartet hatte, bezahlte ich und schickte dem Schweden durch den Ober meine Visitenkarte mit dem Vermerk »freundliche Abschiedsgrüße« und verließ das Lokal.

Ich war über den Berg.

Im Sommer 1939 kam ein politisch-militärischer Dokumentarfilm im Ufa-Palast am Zoo heraus, für dessen Premiere ich eingeteilt wurde. Das Werk trug den unzutreffenden Titel »Im Kampf gegen die Welt«, behandelte den gesamten Bürgerkrieg in Spanien samt Vorgeschichte, Kriegsphasen bis zu den Siegesparaden in Madrid und den Truppenempfängen in Berlin und Hamburg. Der Einsatz der deutschen »Legion Condor« war ausführlich gewürdigt und im Bild wiedergegeben.

Göring mit Frau und hohe Persönlichkeiten wurden zu der Veranstaltung erwartet. Da mir nicht bekannt war, daß die Gattin von dem Luftfahrtminister mit »Hohe Frau« zu titulieren ist, sprach ich sie schlicht mit »gnädige Frau« an und beging dadurch einen schweren Lapsus, der mir Ärger machte.

Der Regisseur Karl Ritter hatte an dem Film mitgewirkt und der Minister heftete ihm in der Kassenhalle den silbernen Legion-Condor-Orden an die Brust. Görings rosabraunes Gesicht fiel auf und man hatte den Eindruck, daß dieser Farbton von Schminke herrühren würde.

Bei einem Routinegang durch das Theater sah ich, wie der uniformierte General der Flieger, Erhard Milch, während der Vorstellung die Rangtreppe herunterkam, die zum Parkettfoyer führte. Der unten postierte Polizeibeamte saß gerade auf der Garderobenablage, den Rücken zu dem Offizier, hatte den Tschako abgesetzt und ließ die Beine baumeln. Zwischen Wehrmacht und Polizei bestand Grußpflicht. Ich raunte dem Schupo zu: »Achtung, Milch kommt!« Der gemütliche Ostpreuße wußte nicht, was ich meinte und antwortete bedächtig: »Ich trink bloß Bier.« Sekunden später huschten seitlich von dem Wachtmeister die weißen Generalsstreifen vorbei. Der Beamte sprang von der Ablage, stülpte seine Kopfbedeckung auf und salutierte. Zu spät. Der Generalinspekteur der Luftwaffe konnte es nicht wahrnehmen. Ich begleitete Milch zum Ausgang, wo sein Dienstwagen stand. Er bedauerte, daß er einen anderen Termin wahrnehmen mußte.

Nach der Vorstellung hatten wir für den Minister und etwa dreißig Personen einen Imbiß im Künstlerzimmer vorbereitet. Als der Adjutant von Göring bat, für die Gäste Bier einzuschenken, stellten wir zu unserem Schrecken fest, daß sämtliche Siphons leer waren. Diese waren eine halbe Stunde vorher geliefert und im Nebenraum auf Eis abgestellt worden. Wir ließen schnell Sherry servieren und nur wenige Gäste haben das Mißgeschick bemerkt. Die Siphons wurden von dem Restaurant, das im Haus lag, nochmals gefüllt und von einem Kellner bis in das Konferenzzimmer begleitet. Die durstigen Missetäter wurden nicht ermittelt und können zum eigenen Personal, Aushilfskellnern oder der Fahrbegleitung der Geladenen gehört haben.

Bei einer anderen »Staatspremiere« wurde ich eine Stunde vor Beginn der ersten Vorstellung von der Kassenhalle angerufen, daß einige SS-Offiziere den Chef sprechen wollten. Da Herr Förster kurz das Haus verlassen hatte, ging ich herunter und erkannte in der Vorhalle Sepp Dietrich, den Kommandeur der Leibstandarte. Nach kurzer Begrüßung bestätigte er, daß Hitler zu der 19-Uhr-Vorstellung käme. Aus diesem Grund möchte er vorher die Räumlichkeiten und die Führerloge inspizieren. Ich ließ im Saal und den Umgängen Licht einschalten und führte die Herren zum Rang. Zum Betreten des Ranginnern würde der Reichskanzler die breite Mitteltür benutzen, da es aus Gründen des Zeremoniells und der Sicherheit günstiger wäre, wenn er über diese Stufen zu seiner Loge herunterschreiten würde. Die beiden begleitenden Offiziere haben die Loge eingehend untersucht, die Sessel hochgehoben und die Wände abgeklopft. Bei Passieren des Logenumgangs fiel Sepp Dietrich auf, daß eine Trennwand der seitlich gelegenen Steuerloge einen helleren Veloursbezug hatte. Er fragte nach dem Grund. Ich konnte ihm erklären, daß vor zwei Tagen ein neuer Saalregler für die Tonsteuerung eingebaut wurde und die Leitung für die Anlage hinter der neu bespannten Fläche liegt. Ich mußte einen Haustechniker kommen lassen, der die beanstandete Wand vorsichtig löste, damit sich die Herren von der Harmlosigkeit der Installierung überzeugen konnten.

Das mißlungene Sprengstoffattentat vom 8. November 1939 im Münchner Bürgerbräukeller auf Hitler hatte seine Begleitung vorsichtig gemacht.

Von der Reichsfilmkammer bekamen wir verschiedentlich Auflagen, bestimmte Diapositive gratis zu zeigen. Wir taten es nur ungern, hatten aber keine Möglichkeit, dagegen anzugehen. Es konnte aber vorkommen, daß eine Glasplatte zu Bruch ging und Ersatz nicht gleich greifbar war. Einmal wurden wir aufgefordert, für das Landwirtschaftsministerium ein Gratis-Dia zu zeigen, auf dem ein mit Erdäpfeln gefüllter Korb zu sehen war. Der Text dazu lautete: »... und abends Kartoffeln«. Die Platte sollte nicht in dem üblichen Werbeteil, sondern nach der Wochenschau gezeigt werden. Ich rief die Filmkammer, daß sowas nicht zu machen sei. Erstens führt es zu einer begreiflichen Verärgerung unserer zahlenden Werbekunden, denen wir die begehrte Einschaltung vor dem Hauptfilm niemals einräumen konnten. Auch dann nicht, wenn sie sich bereit erklärten, dafür ein Aufgeld zu zahlen. Zweitens können die Herausgeber einer solchen Anordnung nicht wissen, was das letzte Bild der jeweiligen Wochenschau darstellen wird. Nach einem Begräbnis, Einweihung eines Heldenmals oder einer Rede von Dr. Goebbels könnte der Text riskant und brisant wirken. Streng genommen, paßt diese Aufforderung überhaupt nicht auf das Ende einer Wochenschau. Natürlich ließ man sich nicht überzeugen und gab mir zu verstehen, daß meine Belehrung deplaciert sei.

Drei Tage nach Einsatz der Platte war Wochenschauwechsel. Das letzte Bild zeigte die Inbetriebnahme der pompösen Prunkräume der neuen Reichskanzlei. Der Text: »... und abends Kartoffeln«, knallte hinterher. Brüllendes Gelächter im Parkett und Rang. Abends versäumte ich nicht, meine Kollegen anzurufen, daß sie nicht ihren Bericht über dies Intermezzo vergessen möchten. Am nächsten Tag »schalteten« auch die Theoretiker in der Meineckestraße und wir erhielten die telefonische Anweisung, die Platte im allgemeinen Werbeteil zu zeigen.

Wieder im Gloria-Palast

Im Sommer 1939 hatte ich die interimistische Leitung des Gloria-Palastes erhalten, aber wegen der angespannten politischen Lage war meine Freude darüber gedämpft.

Als ich am Freitag, den 1. September in die Zentrale wollte, konnte ich das Gebäude nicht betreten, weil Gemeinschaftsempfang stattfand. Ich ging in ein Restaurant, das in dem Haus lag und hörte aus dem Lautsprecher den keifenden Ton Hitlers. Mir stockte der Atem. Der Krieg ist ausgebrochen.

Nach Beendigung der Übertragung traf ich in unserer Verwaltung meinen Kollegen vom Ufa Theater »Kammerlichtspiele«.

»Was sagen Sie nun?« fragte er mich. Er gab die Antwort selbst: »Merde.«

Wir holten die Löhne ab und meldeten uns kurz bei unserem Inspektionsleiter, einem langjährigen Liebhaber von der Tänzerin La Jana. An diesem Tag wollte unserem Vorgesetzten vor Aufregung das Monokel nicht richtig sitzen. Dieser Ufa-Direktor, den die Tänzerin »Curtchen« nannte, war nicht der allein Auserwählte, der über »Die weiße Geisha« deklamieren konnte: »... das ist der süße Leib, den ich genossen hab.« Der Sohn von dem weltbekannten Sänger Michael Bohnen sagte mir nicht ohne Stolz, daß sein Vater nicht der einzige, aber der stärkste Liebhaber von La Jana war. Ob der deutsche Kronprinz auch zu den Begünstigten gehörte, weiß ich nicht. Die Filmproduzenten haben es gern kolportiert, um ihren Stern interessanter zu machen. Dieses Fräulein Henriette Hiebel, wie ihr Mädchenname lautete, war ein geheimnisvolles Wunder für die Welt des Films. Trotz ihrer Talentlosigkeit entwickelte sie sich zu einem Kassenmagneten. Den Sex-Appeal, den Josefine Baker auf die Bühne brachte, strahlte La Jana auf der Leinwand aus. Das genügte dem Publikum. Mehr verlangte man nicht von der exotisch wirkenden Schönheit.

Eine Kleinkunst-Bühne verkündete von ihrem Typ:

> »Da brauchen sie moralisch nichts zu taugen,
> sie brauchen kein Gehirn und kein Profil.
> Wenn sie nur eins besitzen, in den Augen –
> den Sex-Appeal.«

Das Leben der Tänzerin erlosch im Frühjahr 1940, als sie erst fünfunddreißig Jahre zählte.

Der Schauspieler Heinz Erhardt berichtete mir während eines Gastspiels im Gloria-Palast, daß der frühe Tod zu vermeiden gewesen wäre.

La Jana befand sich im März mit einer Künstlertruppe, zu der Erhardt gehörte, auf einer Tournee in Schlesien. Als sie einen Fieberanfall erlitt, setzte man sie bei kaltem Wetter in einen offenen Sportwagen, um sie nach Berlin zu fahren. Man glaubte, daß ihr in einem dortigen Krankenhaus eine bessere ärztliche Behandlung zuteil werden würde. Eine Lungenentzündung, die man zu spät erkannte, kam hinzu und führte zu dem raschen Ende der Schauspielerin in Berlin.

Unser Direktor setzte sich noch bei dem Polizeipräsidenten dafür ein, daß La Jana auf dem Dahlemer Waldfriedhof beigesetzt wurde, in dessen Sprengel sie nicht wohnte. Einst hatte sie diesen Wunsch geäußert.

Heute ist ihr Grab verweht.

Wie sehr das Symbol der Künstlerin auch nach ihrem Tod das Filmatelier beherrschte, zeigt folgende Episode:
Eine Schauspielerin sollte eine Verführungsszene darstellen und stand transusig und spröde vor der laufenden Kamera. Der Regisseur rief ihr zu: »Mehr Sex-Appeal!« Die Darstellerin fragte: »Was ist das?« Der Spielleiter erklärte ihr: »Man muß die Nacktheit unter ihrem Kleide ahnen! Versuchen Sie wie La Jana zu sein.«

Mit einem anderen Kollegen nahm ich eine Taxe zum Zoo. Wir sprachen kaum und verspürten eine Mischung von Angst und Grauen. Unterwegs fielen uns die ernsten und besorgten Gesichter der Passanten auf.

Kein Hurra-Ruf, keine blumengeschmückten Soldaten, keine Fahnen, keine Musik. 1914 zogen noch Schulkinder über die Straßen und sangen begeistert mit ihren hellen Stimmen: »Lieb Vaterland, magst ruhig sein. ...«

Damals hörte man aus den Lokalen, wie die Kapellen die Nationalhymne »Heil Dir im Siegerkranz, Herrscher des Vaterlands« spielten und die Gäste begeistert einstimmten.

Jetzt war es anders. Der Marsch in das Inferno vollzog sich fast lautlos. Kein »Heil«, kein »Deutschland erwache« war mehr zu hören. Der deutsche Michel war jäh erwacht und fassungslos.

Die Premiere des ersten Käutner-Films »Kitty und die Weltkonferenz« vollzog sich im Schatten dieser globalen Tragödie.

In Europa gingen die Lichter aus.

Im Kabarett der Komiker sang das Ensemble von Willy Schaeffers: »Wenn die Lichter wieder leuchten, werden wir lachen, werden wir weinen ...«

In den ersten Kriegstagen wurde eine ständige Luftschutzwache in unseren Kinos eingeführt. Je nach Lage und Größe der Häuser bestand sie aus zwei bis fünf Mann.

An einem Morgen, als ich für die Wache eingeteilt war, erreichte mich eine Hiobsbotschaft. Gegen 7.30 Uhr kam der Hausmeister in mein Büro und meldete, daß unser Oberkontrolleur auf dem Heimweg von dem Luftschutzdienst von einem ausgeschiedenen Kontrolleur erschossen wurde. Eine Radfahrpatrouille der Polizei hatte ihm die Nachricht überbracht, als er in der Kassenhalle bei einer Reparatur war. Die Tat geschah auf dem U-Bahnhof Zoo, wo der Täter seinem Opfer aufgelauert hatte. Während wir noch darüber sprachen, hörten wir draußen Schüsse. Wir traten auf den Balkon und sahen den Mörder in der Hardenbergstraße, wie er auf zwei Polizisten schoß, die sich ihm näherten. Die Beamten erwiderten das Feuer und verletzten den Täter, daß er zu Boden gehen mußte. Nach heftiger Gegenwehr wurde er in Handschellen gelegt und mit einem herbeigerufenen Sanitätswagen abgefahren.

Vermutlich geschah die Tat in einem Amokanfall. Von uns wurde niemand als Zeuge vernommen. Ein öffentlicher Prozeß gegen den Mörder fand nicht statt.

Jeden Freitag war Wechsel der Wochenschau und ich sah mir die neue Kopie vor der ersten Vorstellung an. Nicht nur weil ich den Inhalt kennen mußte, sondern auch um mögliche technische Mängel festzustellen und notfalls Ersatz anfordern zu können. Als wir im Beiprogramm »Fallschirmjäger« hatten, in dem die Ausbildung der Truppe in Hildesheim und Übungseinsätze gezeigt wurden, passierte folgende Panne. Im Mai 1940 entdeckte ich bei dem üblichen Probelauf der Wochenschau, daß diese eine Szene aus dem Beifilm enthielt und die Bilder als Frontaufnahme vom deutschen Angriff auf Holland kommentiert wurden. Ich rief unsere Zentrale an, ob »Fallschirmjäger« ausgetauscht werden sollte oder die daraus entnommene Passage aus der Wochenschau geschnitten werden müßte. Zuerst erhielt ich die Antwort, daß »sowas kein Mensch merken würde«. Als ich mich mit dieser Ausflucht nicht zufrieden gab, hielt man bei den Herren für »Volksaufklärung und Propaganda« Rückfrage. Dies Ministerium trug die Verantwortung für die peinliche Bildmixtur. Es erfolgte wieder nichts. Allmählich verging soviel Zeit, daß eine neue Folge der Woche eingesetzt wurde.

Die geschilderte Filmmontage wurde selbstverständlich auch von Besuchern bemerkt und die Glaubwürdigkeit vom »Wilhelmplatz« wurde dadurch noch mehr erschüttert. Außerdem hat man die Kameramänner der Frontberichter, die ihren Einsatz oft mit dem Leben bezahlen mußten, in den Verdacht gebracht, daß sie mit gezinktem Material arbeiten.

Neben uns befand sich das Luxusrestaurant »Weisz Czarda«, das im Besitz eines Ungarn war. Als Nachbarn kamen wir manchmal ins Gespräch und so berichtete er mir, daß Hans Albers bei ihm war und an einem Verandatisch Platz genommen hatte. Als der Ober nach dem Essen kassieren wollte, lehnte der Schauspieler die Bezahlung mit der Begründung ab, daß das Lokal durch seine Anwesenheit bereits eine erhebliche Umsatzsteigerung hätte. Der Ruf, daß er in dem Lokal verkehren würde, wäre mit einem Zustrom von neuen Gästen verbunden.

Erst als der Wirt hinzugezogen wurde und auf Begleichung der Zeche bestand, bezahlte der Künstler.

In den ersten Kriegswochen tauchte in dem Restaurant ein neuer Gast in der Uniform eines Unteroffiziers auf und hat dort täglich und üppig getafelt. Da fiel einem Stammgast auf, daß der Soldat in kurzer Zeit über den Feldwebel zum Leutnant befördert wurde. Außerdem legte er in dieser Zeit verschiedene neue Orden an. Der Gast schöpfte einen unbestimmten Verdacht und alarmierte den diensthabenden Offizier von der Bahnhofswache. Der »Leutnant« wurde überprüft und es stellte sich heraus, daß er desertiert war, und sich durch einen Einbruch in eine militärische Dienststelle Stempel und Geld beschafft hatte. Die Eintragungen in seinem Soldbuch hatte er selbst vorgenommen. Der Fahnenflüchtling wurde zum Tode verurteilt.

Im März 1940 erreichte mich eine neue Hiobsbotschaft, die mein Herz stocken ließ. Mein Zwillingsbruder, der 1936 als Kameramann und Kaufmann nach Bombay gegangen war und noch 1939 zurückkehren konnte, verstarb an einer Viruserkrankung. Meine ganze Zuneigung und Bruderliebe hatte ihm gegolten. Als der Sarg von Klaus in die Grube glitt, empfand ich die tiefe Bedeutung und den Schmerz, der aus jener Zeile klingt »... als wär's ein Stück von mir«. In der märkischen Heide, die er wiederholt auf Aquarellen wiedergegeben hatte, bereiteten wir ihm seine letzte Ruhestätte.

Am 20. August 1940 erhielt ich vom Wehrbezirkskommando in Berlin, Kurfürstendamm 33 – in dem Haus hat mein letzter Arbeitgeber Max Knapp & Co sein Büro – den roten Ausmusterungsschein. Er besagt: Heinz Frick ist völlig untauglich zum Dienst in der Wehrmacht. Er scheidet aus dem Wehrpflichtverhältnis aus. Ein seltenes Dokument.

Man erzählte mir nach dem Krieg, daß man solch eine Bescheinigung für 20.000–30.000 Mark erwerben konnte. Das wiederum hätte die Wahl zwischen Selbstmord oder Todesurteil zur Folge haben können.

Ich hatte vorher angenommen, daß ich zum »Landsturm ohne Waffe« eingestuft und dann zur Schreibstube abkommandiert würde. Wenn die Armee aber auf meine Dienste völlig verzichtete, hatte ich nichts dagegen einzuwenden.

Nach dem Pyrrhussieg über Frankreich schienen die Stabsärzte nicht solch einen strengen Maßstab anzulegen, zumal damals einige Divisionen demobilisiert wurden.

In jener Zeit erhielt ich den Besuch meines Freundes Strave aus Kötzschenbroda. Er war als Flakoffizier zu Canaris abkommandiert. Die Freude über ein Wiedersehen war auf beiden Seiten groß. Zu meiner Überraschung hatte er mir in Paris ein Oberhemd besorgt und legte mir in seiner peinlich korrekten Art, die ihn schon als Schüler auszeichnete, die quittierte Rechnung vor. Zufällig hatte ich zwei Karten für die ›Faust‹-Aufführung im Schauspielhaus am Gendarmenmarkt mit Paul Hartmann, Gustaf Gründgens, Käthe Gold, Kurt Meisel u. a.

Meine Einladung zu der Inszenierung konnte mein Freund aus zeitlichen Gründen nicht annehmen. Von einem Kriminalbeamten, der zum Schutz von Göring eingeteilt war, hatte ich erfahren, daß der Reichsmarschall mit seiner Frau zu der Vorstellung kommen würde. Als Strave das hörte, bat er mich, dem Minister ein Gesuch zu überreichen, in dem er um seine Versetzung zu den Fallschirmjägern bitten würde. In unserem Künstlerzimmer konnte er die Petition in Ruhe schreiben und gab sie

Polizeil. Meldebehörde
Pol. Rev. 154

Wehrbezirkskommando
Berlin IX

Ausmusterungsschein

Der ... (Beruf, Vor- und Familienname)
Heinz Frick
geb. am 24. 12. 19 10 zu Berlin-Wilmersdorf
(Tag, Monat, Jahr) (Ort)

Dienststempel des Wehrbezirkskommandos

(Gemeinde, Kreis usw., Regierungsbezirk, Land)

ist völlig untauglich zum Dienst in der Wehrmacht.
Er scheidet aus dem Wehrpflichtverhältnis aus.

Berlin-Wilmersdorf, den 20. Aug. 1940 19
(Musterungsort) (Tag, Monat, Jahr)

Die Kreispolizeibehörde | Der Wehrbezirkskommandeur

Dienststempel (Unterschrift) | Dienststempel (Unterschrift)

Bei der dritten Untersuchung wurde ich ausgemustert. Als ich während der Wartezeit Zeitung las, forderte ein Sergeant mich auf, diese wegzulegen, da ich an diesem Tag der Wehrmacht unterstehe und im Dienst sei

mir. Meinen Einwand, daß er sich doch erst an seinen Kompanieführer wenden müßte, entkräftete er mit dem Hinweis, daß ein Erlaß von Göring besteht, nach dem Luftwaffenoffiziere unter Umgehung ihrer Vorgesetzten ihn direkt ansprechen könnten. Nachdem wir uns verabschiedet hatten, überlegte ich meinen Auftrag und dabei fiel mir ein, daß der Vater von Strave im ersten Weltkrieg in einem Fesselballon abgeschossen worden ist. Da beschloß ich, das Gesuch nicht abzugeben, denn wenn dem Leutnant bei den Fallschirmjägern etwas zugestoßen wär, hätte ich mir zeitlebens Vorwürfe gemacht, daß ich daran schuld trüge. Da ich auch sein Trauzeuge war, fühlte ich mich ihm und seiner Frau besonders verpflichtet.

Im Theater sah ich Göring und seine Begleiter vor ihrer Loge stehen. Da ich ihm bei dem Spanien-Film im Ufa-Palast am Zoo vorgestellt worden war, grüßte ich im Vorübergehen. Das Gesuch knisterte in meinem Smoking, als ich den Arm zum Gruß erhob, aber abgegeben habe ich den Brief nicht.

Strave hat den Krieg überstanden,

ging 1946 nach Schweden und nahm die Nationalität des Gastlandes an. Unangemeldet stand er 1964 wieder vor mir in der Kassenhalle. In der Heimat gab es ein Wiedersehen. Ich rief meine Braut an, daß sie ein Nachtmahl bereiten möchte und wir hatten bis zum frühen Morgen zu erzählen. Natürlich gestand ich ihm meine zurückliegende »Unterschlagung«. Er hat es mir nicht verargt und sagte dazu nachdenklich: »Wer weiß, wozu es gut war.«

Hier fällt mir noch eine Episode ein, die wir »Die Perlen der Frau Pichelsteiner« nannten.

Etwa dreißig Minuten vor Ende einer 18-Uhr-Vorstellung verließ eine Dame zwischen dreißig und vierzig Jahren den Zuschauerraum. Sie fragte den diensthabenden Kontrolleur im Foyer nach der Toilette und er wies ihr den Weg. Als der Angestellte sah, daß der Gast wankte, sprang er hinzu, um sie zu stützen. Kurz danach eilte noch eine Garderobefrau zur Hilfe herbei. Die Besucherin wurde jedoch von Zuckungen befallen und fiel trotz des Beistandes zu Boden. Plötzlich rief sie: »Meine Kette, meine Perlenkette!« Die Angestellten nahmen jetzt wahr, daß auf dem Velours und der Bucharabrücke, von wo sie den Gast aufgerichtet hatten, eine zerrissene Perlenkette und einige einzelne Perlen lagen. Sie hoben Kette und Perlen auf, taten sie in ein Kuvert und gaben es der Besitzerin. Die Dame erholte sich bald, suchte den Waschraum auf und verließ das Kino. Zwei Tage später erhielten wir von der Frau ein Schreiben, daß ihr in unserem Haus vier kostbare Perlen mit einem Wert von über zweihundert Mark gestohlen worden wären und sie von uns Ersatz fordere. Sie brachte es fertig, unsere Mitarbeiter, die ihr behilflich waren, des Diebstahls zu bezichtigen. Aufgereihte Perlen sind bekanntlich einzeln verknotet und es war schon bei dem Vorfall rätselhaft, wie lose Exemplare auf den Fußbodenbelag gelangten.

Da man aus dem Brief den Eindruck gewinnen konnte, daß die Schreiberin zu dem Personenkreis gehörte, von dem die Bibel sagt, daß das Himmelreich ihr ist, habe ich ihn nicht beantwortet. Der Krieg stellte uns andere Aufgaben und die »Bestohlene« hat sich nicht mehr gemeldet.

Im Winter 1940/41 nahm ich mir ein Zimmer in Grunewald, um etwas außerhalb der Stadt wohnen zu können. Meine Wirtin gab den Raum nur ab, um sich vor möglichen Einquartierungen zu schützen, mit denen während des Krieges immer zu rechnen war. Über uns wohnte der bekannte Sportjournalist Walter Kaps mit seiner Familie. Wir bekamen bald guten Kontakt und wenn Vorwarnung gegeben war und der Redakteur mein Kommen hörte, bat er mich in seine Wohnung. Seine Frau war eine liebenswürdige Gastgeberin und brachte es trotz des Krieges fertig, jedes Mal ein warmes Getränk und Gebäck anzubieten. Wir verbrachten die unfreiwilligen Wartezeiten mit anregenden Gesprächen und konnten aus unseren »Fächern«-Journalismus und Film-Neuigkeiten berichten, die nicht immer in die Öffentlichkeit gelangten. Ich erinnere mich gern der Abende und verkehre noch mit dem Ehepaar.

Der Kronprinz besuchte wiederholt unsere Häuser und ließ dabei deutlich merken, daß er sich für eine süße Sarotti-Verkäuferin interessierte. Er ließ ihr duch seinen Adjutanten ein Trinkgeld geben, daß mehr als das Hundertfache von dem betrug, das sein Bruder Eitel Friedrich zu geben pflegte. Bei einem weiteren Besuch des ehemaligen Tronanwärters überreichte der Begleiter der Verkäuferin ein Paket mit wertvollen Geschenken, Geld und einer Einladung. Unsere Mitarbeiterin lehnte eine Begegnung ab. Dadurch gewann sie unseren Respekt und unsere Hochachtung. Dem Hohenzollern haben wir die Abfuhr gegönnt.

Unsere Telefonistin suchte mich einmal im ganzen Haus, weil das Propagandaministerium mich dringend sprechen wollte. Ein Oberregierungsrat W. meldete sich und verlangte, daß ich während der Vorstellung einen Mann rausrufen lasse, der unverzüglich in das Ministerium kommen solle. Ich bat den Herrn um seine Telefonnummer, damit ich zurückrufen könne, um mich von der Herkunft des Gesprächs zu überzeugen. Das lehnte der Anrufer mit der Begründung ab, daß mir sein Name genügen müßte. Ich erklärte ihm, daß ich die Vorführung nicht beeinträchtigen möchte, denn das Ausrufen eines Namens würde bei den Besuchern Unruhe verursachen. Wenn wir schon Unterbrechungen bei Fliegeralarm hinnehmen müßten, möchte ich die vermeidbaren Störungen unterlassen. Der Anrufer entgegnete, daß dies nicht meine Sorge zu sein habe und ich nur die Anordnungen entgegenzunehmen und durchzuführen hätte. Verärgert über diesen arroganten Ton gab ich zur Antwort, daß der Leiter des Hauses von einem Mann, der ihm unbekannt sei, keine Anordnungen entgegen nehmen könne. Wenn der Verlangte immer zu erreichen sein sollte, hätte er einen Eckplatz nehmen und diesen der Kasse oder dem Oberkontrolleur mitteilen müssen. Dies Verfahren würde von Ärzten und Journalisten öfters angewandt. Nach meinem letzten Satz hängte der Beamte auf. Am nächsten Tag lief eine Beschwerde am Dönhoffplatz ein, daß ich mich geweigert hätte, eine ministerielle Anordnung durchzuführen. Nach meinem Bericht sah die Sache ein bißchen anders aus. Jetzt entspann sich zwischen den beiden Direktoren der Theaterverwaltung eine Meinungsverschiedenheit, ob ich verpflichtet sei, der Aufforderung mich zu entschuldigen, nachzukommen. Den Marsch in jenes Ministerium trat ich nicht an. Unser älteres Vorstandsmitglied, schon lange im Dienst der Gesellschaft, stärkte mir dazu den Rücken. Der jüngere Direktor, der die Parteilinie vertrat, ermahnte mich dagegen, die Entschuldigung anzubringen. Ich sah dafür keinen Grund. Ich sträubte mich auch, weil ich damit anerkannt hätte, daß ich einem Oberregierungsrat, der weniger verdiente als ich, unterstellt wäre. Da ich vom Wehrdienst befreit war, konnte man nicht meine

Einberufung veranlassen. Unter diesem Druckmittel standen meine Kollegen, die vom Heeresdienst reklamiert waren.

Als unser Betriebsarzt, Doktor Riché, einmal bei mir war, regte er bei der Firma an, mich in ein anderes Haus zu versetzen, in der die Arbeit für mich physisch leichter wäre.

Das Büro vom Gloria-Palast lag im dritten Stock auf der Seite der Kantstraße. Die Fahrstühle endeten im Rang, der im zweiten Stock lag. Von dort mußte ich durch das Foyer gehen, um nach dem Ersteigen einer Wendeltreppe auf dem Weg über einen langen Flur an meinen Schreibtisch zu kommen. Das Laufpensum mußte ich häufig bewältigen, denn während der Vorstellungen waren auch die Routinekontrollen im Rang und Parkett zu erledigen. Für diese Gänge benutzte ich keinen Fahrstuhl.

Für Anfang 1941 beschloß der Ufa-Vorstand meine Versetzung in das »Capitol am Zoo«.

Capitol am Zoo

Das Gebäude stammte von dem Architekten Hans Poelzig. Er hatte sich 1918/19 einen Namen durch den Umbau des Großen Schauspielhauses in Berlin erworben. Hier lagen Kassenraum, Parkett und Büro im Erdgeschoß. Im Januar 1926 war das Haus mit 1200 Plätzen eröffnet worden. Es war ein moderner Zweckbau, in dem die Bildfläche und Orchesterraum versenkbar waren. Wir hatten eine neuzeitliche Klimaanlage, mit der die einströmende Luft gereinigt und um fünf bis sieben Grad gekühlt werden konnte. Ein Außenthermometer im Haupteingang zeigte den Passanten die jeweilige Saaltemperatur an.

Ganz so temperiert wie in einem New Yorker Kino war es bei uns nicht. Dort stand an heißen Tagen ein ausgestopfter Eisbär, der eine Tafel mit der Beschriftung trug: »Ich bin ein bißchen auf die Straße gekommen, weil es mir da drinnen zu kühl ist.«

Im gleichen Monat, als das Lichtspieltheater seine Pforten öffnete, hatte Berlin eine weitere Sensation. Josefine Baker – exotisch, dunkelhäutig, hochbeinig – gastierte im Nelson-Theater. Sie tanzte in einem Lendenschurz aus Bananen. Presse und Publikum waren begeistert. Ein neuer Stil aus ihrer karibischen Heimat triumphierte in der Reichshauptstadt. Wenn die Berliner von ihr sprachen, kam Glanz in die Augen der Bewunderer und sie raunten sich zu:

»Wenn Josefine große Wäsche hat,
dann wäscht sie ihr Bananenblatt.«

So berühmt wie die Abende mit der »Schwarzen Venus« wurden unsere Matineen nicht, aber ausverkauft waren sie. Künstler wie Franz Grothe, Paul Hartmann, Johannes Heesters, Paul Henckels, Karl John, Paul Kemp, Günther Lüders, Karl Napp, Maria Paudler, Norbert Schultze, Rudi Schuricke und viele andere traten bei uns auf.

Napp begann gewöhnlich mit der gleichen Albernheit. Er sagte auf der Bühne mit geheimnisvoller Stimme, daß sich heute eine Fürstin unter den Gästen befände. Dann legte er seine großen Hände mit den engen weißen Handschuhen an die Hosennaht, machte eine übertrieben tiefe Verbeugung zu den vorderen Reihen und sagte devot: »Guten Morgen, Frau Durchlaucht.« Danach nickte er lässig einer Unbekannten zu und sprach: »Guten Morgen, Frau Gasschlauch.« Zum Schluß der Begrüßung machte er eine flüchtige Handbewegung zu einem weiteren weiblichen Gast und bemerkte: »Guten Morgen, Frau Schnittlauch.«

Kriegsniveau war nicht immer Spitze.

Daß uns ein Komiker aus dem Rheinland bei einer Matinee Ärger bereitete, kam auch vor. Ludwig Schmitz witzelte auf der Bühne und begann nach der Melodie des bekannten Reiterliedes aus dem ersten Weltkrieg einen von ihm verfaßten Text zu singen:

»Morgenrot, Morgenrot, sterben ist
der schönste Tod.
Morgenrot, Morgenrot, in dem Hemd
da sitzt ein Floh.«

Als er zum dritten Vers ansetzen wollte, drückte ich auf den Knopf und der elektrisch gesteuerte Vorhang fiel. Dem verdutzten »Künstler«, der an eine Panne geglaubt hatte, ließ ich durch den Bühnenmeister sagen, daß er abtreten möchte. Gleichzeitig schickte ich die nächste Nummer, ein Rollschuhläuferpaar, das schon parat in den Kulissen stand, auf die Bühne. Der Pianist spielte ihre Melodie und sie begannen zu kurven. Als Ludwig Schmitz bei mir protestierte, entgegnete ich ihm, daß nicht nur die fünfzig eingeladenen Verwundeten seine Persiflage als verletzend und kränkend empfinden würden. Ich stellte ihm aber anheim, sich über mich zu beschweren.

Im Februar sahen wir die ersten Wochenschaubilder von den Kämpfen in Nordafrika. Heinrich Anacker, der Barde der völkischen Bewegung, veröffentlichte darüber ein Gedicht in der »Nachtausgabe«:

»Das V, das heißt Viktoria,
vom Nordkap bis nach Afrika ...«

Tatsächlich war das V – V stand für Viktoria=Sieg – ein Symbol der Alliierten. Wir hatten versucht, das Zeichen umzumünzen und brachten es auf unseren Panzern, Kanonen, Kriegsgerät und den Hauswänden der besetzten Länder an.

Anfang Mai war Rudolf Hess bei uns. Im Gegensatz zu seiner sonstigen Gewohnheit kam er in Uniform und war von einem SS-Offizier begleitet, mit dem er in dem abgedunkelten Kassenraum wartete. In diesem Fall mußte ich ihn begrüßen und fragte, ob ich ihm behilflich sein könnte. Er hatte schon Karten und wollte noch die Ankunft eines weiteren Herrn abwarten. Zwei Tage später ging ich auf Urlaub und traute meinen Augen kaum, als ich im Bayerischen Wald von seinem Englandflug las. In diesem Jahr lief auch »Reitet für Deutschland« an. Das Stück war mehr »ein deutschnationaler Film« geworden, wie ein Herr vom Propagandaministerium sich ausdrückte. Der ganze Stoff war eine Paraderolle für Willy Birgel.

Nach »San Francisco« war der Film das beste Geschäft seit Bestehen des Hauses. Unsere Geschäftsnachbarn beschwerten sich bei mir, daß die »Vorverkaufsschlangen« für das Kino deren Läden und Auslagen blockierten.

Wir konnten trotz Krieg mit einem weiteren Ereignis aufwarten. Der erste deutsche abendfüllende Farbfilm »Frauen sind doch bessere Diplomaten« erlebte seine rauschende Premiere. Unter der eingeladenen Prominenz befand sich der ungarische Botschafter und ließ Marika Rökk den Rote Kreuz-Orden seines Landes mit Schulterband überreichen. Ihr Mann Georg Jacoby war Regisseur des Films. Er überließ mir die schöne Aufgabe, seiner Frau die Auszeichnung für den Bühnenauftritt anzulegen. So ein Band mußte gut sitzen und durfte auf dem Dekolleté nicht verrutschen. Der Film war künstlerisch und technisch hervorragend ausgefallen. Frau Rökks Stern strahlte. Ihr Temperament, die allgemeine Anerkennung für das Werk und die zündenden, heute noch gespielten Melodien von Franz Grothe ließen uns den Krieg zeitweilig vergessen. Die wohlgelaunte Künstlerin war eine charmante Unterhalterin. Sie erzählte auch, daß sie bei einem Gastspiel in Lübeck von einer großen Menge auf dem Bahnhof freudig begrüßt worden ist. Man rief ihr stürmisch zu:
»Hoch die Rökk!«

Bei dem Film »Die schwedische Nachtigall« lernte ich Joachim Gottschalk kennen. Als Mensch und Künstler gleich sympathisch. Die Nachricht, daß er mit seiner Familie in den Tod ging, weil er sich von seiner jüdischen Frau nicht scheiden lassen wollte, hat uns tief getroffen. Eine Welle von Haß und Verachtung schlug Dr. Goebbels entgegen.

Am Vorabend der Uraufführung von »Carl Peters« kam Hans Albers zu mir und verlangte, daß wir im Rang einen Scheinwerfer für ihn aufstellen. Dieser Spotlight sollte die Aufgabe haben, den Künstler bei seinem Eintritt in den verdunkelten Saal – kurz vor dem Hauptfilm – anzustrahlen und ihn zu verfolgen, bis er in seiner Loge Platz genommen hat. Albers war der Meinung, daß sein Erscheinen und seine Anwesenheit während der Vorstellung die Gäste in gehobene Stimmung bringen und der schon im voraus einsetzende Beifall eine günstige Aufnahme des Films erzeugen würde. Auf meine Erwiderung, daß ich mich gern bemühen werde, einen solchen Scheinwerfer zu bekommen, reagierte er schon kritisch. Der Künstler, dessen Jahresgage bei 250.000,– lag, meinte, daß sowas doch eine Kleinigkeit sei. Das war es damals nicht. Unser gesamtes technisches Gerät, das wir nicht unbedingt brauchten, war aus Sicherheitsgründen nach Werder ausgelagert. Hinzu kam die Schwierigkeit des Transports wegen der Einschränkung des Fuhrparks und der Benzinverknappung. Ferner mußte ich in Babelsberg, das näher an Werder liegt, einen Techniker auftreiben, der einen geeigneten Scheinwerfer aussuchen sollte. Außerdem mußte dieser für kriegswichtige Aufgaben reklamierte Mann für die Arbeit freigestellt werden.

Es hat alles geklappt und niemand konnte behaupten, daß die ungünstige Aufnahme des Films durch einen fehlenden Anstrahler im »Capitol« verursacht wurde.

Im November 1941 benutzten ein Kollege und ich vom Dönhoffplatz zum Kurfürstendamm eine Taxe und gerieten bald in einen Stau, für den wir zunächst keine Erklärung hatten. Der Fahrer drehte sich zu uns und fragte: »Ist denn der Großmufti von Jerusalem wieder bei Adolf? Die machen ja so'ne fremdländische Musike.« Der Araber hatte Hitler schon 1940 aufgesucht und ihm eine mohammedische Einheit als SS Division für den Einsatz auf dem Balkan zur Verfügung gestellt. Wir horchten auf und vernahmen den Trauermarsch von Chopin. Kurz danach sahen wir die Spitze eines Trauerzuges. Der Sarg auf der Lafette war mit der Reichskriegsflagge bedeckt. Offiziere der Luftwaffe eskortierten das Gefährt und vorn konnten wir den Jagdflieger Galland erkennen. Göring schritt als erster hinter dem Sarg. Ein langes Defilé von Uniformierten und Teilnehmern in schwarz mit Zylindern folgte. Der Flieger Udet – des Teufels General – wurde zu Grabe getragen.

Auf dem Weg zu der Beisetzung ereignete sich ein neues Unglück. Es war wie ein flammendes Menetekel des Schicksals am Himmel. Die Maschine von dem bekannten Oberst Mölders streifte nahe Breslau einen Schornstein und der Offizier fand dabei den Tod.

Da ein eingezogener Kollege überraschend einen Erholungsurlaub von vier Wochen erhielt, wollte er während dieser Zeit wieder einmal »Kinoluft schnuppern«. Er bot mir an, mich vierzehn Tage zu vertreten. Dadurch bekam ich einen zusätzlichen »Kururlaub« und fuhr nach Bayern.

Ich hatte unserem Personalchef, Dr. Hartung, auch ein Quartier in der Nähe von Eisenstein besorgt und so haben wir uns gelegentlich getroffen und Wanderungen unternommen. Im Urlaub war der Doktor wie umgewandelt und von großer Freundlichkeit. Er bot mir an, einen Abteilungsleiterposten in der Zentrale zu übernehmen, da es ihm nicht mehr möglich war, die betreffenden Herren länger vom Heeresdienst zu reklamieren. Er schien etwas verwundert, daß ich es mit Dank ablehnte. Ich fühlte mich auf meinem Posten wohl, hielt es für selbstverständlich während des Krieges auszuharren und wollte auch meinen Vorgesetzten in der Theaterverwaltung keine personellen Schwierigkeiten bereiten.

Wenn der SA-Führer Lutze ins Kino gehen wollte, bestellte seine Frau telefonisch die Karten bei mir und sagte, daß sie mit dem »Stabschef« käme. Als dies einmal an meinem freien Tag passierte, wurden die Karten vorher abgeholt, aber nicht bezahlt. Mein Vertreter bestimmte darauf einen Kontrolleur, der das Geld nach der Vorstellung kassieren sollte. Der nicht sehr gewandte Mann postierte sich an der betreffenden Loge und als das Saallicht anging, sagte er vernehmlich:

»Herr Lutze, ich kriege noch acht Mark von Sie für die beiden Plätze.« Die anderen Gäste horchten auf und erkannten den Mann in Zivil, der seine Börse zückte.

Am nächsten Tag bekam das Sekretariat von unserem Generaldirektor eine telefonische Beschwerde der SA-Führung über das taktlose Verhalten des Kontrolleurs und man verlangte eine Entschuldigung. Die Theaterverwaltung ordnete an, daß ich es tun sollte. Ich begab mich dazu in das Große Hauptquartier der SA. In der Adjutantur von Lutze war man vernünftig und erklärte die Sache für erledigt.

Auf meinem Schreibtisch lag einst ein Brief an die Direktion mit den Zusätzen »Persönlich« und »Vertraulich«.

Er enthielt ein Exposé für einen banalen Liebesfilm. Die Schreiberin bat mich, ihr Schreiben an unsere Produktion zu leiten. Da ihr die Hauptrolle in dem Filmentwurf »wie auf den Leib geschrieben sei« bat sie um meine Fürsprache, ihr dazu zu verhelfen. Damit man auch wüßte, wie dieser Leib geschaffen ist, hatte die Absenderin ihr Aktfoto beigefügt.

Im Herbst bewarb sich eine junge Frau namens Eckstein als Anweiserin. In auffallender Garderobe betrat sie mit wiegenden Hüften, grell geschminkt und mit schlecht gefärbtem Haar, mein Büro. Beim Schreiten ließ sie ihre Fußsohlen ungewöhnlich lange auf dem Fußboden haften. Sie gab an, daß sie als Barfrau in der Friedrichstraße arbeiten würde. Da das Arbeitsamt ihr angekündigt hatte, daß diese Beschäftigung sie nicht vor einer Dienstverpflichtung in die Rüstungsindustrie schützen könnte, sprach sie bei uns vor. Meine Frage, ob sie in der »Tango-Bar« tätig wäre, bejahte sie. Eine innere Stimme sagte mir, daß es besser wäre, auf die Bewerberin zu verzichten, und ich lehnte sie ab. Darauf bat sie mich so sehr, es mit ihr zu versuchen und macht so schön »bitte, bitte«, wobei ihr Gesicht die Züge eines unbescholtenen Schulmädchens annahm, daß ich sie einstellte. Es war bekannt, daß in dem Lokal wo sie beschäftigt war, eine schlecht behütete Kriegsjugend ihre besten Kräfte ließ. Kaum war die Probezeit von der Dame Eckstein beendet, als sie schon den ersten Knall auslöste. Als sie durch die Kassenhalle ging, um ihren Dienstplatz aufzusuchen, erhob sich ein junger Mann, trat auf sie zu und versetzte ihr eine schallende Ohrfeige. Danach rief er: »Du weißt, warum!« und verschwand im Dunkel der Straße. Am nächsten Tag erschien sie mit geschwollener, aber stark gepuderter Backe zum Dienst. Ich bestellte sie ins Büro und ermahnte sie, bei der Auswahl ihrer Bekannten etwas vorsichtiger zu sein, damit sich solch ein Vorfall nicht wiederholen könnte. Sie erwiderte mit entwaffnender Naivität, daß sie nicht dafür verantwortlich zu machen sei, wenn »ein Verrückter ihr eine knallen würde«. Nachdem die Angestellte dreimal unentschuldigt gefehlt hatte, mußte ich sie fristlos entlassen und es unserer Personalabteilung mitteilen. Diese meldete den Fall dem »Treuhänder der Arbeit«, von dem Anzeige wegen Arbeitsbummelei beim Arbeitsgericht gestellt wurde. Die ehemalige Anweiserin erhielt vier Wochen Gefängnis und wurde im Anschluß an das Urteil im Gerichtssaal abgeführt. Mit einer solchen Betrafung hatten wir nicht gerechnet und bedauerten, daß es dazu kommen konnte.

Die geschiedene Frau Eckstein hat im gleichen Jahr geheiratet und mit ihrer Familie den Krieg wohlbehalten überstanden. Ich hatte später den Eindruck, daß ihr die berufliche Zwischenstation in unserem Kino Glück gebracht hatte.

Aus gegebenen Anlaß flüsterte mir der Oberkontrolleur in der Kassenhalle zu: »Jetzt scheinen die oben wohl auch zu wissen, daß wir den Krieg verlieren, denn Prinz Eitel Friedrich hat mir eben zwei Mark Trinkgeld gegeben. Wenn die Alliierten einrücken, bekommen wir doch Besatzungsgeld.«

Etwa zu der Zeit erzählte man auch, daß die Verbündeten nach der Besetzung Deutschlands Fragebogen an die Bevölkerung verteilen würden. Eine Position sollte lauten: »Waren Sie im Konzentrationslager? Wenn nein, warum nicht?«

Da wir fast immer ausverkauft waren, hatte der Oberkontrolleur gute Umsätze. Er hatte die telefonischen Bestellungen auszugeben, damit die Kassiererinnen entlastet wurden und bekam dadurch viele Extras. Wenn er die nicht abgeholten Reservate zu Beginn der Vorstellung auflöste, fielen von den »Anwärtern« erhebliche Trinkgelder ab. Einmal kontrollierte ich die Reservate und dabei fiel mir auf, daß verschiedene »Bestellungen« weder Name noch Nummer trugen. Der Angestellte hatte sich von der Kassiererin noch Karten für Bestellungen geben lassen, die er angeblich selbst in der Kassenhalle angenommen hat. Das war für beide Teile streng verboten, weil dadurch die geduldig wartenden Besucher an der Kasse benachteiligt wurden. Der Mann bekam eine schriftliche Verwarnung von mir, mit dem Inhalt, daß er bei einer neuerlichen Bevorzugung von Gästen entlassen wird.

Drei Tage später passierte etwas, das während des Krieges einmalig war. Der Generalfeldmarschall Milch kam vormittags in Uniform zum Vorverkauf und fragte den Oberkontrolleur, ob er schon Karten für Sonnabend haben könnte. Der Portier antwortete: »Bitte sehr« und deutete auf das Ende der Wartenden. Der Offizier knarrte ihn an: »Dachten Sie vielleicht, daß ein deutscher General in Uniform sich in der Reihe anstellt?« Der Mitarbeiter, eingedenk der Verwarnung und in der Hoffnung, doch noch ein Trinkgeld zu ergattern, antwortete: »Ja, dann muß ich den Chef holen.« Der Marschall entgegnete: »Das wird doch wegen der Karten nicht nötig sein.« Eine Kassiererin hatte den Vorfall bemerkt und mir ein bestimmtes Klingelzeichen gegeben, daß ich sofort nach vorn kommen müsse. Ich eilte in die Halle, begrüßte Milch, nahm seinen Kartenwunsch entgegen und holte die Billetts aus der Kasse. Während des Krieges standen die Feldmarschälle rangmäßig über den Reichsministern.

Als ich 1947 den ehemaligen Oberkontrolleur am Alexanderplatz wiedertraf, teilte er mir mit, daß er sich nach der Kapitulation zwei Pferdefuhrwerke angeschafft hätte und damit Stadtumzüge durchführen würde. Er bekam mehr Aufträge als er erledigen konnte und es ging ihm gut.

Leicht sarkastisch erwähnte er, daß meine Korrektheit mir doch wenig genutzt hätte, wenn ich jetzt einen Schreiberposten bei der DEFA annehmen mußte. Er erinnerte sich, daß ich 1943 das Angebot eines türkischen Botschaftsangestellten – ein halbes Pfund Kaffee als Dank für zwei bezahlte Karten bei ausverkaufter Premiere – abgelehnt hatte. Die hundert Kämme, die mir damals ein Rumäne offeriert hatte, konnte der Portier von seinen Trinkgeldern erwerben und sie später mit hohem Gewinn auf dem Schwarzen Markt abstoßen.

Bei dem Start des ersten Barlog-Films nach dem Streuvels-Stoff »Der Flachsacker« fragte ich den Assistenten, ob die Gaukler noch nicht gekommen wären. Ehe er antworten konnte, hörten wir hinter uns aus dem halbdunklen Kassenraum die tiefe brüchige Stimme von dem Hauptdarsteller Paul Wegener: »Gaukler – ist gut.« Wir haben uns lachend begrüßt. Sein Lob über Boleslaw Barlog, den späteren Intendanten, faßte der große alte Mime in einem Satz zusammen: »Der Mann hat Kultur.«

Nicht nur damals, sondern auch heute ist mir unverständlich geblieben, daß Leute von Rang, Niveau und Bildung während des Krieges nach Deutschland zurückkehrten und sich dem System für einflußreiche Positionen zur Verfügung stellten. Dieser Kreis hatte doch im Ausland genug Möglichkeit, sich eingehende Informationen über die wahren Zustände in »Großdeutschland« zu verschaffen.

Oder gibt es doch so etwas wie einen »Ruf der Heimat«, dem man sich besonders dann nicht entziehen kann, wenn das Land der Väter in einen tödlichen Kampf verstrickt ist.

Warum kam ein berühmter Schauspieler, der in New York reüssierte, in das »moderne Sparta« zurück. Warum folgte ihm ein bekannter pazifistischer Schriftsteller, der in die Schweiz emigriert war. Als Angehöriger einer Propagandakompagnie wurde er Chefredakteur der Soldatenzeitung »Adler im Süden«. Was bewog einen international anerkannten Regisseur über Frankreich nach Deutschland zurückzukehren?

Im Sommer erhielten wir eine Nachricht, die der Gedanken Lauf lähmte. Der Regisseur Herbert Selpin, mit dem ich gut bekannt war, wurde in der Zelle seiner Gestapo-Haft tot aufgefunden. An seinen Hosenträgern erhängt. Seine Verhaftung war auf persönlich Anweisung von Dr. Goebbels erfolgt, da der Regisseur sich abfällig über Offiziere geäußert hatte. Seine Weigerung, die Bemerkung zurückzunehmen, führte zu seinem Tod.

Uns war, als ob wir selbst den staatlichen Würgegriff verspürten.

Personalsorgen hatten wir damals wenig. Mit Kassiererinnen waren wir versorgt. Als Kontrolleure bekamen wir bis zum bitteren Ende Pensionäre und Anweiserinnen meldeten sich genug. Vielfach junge Frauen, die lieber bei uns als in der Fabrik arbeiteten. Bei den Garderobenfrauen brauchte keine Umschichtung stattfinden. Das technische Personal wurde knapp. Unseren Beleuchter und Bühnenmeister konnten wir noch reklamieren. Bei den jungen Vorführern war dies nicht mehr möglich. Unsere Versuche mit angelernten jüngeren Frauen schlugen oft fehl. Die Bildwerfer waren noch nicht so ausgereift und sind während des Krieges reparaturanfälliger geworden. Bei Störungen waren die neuen Kolleginnen in der Kabine meist ratlos. Da kam Hilfe aus Frankreich. Ein Vorführer aus dem renommierten Pariser REX hatte sich freiwillig nach Deutschland gemeldet und trat bei uns ein. Er trug im Dienst den weißen Kittel mit dem blau gekrönten Schriftzug seines heimatlichen Stammhauses. Höflich wie er war, hatte er mich vorher gefragt, ob ich dies gestatte. Wir hatten »unseren Franzmann« alle gern. Er war ein angenehmer, stets freundlicher Mitarbeiter und perfekter Techniker. Wenn ich Zeit hatte, gab ich ihm Deutschunterricht und ergänzte dabei meine französischen Kenntnisse. Nachdem er ein Jahr im Dienst war, meldete er sich bei mir und bat, die UFA-Nadel zu erhalten, die in drei Ausführungen vergeben wurde. Ich beantragte sie für ihn und er trug das Abzeichen stets auf dem Rockaufschlag.

Ende des Jahres kam aufgeregt eine junge Frau in mein Büro – schwarzhaarig, temperamentvoll – eine Carmen-Schönheit, die gut im Saft stand, und berichtete mir mit Tränen in den Augen von ihrem fatalen Mißgeschick.

Sie hatte bei »Kranzler« die Bekanntschaft eines seriös wirkenden Mannes gemacht, der sie in unser Kino eingeladen hatte. Ihre Logenplätze lagen im Rang. Da es ihr zu kühl war, hatte sie den Begleiter gebeten, ihren Pelz aus der Garderobe zu holen. Der Kavalier ließ sich den Mantel aushändigen, dazu auch seinen und verließ das Haus. Der Ehemann der Betrogenen war für einige Tage dienstlich abwesend. Ich war zu meinem Bedauern nicht in der Lage, ihr zu helfen und sie ist verzweifelt gegangen. Nach etwa zwanzig Minuten kam die Frau zurück und fragte mich vorsichtig, ob ich nicht der Versicherung ein irrtümliches Vertauschen von zwei Garderobenstücken melden könnte. Als Beweismittel könnte sie mir einen alten Mantel von sich mitbringen. Trotz ihrer erwärmenden Reize entgegnete ich ihr sehr kühl, daß weder die Garderobenfrau noch ich uns als Gehilfen für einen Versicherungsbetrug hergeben würden. Die Besucherin hauchte eine Entschuldigung und verschwand.

1943. Das Jahr der Nemesis ist angebrochen.
Stalingrad.
Marschall Mannerheim verlangt das Ausscheiden Finnlands.
Der totale Krieg.
Die weiße Rose.
Aufstand im Warschauer Ghetto.
OKW-Sondermeldung: Der Heldenkampf der deutschen und italienischen Afrika-Verbände

hat heute sein ehrenvolles Ende gefunden.
Italien kapituliert.
Herbstoffensive der Roten Armee.
Schlachtschiff »Scharnhorst« gesunken.
Wie lange noch ...

Aber es gab Leute, die an dem Krieg vorbeileben konnten. SA-Stabschef Lutze starb an den Folgen eines Autounfalls, als er von einer Hamsterfahrt kam. Ein Gendarmeriebeamter aus Werder, der die Unfallstelle überwacht hatte, erzählte mir, daß der verletzte SA-Führer in einem Haufen von Würsten, Butter und Schinken gelegen hätte. Es dauerte merkwürdig lange, bis die Erklärung bekannt gegeben wurde, daß Lutze ein Parteibegräbnis erhalten würde.

Einige Tage zuvor hatte ich ihn noch in der Budapesterstraße gesehen, als man ihn während der Mittagspause in ein elegantes Herrenartikelgeschäft einließ. So hatte er Gelegenheit, ungestört einzukaufen.

Im März beging die UFA das Jubiläum ihres fünfundzwanzigsten Bestehens. Ich hatte eine Einladung für den Ufa Palast am Zoo erhalten und konnte das große Aufgebot von Prominenz erleben. Nach einer Ouvertüre von dem Firmenorchester sprach Generaldirektor Klitzsch über die Entwicklung der Gesellschaft. Danach ergriff Dr. Goebbels das Wort. Unser oberster Chef Hugenberg, den ich bei dieser Gelegenheit zum ersten Mal sah, muß diese Ansprache mit zwiespältigen Empfindungen vernommen haben. Verwünschte er jetzt den Tag der »Harzburger Front«, da er den »braunen Bataillonen« Anerkennung verschafft hatte. Inzwischen wurde er von seinen ehemaligen Bundesgenossen kaltgestellt und war nicht mehr Mitglied des Kabinetts. Sein wichtigster Mann, Ernst Hugo Corell, Produktionschef der UFA, wurde 1939 mit einem öffentlichen Affront von Dr. Goebbels entlassen. Die anschließende Verleihung des Adlerschildes des Deutschen Reiches mit der Beschriftung »Dem Bahnbrecher des Deutschen Films« durch den diable boiteux an Hugenberg wirkte demnach wie ein Hohn und Possenspiel.

Danach übergab der Minister die Ernennungsurkunden für Veit Harlan und Wolfgang Liebeneiner zum Professor. Sinniger Weise hatte für den folgenden Jubiläumsfilm »Münchhausen« ein Schriftsteller das Drehbuch geschrieben, der Schreibverbot hatte: Erich Kästner. Am nächsten Tag erhielt ich die goldene Nadel der Firma mit der Zusicherung, daß damit meine Unkündbarkeit verbunden wäre.

Obwohl wir alle sahen und merkten, daß die Nation ihrem Untergang entgegensteuerte, klammerten wir uns an Illusionen und Gerüchte. Das Thema, daß wir mit dem Westen einen Separatfrieden schließen würden, um mit ihm gemeinsam gegen die Russen zu kämpfen, wollte nicht verstummen.

Beim Friseur in der Nürnbergerstraße, ich sprach gerade mit dem anwesenden Günther Lüders wegen eines möglichen Gastspieles, platzte die Nachricht von der Verhaftung Mussolinis durch seine Parteigänger herein. Da ich einen italienischen Film über die deutsch-fa-

Im Mittelteil links ist die Ruine des Gloria-Palastes, dahinter die Hardenbergstraße sichtbar.
Im Vordergrund die Kaiser-Wilhelm-Gedächtniskirche

schistische Waffenbrüderschaft auf dem Spielplan hatte, glaubte ich, daß er abgesetzt werden müßte. Ich eilte ins Kino und rief die Zentrale deswegen an. Dort hatte man sich mit dem Thema überhaupt noch nicht befaßt und wollte erst mit dem Propagandaministerium sprechen. Ich war so naiv zu glauben, daß Italien nach dem Sturz des Duce von uns als Feindesland besetzt wird oder wir kapitulieren würden. In beiden Fällen wäre der Film zurückzuziehen.

An die Kette der folgenden militärisch-politisch Manöver, die sich als sinnlos erwiesen, hätte ich nicht gedacht.

Der Film blieb auf dem Programm und man konnte weiterhin sehen und hören wie deutsche und italienische Soldaten auf einem Lazarettschiff sangen: »Antje, mein blondes Kind.« Ein mir bekannter Schneidermeister, der nach der Revolte in Italien zu einem Kunden äußerte: »Jetzt ist der Krieg ja aus und Deutschland kann einpacken«, wurde von Freisler zum Tode verurteilt.

Dienstag, den 23. Nov., spielten wir »Gefährlicher Frühling« mit Olga Tschechowa. Der Tag war ohne besondere Vorkommnisse verlaufen. Die letzte Vorstellung hatte begonnen. Nach der Tradition des Hauses hatte der Bühnenmeister den Hauptfilm mit dem Handgong eingeläutet. Bald danach gab es Vorwarnung. Ich verständigte die Vorführer davon und ging durch das Kino, um mich zu überzeugen, ob alle Posten besetzt wären. Kurz danach heulten die Alarmsirenen, der Hauptvorhang fiel und das kleine Saallicht ging an. Ich ging in den Zuschauerraum, bat die Gäste den Luftschutzkeller aufzusuchen und sagte ausdrücklich an, daß wir die Garderoben erst im Keller ausgeben würden. Die Führung der über 600 Gäste in den Schutzraum übernahm unser Personal. Das Flakfeuer vom benachbarten Zoo-Bunker setzte ein und wir hörten auch das entfernte Bersten von Sprenggranaten. Vom Dach aus konnten ein Techniker und ich sehen, daß es in verschiedenen Ortsteilen brannte. Die Besucher verhielten sich besonnen und wir konnten keine Nervosität feststellen. Als ich wieder im Parkett war, vernahmen wir an der Saaldecke kurze metallisch klingende Geräusche. Die ersten Brandbomben schlugen ein und an drei bis vier Stellen im Parkett züngelten die Flammen. Manche Stabbomben waren auch Blindgänger. Die ersten vereinzelten Brandherde konnten wir mit Sand, Feuerpatschen und Wasser löschen. Als ich merkte, daß wir die Gefahr nicht bewältigten, lief ich in den Keller und bat einen anwesenden Arbeitsdienstführer, uns mit seinem Trupp zu helfen. Hilfsbereit kamen sie mit. Auf dem Rückweg sah ich zu meinem Schrecken, daß der schwere Bühnenvorhang Feuer gefangen hatte. Da wußte ich, daß das Kino verloren war. Bei Theaterbränden hatte die Feuerwehr stets Großalarm gegeben. Kurz danach fiel der Hydrant aus. Unsere Wasservorräte in den Fässern und auch der Sand waren aufgebraucht. Die Feuerpatschen durch heftiges Hantieren unbrauchbar geworden. Ohnmächtig standen wir dem Inferno gegenüber. Die Orchesterstühle in der Versenkung vor der Bühne, unsere Polsterbestuhlung und Teile der Veloursbespannung vom Fußboden brannten an verschiedenen Stellen und es war nur noch eine Frage der Zeit, wann sich diese Herde zu einem Flammenmeer vereinen würden. Das Foyer aber, an dessen Ende mein Büro lag, blieb noch vom Feuer verschont, war aber wegen der unerträglichen Hitze und starken Rauchentwicklung kaum zu betreten. Das Telefon funktionierte noch. Bei der Feuerwehr kam man nicht durch. Als die Flakgeschütze schwiegen und das Donnern der Flugmotoren verstummt war, trat ich mit zwei Mitarbeitern vor unseren Haupteingang. Die großen Glasscheiben unserer Türen waren zerborsten. Vor uns lohte eine riesige Feuersbrunst. Die Kaiser Wilhelm-Gedächtniskirche, das Romanische Café, die Goldene Traube, der Ufa-Palast am Zoo, der Gloria-Palast, Hotel Hessler und die benachbarten Wohnhäuser standen in Flammen. Ein Fanal des Untergangs.

Es wurde Entwarnung gegeben und bald füllten sich die Straßen mit Hunderten von verzweifelten Leuten, darunter viele Frauen mit kleinen Kindern. Infolge der gewaltigen Hitze kam es zu atmosphärischen Störungen. Wir gingen in unseren Luftschutzraum, damit das Verlassen des Kellers durch die Kinogäste in geordneten Formen veranlaßt wird. Wir bereiteten die Besucher darauf vor, was sie auf den Straßen erwartet.

Danach bargen wir technisches Gerät im Haus und brachten es provisorisch im Keller unter.

Als dies geschehen war, versuchte ich unser »Flaggschiff«, den Ufa-Palast anzurufen. Es klappte.

»Hier Ufa-Palast am Zoo, Luftschutzzentrale Lutt.« »Frick, wie ist die Lage?« »Das Haus ist völlig ausgebrannt. Kassenhalle erhalten. Besucher nach Entwarnung ohne Zwischenfälle ins Freie gebracht. Mein Telefonkabel schmort. Gespräch gleich beendet.« Es

Wie ein düsteres Menetekel blieb symbolträchtig an der Außenfront des Kinos der Filmtitel erhalten: Reise in die Vergangenheit

knackte in der Leitung. Aus.

Unser Franzose kam ins Büro und berichtete mir, daß man von der Feuerwehrleiter noch einen Teil des Daches betreten könne. Ich wagte die Kletterei und hatte einen unvergeßlichen Blick auf die gespenstisch in Feuer und Rauch gehüllte, sterbende Reichshauptstadt.

Die Zeiger der Turmuhr waren stehen geblieben und zeigten 7 Uhr 30.

Von unserem Lug konnten wir den Viktoria-Luise-Platz ausmachen und wahrnehmen, daß ein Teil der Luitpoldstraße brannte. Wie wird es meiner Frau ergangen sein.

Meine Mitarbeiter hatten sich inzwischen verabschiedet und wir verabredeten uns für den nächsten Tag um fünfzehn Uhr in meinem »Restbüro«. Nach einer Rücksprache mit der Zentrale wollte ich ihnen zu dem Zeitpunkt neue Arbeitsplätze anweisen. Der beizende Rauch und der Sog der Feuerstürme waren heftiger geworden. Nachdem der Hausmeister sich freiwillig zur Nachtwache gemeldet hatte – in einem Nachbarhaus hatte ich schon beobachtet, wie das Plündern losging – stiegen die beiden Vorführer und ich über die Mauer vom Zoologischen Garten, weil wir in der Nähe des Kinos bleiben wollten. In dem Tierpark war die Luft erträglich. Da abermals Fliegeralarm gegeben wurde, versuchten wir einen Felsenbunker zu erreichen. Unterwegs traf ich den Zoodirektor, Dr. Lutz Heck mit einem Sohn. Beide waren mit Jagdgewehren ausgerüstet, um ausgebrochenen und verwundeten Tieren einen Fangschuß geben zu können. Verschiedene Wärter waren gleichfalls bewaffnet. Auerochsen und Wisente galoppierten durch den Park, daß die Erde dröhnte. Ein großer Teil der Stallungen und Gehege stand in Flammen. Auch hier eine gespenstische Untergangsstimmung. Später mußten die Löwen aus Sicherheitsgründen getötet werden und Professor Heck war schweren Herzens gezwungen, eins seiner Lieblingstiere, den wertvollen afrikanischen Mantelpavian, zu erschießen.

Nachdem zum zweiten Mal Entwarnung gegeben war, verabschiedete ich mich gegen Mitternacht von den beiden Technikern. Beide waren Ausländer – außer dem Franzosen war noch ein Holländer tätig – und sie waren Mitarbeiter im besten Sinne des Wortes gewesen. Ich bedankte mich für ihre Arbeit, ihren Fleiß und ihre Hingabe für unsere gemeinsame Aufgabe. Sie sollten sich am nächsten Tag bei unserer Abteilung Technik in der Krausenstraße melden. Der Franzose kam nochmal zurück und bat mich um ein Zeugnis, das von mir unterschrieben sein sollte. Er hat es bekommen.

Den Rest der Nacht verbrachte ich auf einer Bank vom Büro im Tauentzienpalast. In meinem »Luftschutzkoffer« hatte ich das notwendige Toilettenzeug und noch ein frisches Oberhemd.

Die Putzfrauen kannten mich und ließen es sich nicht nehmen, mir ein bescheidenes Frühstück zu bereiten. Dann tippte ich meinen Bericht über die Zerstörung des »Capitol am Zoo« und machte mich auf den Weg in die Zentrale, um Meldung zu erstatten. Es war ein schwerer Gang. Vor zehn Jahren hatte es so hoffnungsvoll begonnen, jetzt stand ich vor dem Nichts, konnte der Frau kein neues Heim schaffen und bangte um unser Leben. Aber unsere Soldaten hatten es schlimmer, verglichen mit ihnen ging es mir noch »gut«.

Ich machte einen Umweg, um noch einmal in das Kino zu gehen. Vor dem »Romanischen Cafe« erkannte ich schon von weitem Herrn Fiering, den Inhaber. Auch sein bekanntes traditionsreiches

Haus war ein Opfer der Flammen geworden. Er bat mich einzutreten, ich war oft bei ihm Gast gewesen, und schenkte mir »zum traurigen Abschied« eine Flasche Asbach.

Als ich im Frühjahr 45 ohne Meldebescheinigung beim Volkssturm keine Lebensmittelkarten in Drewitz erhielt, tauschte ich die Flasche bei einem Bauern gegen »unser täglich Brot« ein.

In der Zentrale herrschte Niedergeschlagenheit und Nervosität. Meine Berichterstattung fiel demnach kurz aus. Ich legte noch die Aufteilung meiner Mitarbeiter fest, mit denen ich nachmittags verabredet war und bat für den Rest des Tages um Urlaub, um meine persönlichen Angelegenheiten zu regeln.

Inzwischen hatte meine Frau in der Krausenstraße bei unserer Verwaltung angerufen, daß sie unversehrt geblieben, die Wohnung ausgebrannt, und sie mich gegen 13 Uhr im »Café Woerz« am Nollendorfplatz erwartet.

In den vierundzwanzig Stunden, da wir uns nicht gesehen, war viel passiert.

Sie hatte nur einen kleinen Koffer retten können. Das andere Gepäck war im Luftschutzkeller gestohlen worden. Damals waren die Kellerräume von verschiedenen Häusern durch Mauereinbrüche miteinander verbunden. In der Panik der Nacht kamen zahlreiche Fremde durch die verschiedenen Keller und so konnten Koffer schnell verschwinden. Bei solchen Gelegenheiten wurde regelrecht geplündert. Selbst die angedrohte Todesstrafe schreckte nicht immer ab. Hat Goethe eigentlich recht, wenn er verkündete, daß der Mensch von Natur aus gut sei. Meine Frau war gefaßt und klagte nicht. Eine kritische Phase, in der es um das Überleben ging, hatten wir überstanden. Ohne Worte haben wir es trotz alledem dankbar empfunden. Wir fanden zunächst bei ihrer Schwester Unterkunft und dort konnte sie sich auch »einkleiden«. Damals fragten die Frauen nicht, ob der pastellblaue Mantel einen schmalen Fuß macht oder man in dem Schottenkostüm von hinten aussieht, als ob man vorne hübsch ist.

Das Leben ging weiter.

Die durch Zerstörung der Häuser freigewordenen Theaterleiter bekamen von der UFA den Auftrag, Ausweichkinos zu organisieren. Wir mußten Säle und Aulen aufspüren, in denen sich Notkinos einrichten lassen.

Zunächst suchte ich in dieser Sache den damaligen kommissarischen Oberbürgermeister Steeg im Rathaus auf und bat ihn um Unterstützung. Er lehnte es ab und erklärte, daß es ihm bisher noch nicht möglich war, den ca. 240000 Ausgebombten ausreichende Quartiere zu beschaffen. In dieser Situation müßte die Errichtung von Kinos zurückstehen. Steeg hatte recht und ich hatte mit einer Ablehnung gerechnet. Dennoch wollte ich es nicht unversucht lassen.

In den Nächten vom 22.-24. November 1943 haben in Berlin über 400000 Bewohner ihre Wohnungen verloren.

Über 3700 haben den Tod gefunden.

Sag mir, wo die Gräber sind …

Heute wissen wir aus der Militärgeschichte, daß ein weiterer Bomberverband mit 1000 Lancaster-Maschinen im Anflug war. Der befohlene Angriff auf die Reichshauptstadt scheiterte am Bodennebel, die Flugzeuge mußten vorzeitig abdrehen und den Rückflug antreten.

Die Drohung von dem britischen Luftmarschall Harris, daß er Berlin von einem Ende zum anderen in Trümmer legen könnte, war zunächst abgewendet.

Insgesamt gesehen starben die deutschen Städte nicht. Die Rüstungsproduktion erreichte eine bisher nicht gekannte Steigerung.

Mit »Bomber-Harris« hatte die englische Regierung nach offiziellen Angaben »den konsequentesten Verfechter der rücksichtslosen Anwendung von Kriegsmethoden, welche die ganze zivilisierte Welt in Schrecken versetzen und ihre Existenz bedrohen mußten«.

1984 verstarb er friedlich mit 92 Jahren im Bett seiner Londoner Wohnung.

Auf der Suche nach Ersatzkinos kam mir »General Zufall« zur Hilfe. Ich fuhr in die Wilhelmsaue, um einen mir bekannten Hausbesitzer zu fragen, ob er eine Wohnung für mich hätte. In der Straße entdeckte ich einen Saal, der ehemals von der Christian Science unterhalten wurde. Er stand zur Zeit leer. Ich wies mich bei dem Portier des Hauses aus, gab ihm ein Trinkgeld und bat ihn, mir die Räume zu zeigen. Hierbei erfuhr ich, daß die Räumlichkeiten der SS unterstanden. Hinter dem eigentlichen Vortragssaal befand sich noch ein Zimmer, das als Vorführungsstätte ideal wäre. Da der Saal feststehende Bankreihen hatte, würde die Sorge wegen des Einbaus einer Bestuhlung entfallen. Ich zog noch einen Kollegen von unserer Abteilung Technik hinzu, der eine Installierung von zwei Bildwerfern mit dem notwendigen Zubehör für möglich hielt. Ein genügend großer Platz für eine Bildfläche war vorhanden. Unsere Zentrale billigte den Plan und führte die erforderlichen Verhandlungen mit der SS, die uns die Räume überließ. In dem vorhandenen Garderobenraum konnten wir eine Kasse aufbauen. Das erste Ausweichkino entstand schneller als wir gedacht hatten. Am Vorabend brachte ich eine Kopie hin, wir machten einen kurzen Probelauf und trotz der um uns herrschenden Not und Angst freuten wir uns ein bißchen, daß alles verhältnismäßig gut geklappt hat.

Als ich am nächsten Tag das Haus nicht gleich fand, glaubte ich erst, daß ich mich in der mir fremden Gegend verlaufen hätte. Es war anders. Die Royal Air Force hatte in der Nacht das Gebäude samt Kino am Boden zerstört.

Meine Verhandlungen, die ich mit dem Direktor des Schiller-Gymnasiums wegen der Aula führte, verliefen nicht so glatt. Zunächst lehnte er meine Bitte rundweg ab. Bei einem zweiten Besuch zeigte er eine gewisse Bereitschaft mit dem Vorbehalt, daß das Gymnasium über die Aula verfügen könne, wenn es den Raum für eine Veranstaltung benötigt. Außerdem müsse er noch eine Kalkulation wegen der Pacht aufstellen lassen. Ferner verlangte der Oberstudiendirektor bei Überlassung des Saales die Hinzuziehung der Baupolizei, damit festgestellt werden könne, ob von uns die Sicherheitsvorschriften im Sinne des Lichtspieltheatergesetzes eingehalten werden. Diese Sorge konnte ich dem Herrn zerstreuen, denn ohne Freigabe durch Feuerwehr und Baupolizei konnte auch während des Krieges keine Eröffnung eines gewerblichen Kinoraumes stattfinden.

Während die Verhandlungen sich hinzogen, wurde ich in die Zentrale zu unserem Direktor Witt bestellt. Herr Witt diente zwei Herren. Vormittags dem Kriegsministerium als Major und nachmittags der UFA als Vorstandsmitglied. Er teilte mir mit, daß ich nach Anforderung durch den DFV (Deutsche Filmvertriebs-Gesellschaft) für die Zeit des Krieges an den sogenannten Verleih »ausgeliehen« werden sollte. Selbstverständlich nur dann, wenn ich damit einverstanden wäre. Ich könnte dort als Leiter des »Berliner Uraufführungsbüros« eintreten. Der bisherige Inhaber des Postens ist nach Straßburg versetzt worden. Da mit meiner damaligen Arbeit viel Leerlauf verbunden war, sagte ich zu. Ich bedankte mich bei dem Direktor für sein Wohlwollen und das Vertrauen, das er mir stets erwiesen hatte. Ich wünschte ihm Soldatenglück und wir schieden mit einem langen Händedruck. Uns war schwer ums Herz. Durch die Fenster sahen wir, daß in der Stadt die Flammenzeichen rauchten.

Im April 1945 ist Herr Witt zu unserem großen Leid bei einem Fliegerangriff in der Nähe vom Fehrbelliner Platz gefallen. Mitarbeiter hatten sich angeboten, ihn während des Krieges zu verstekken. Er hatte abgelehnt und fühlte sich seinem Eid verpflichtet.

In der »Deutschen Filmvertriebsgesellschaft«

Am 10. Januar 1944 trat ich meinen Dienst an. Auf diesem Posten war ich dem Vertriebschef, Dr. Oskar Kalbus, direkt unterstellt. Dr. Kalbus war eine versierte Persönlichkeit und hatte einen bekannten Namen in der Fachwelt. In der einschlägigen Literatur fand man ihn wiederholt als Autoren. Er war auch Herausgeber der beiden heute noch begehrten Bildbände »Vom Werden deutscher Filmkunst«.

Auch diese Arbeit stand unter dem Schatten des Krieges. Mir fiel die undankbare Aufgabe zu, den Kinos mitzuteilen, welchen Film und zu welchem Termin sie eine Kopie von uns bekommen und war für die Zustellung verantwortlich. Die Theaterbesitzer hatten kaum Möglichkeit, auf die Gestaltung ihres Spielplanes für Uraufführungen Einfluß zu nehmen. Die wenigen Filme, die anliefen, wurden von uns eingeteilt. Bei meiner Tätigkeit hatte ich mir manchen Protest anzuhören. Es gab aber auch Häuser in den Arbeiterbezirken, die weniger kritisch waren und sich freuten, daß Darsteller den Weg zu ihnen fanden und sich ihren Gästen vorstellten. Im Anschluß an eine Premiere hat uns die Gastwirtin einer echten Berliner Kneipe spontan eingeladen und so reichlich mit Schnäpsen traktiert, daß wir Mühe hatten, den bekannten Schauspieler Albert Matterstock in unseren ausländischen CD-Wagen zu bugsieren.

Als wir für die Premiere von »Familie Buchholz« mit Henny Porten, Gustav Fröhlich, Marianne Simson u. a. in Tegel waren, wurden die Künstler ungewöhnlich herzlich empfangen und an eine friedensmäßig gedeckte Tafel gebeten. Der Hausherr ließ für den nichtarischen Ehemann von Frau Porten noch ein Paket mit nahrhaften Dingen sowie Kognak und Zigaretten einpacken. Als sie mich aber bat, sie vor ihrem Auftreten zu entschuldigen, weil sie kein Abendkleid trägt, ersuchte ich sie, mich davon zu befreien. Bei allem Verständnis für Etikette, die Künstler und das »Heiligtum« Bühne – auch bei geschlossenem Vorhang reichen dort die Gefühlswallungen vom innigen Kuß bis zur Ohrfeige – traten Garderobefragen damals in den Hintergrund.

Da keine Fliegeralarmmeldung gegeben war, blieben wir noch in dem gastlichen Haus zusammen. Wir verbannten den Krieg aus unseren Gesprächen, einer stimmte das Lied an, das in dem Film erklang und wir fielen mit ein:

»Mein liebes Fräulein Backhaus,
Sie sehen heut so spack aus.
Die Liebe hat Sie krank gemacht,
wer hätte das gedacht.«

Bei »Der Majoratsherr« stellte sich Willy Birgel im »Corso« am Gesundbrunnen vor. Es war eine so große Menschenmenge erschienen, daß wir Mühe hatten, trotz der Hilfe der Theaterleiterin und einiger Kontrolleure, den beliebten Schauspieler ins Kino zu schleusen. Eine kleine Arbeiterfrau, die an einen Zilletyp erinnerte, drängte sich an Birgel heran, zog mit zarter Gewalt seinen Kopf herunter und küßte ihn auf beide Wangen. Erwidert wurde diese Zärtlichkeit nicht.

Die damaligen Premieren hatten etwas geisterhaftes. Wenn wir z. B. nach der Aufführung von »Der Verteidiger hat das Wort« Gäste von dem Neuköllner Bürgermeister waren und er Heinrich George bat, bei einem der nächsten städtischen Kulturabende mitzuwirken. Die Herren sprachen schon von dem Programm. Die Russen standen aber in breiter Front an der Oder und hätten jede Stunde zum Angriff antreten können.

Im April erschreckte uns wieder eine entsetzliche Nachricht und ließ uns erschauern. Der Schriftsteller, frühere Lektor vom Gutenberg-Verlag und zuletzt Pressechef von der Terra-Filmkunst, Erich Knauf, wurde hingerichtet. Er hatte sich im Kreis von Bekannten »defaitistisch« geäußert und wurde verraten. Mit ihm zusammen wurde der Zeichner E.O. Plauen, der Schöpfer der Bildserie »Vater und Sohn« in der »Berliner Illustrierten Zeitung« verhaftet und beging in der Zelle Selbstmord. Es war für mich unfaßbar, daß dieser humane und kultivierte Knauf, mit dem ich oft zusammengearbeitet hatte, ein Opfer der übermächtigen Geheimpolizei geworden war. Man war jetzt so eingeschüchtert, daß man nicht einmal wagte, vor alten Bekannten und Kollegen ein offenes Wort zu sagen. Erich Knauf war damals der größeren Öffentlichkeit durch seine Liedertexte bekannt geworden. Neben »Der Flieger hat den Bogen raus ...« und »Das kann doch einen Seemann nicht erschüttern ...«, stammte auch »Heimat, deine Sterne, die leuchten wie ein Diamant« von ihm.

Unser Generaldirektor Kaelber sagte uns, daß er ein Gnadengesuch für Knauf eingereicht hätte, aber er hat damit nichts erreicht. Auf Anordnung vom Propagandaministerium mußten wir während des Krieges Wochenschau-Veranstaltungen durchführen. Hierfür wurden 4–5 normale Wochenschauen für ein Programm von einer knappen Stunde gekoppelt. Die Vorstellungen wurden gut besucht. Nicht weil das Publikum erpicht war, das Kriegsgeschehen zu betrachten, nicht weil sie die frisierten Schlachtenbilder sehen wollten, sondern weil die Besucher hofften, unter den abgebildeten Soldaten einen ihrer Angehörigen zu entdecken.

In den ersten Monaten nach dem Einsetzen der Kriegswochenschauen konnten wir unseren Gästen auf Wunsch Bildausschnitte ihrer Angehörigen anfertigen lassen. Unter den Schlägen des Krieges war es später zeitlich und technisch nicht mehr durchzuführen.

Eines Tages teilte mir Dr. Kalbus mit, daß wir versuchen müßten, das »Franziskaner-Kino« am Alexanderplatz in ein Tageskino für Kriegswochenschauen umzuwandeln. Das würde nicht leicht sein, denn die wendige Inhaberin hatte es schon einmal abgelehnt. Wir müßten abermals vorstellig werden, die Besitzerin auf die wesentlich höheren Umsätze hinweisen, uns verpflichten, daß wir bei einer Umstellung die gesamte Hauswerbung übernähmen und auch die Eröffnungsinsertion zu unseren Lasten gehen würde. Wenn wir uns die Bälle geschickt zuwerfen, müßte die Sache klappen. Da der Doktor von großer Eloquenz war, glaubte ich, daß mir bei dem bevorstehenden Besuch nur eine Statistenrolle zufallen würde. Als ich ihn zu dem vereinbarten Termin abholen wollte, sagte er, daß er keine Zeit hätte, und ich allein hingehen solle. »Tun Sie so, als ob Sie direkt vom Ministerium kommen, und wenn die Frau unangenehme Fragen hat, stellen Sie sich einfach dumm. Das fällt Ihnen doch nicht schwer.«

Versehen mit dieser Munitionierung mußte ich eine Aufgabe übernehmen, die mir selber gegen den Strich ging.

Mein Versuch, die Kinobesitzerin in unserem Sinn umzustimmen, gelang mir nicht. Während ich mit ihr sprach, kam aus der geöffneten Tür eines Nebenzimmers ihr Mann. Ein dekorierter Feldwebel in Uniform, der gerade Urlaub hatte. Er sprach mich an: »Wenn ich Sie so höre, könnte man denken, daß wir zu Hause schon enteignet würden, während wir auf dem Balkan schwere Kämpfe zu bestehen haben. Ich wundere mich, daß so ein Mann wie Sie noch nicht Soldat ist. An der Front werden genug Leute gebraucht. Was in unserem Haus gespielt wird, bestimmen wir und wir verzichten auf Ihre Ratschläge.«

Ich mußte meinen Reinfall melden und Dr. Kalbus meinte ärgerlich, daß er nochmal alleine hingehen würde. Der Weg blieb ihm erspart. Nach vierzehn Tagen rief uns die Theaterbesitzerin an, daß sie bereit wäre, die Umstellung in ein Wochenschaukino durchzuführen. Sie wollte auf die wesentlich höheren Einnahmen, begünstigt durch den Wegfall der Vergnügungssteuer, nicht verzichten.

Als ich dienstlich das UT Kurfürstendamm aufsuchen mußte, stand der Geschäftsführer noch unter dem Eindruck eines schweren Zwischenfalles.

Am Spätnachmittag war eine Heerespatrouille, die sogenannten »Kettenhunde« in die Kassenhalle gekommen, um die dort anwesenden Soldaten zu kontrollieren. Als ein Gefreiter sein Soldbuch nicht zur Hand hatte und lange danach suchte, ließ die Streifwache ihn aus der Reihe treten, stellte sich mit ihm in eine Ecke und wurde energischer. Plötzlich stieß der Gefreite einem Wachtmeister beide Fäuste vor die Brust, daß der Mann taumelte. Danach stürzte der Verdächtige aus dem Haus, flüchtete quer über den Kurfürstendamm in Richtung Meineckestraße. Der Patrouillenführer, ein junger Leutnant, gab auf den Flüchtling zwei bis drei Schüsse ab und traf ihn. Der Verletzte blieb auf dem Fahrdamm liegen und wurde von einem zufällig vorbeikommenden Militärfahrzeug mitgenommen.

Kurze Zeit danach ging eine ähnliche Kontrolle glücklicher aus. Eine vierköpfige Patrouille erschien im Tauentzien-Palast und verlangte vom Theaterleiter, daß er die Vorstellung unterbrechen solle, damit sie bei den uniformierten Wehrmachtsangehörigen eine Überprüfung vornehmen könnten. Ob die Wachtmeister nicht wußten, daß das Parkett sechs Türen hat oder sie nicht genug Leute hatten, war nicht bekannt. Als sich der Vorhang mitten im Hauptfilm schloß und das Saallicht langsam anging, erhob sich in der ersten Reihe ein Soldat, hastete in gebückter Haltung zu der rechts vorn gelegenen Ausgangstür und jagte die Notausgangtreppe herunter. Er entkam über den Hof und verschwand in der Nürnbergerstraße. Der Streifenführer, der ihn verfolgte, kam zu spät.

Unser Dr. Kalbus war ein unvergeßliches Original. Seine Sekretärin meldete ihm eine Dame, deren Name ihm nicht geläufig war. Darauf kam es zu folgendem Dialog:

»Ist sie hübsch?«

»Ach ja, das kann man schon sagen.«

»Hübscher als Sie?«

»Das schon.«

»Na, dazu gehört ja nicht viel.«

Bei seiner vielseitigen und umfangreichen Arbeit diktierte er noch 1944 seine Erinnerungen aus dem ersten Weltkrieg mit dem Arbeitstitel: »Auf dem Vormarsch im Westen.« Als er die Abteilungsleiter mit den Sekretariatsdamen zu einer weihnachtlichen Kaffeestunde gebeten hatte, begrüßte er uns mit einer

Ansprache. Die Politik konnte er nicht ausklammern und führte u. a. aus, daß es richtig war, eine große Feindmasse in der Normandie landen zu lassen. Im Verlauf der Ardennenoffensive wird der Gegner nämlich in die Zange genommen und ihm ein Cannae bereitet, das gleich dem Sieg von Hannibal in die Geschichte eingehen wird.

Unter dem Eindruck seiner Rhetorik und der von ihm vorgenommenen Verleihung von Kriegsverdienstkreuzen faßten einige Kollegen wieder Mut und glaubten an ein militärisches Wunder. Auf den Straßen klebten Plakate, die einen davon eilenden Schattenmann mit Schlapphut zeigten. Der Text lautete:

»Achtung! Feind hört mit!«

Wir nannten das Motiv: Hitler auf der Flucht.

Bei dem Lustspiel »Das Konzert« im Marmorhaus hatte ich die Freude, Harry Liedtke wiederzusehen. Galant und charmant wie im Film. Umsorgt von seiner zweiten Frau, die ihm duftenden Kaffee aus einer Silberflasche mit Initialen eingoß. Keinem von uns konnte der Gedanke kommen, daß der beliebte Schauspieler aus der alten Garde der Stummfilmzeit beim Einmarsch der Russen sein Leben lassen würde. Das Haus des Ehepaares in Saarow-Pieskow am Scharmützelsee brannte mit dem wertvollen Inventar nieder. Die erste Frau von Liedtke, Käthe Dorsch, einst Verlobte von Hermann Göring, wollte dem Künstler und seiner Gattin Zuflucht in ihrem Heim am Attersee geben. Harry Liedtke hat es abgelehnt.

Makaber, von Tragik und Untergang umwittert, wirkte die lang erwartete Aufführung von »Kolberg«. Sie fand am 31. Januar 1945 im Tauentzien-Palast statt. Am Vortag war der Film auf der Kanalinsel La Rochelle vor abkommandierten deutschen Soldaten gezeigt worden. Die Kopie hatte man mit einem Fallschirm abgeworfen. In Berlin versammelte sich noch einmal die Filmprominenz. Veit Harlan, dem beim Ablegen seines Kamelhaarmantels ein Revolver aus der Brusttasche fiel, war verärgert, daß sein »Durchhaltefilm« viel zu spät herauskommt. Er war auch ungehalten, weil ein Kritiker über seinen »Opfergang«-Film geschrieben hatte: »... wer glaubte, daß er sich einen Stoff von Rudolf Binding betrachten könnte, braucht sich den Film nicht anzusehen.«

Heinrich George, mit Pelzkappe nach Kosakenart, sprach seinen Kollegen Horst Caspar, Kurt Meisel und weiteren Mut zu: »Ihr braucht keine Angst zu haben, bei den Russen gibt es auch Staatsschauspieler.«

Kristina Söderbaum erschien mit der Schwedenflagge auf dem Mantelaufschlag. Durch ein Dekret des schwedischen Königs, das damals noch geheim gehalten wurde, hatte sie wieder die Nationalität ihrer Heimat erhalten. Ein leichter Whiskydunst lag im Künstlerzimmer. Der ehemalige Reichsfilmintendant, Dr. Hippler, er war 1943 abgesetzt worden, kam als Rekrut eines Landesschützenbataillons zur Premiere.

So künstlerisch und gewaltig der Film auch gestaltet war, begeistern konnte er uns nicht. Für Illusionen war kein Raum mehr. Wir hörten zu oft das Donnern der Ferngeschütze, flüchteten in die Keller und U-Bahnschächte.

Hitler muß von dem Film sehr beeindruckt gewesen sein. Er fragte noch im April 1945 bei einer Lagebesprechung im Bunker der Reichskanzlei, ob Oberst Bieler, der Festungskommandant von Frankfurt an der Oder, auch »ein Gneisenau« sei.

In einem sowjetischem Heeresbericht vom gleichen Monat hieß es: ... Unter den Gefangenen befinden sich der Festungskommandant von Frankfurt an der Oder, Generalmajor Bieler.

Marschall Schukow stand an der Oder mit gut ausgerüsteten Truppen. Sibiriern, Kosaken, Russen, Mongolen und Reiterregimentern. Sie waren voller Kampfeslust und warteten auf den Angriffsbefehl. Die letzte große Kampfhandlung, die »Schlacht um Berlin« lag vor ihnen. Den Angreifern winkte eine gewaltige Beute.

2200 Artilleriegeschütze richteten drohend ihre Rohre auf die 4-Millionenstadt, deren Bewohner ihr Testament gemacht hatten. Das Salvenfeuer der »Stalin-Orgeln« löste schon akustisch lähmendes Entsetzen aus. Wehe den Besiegten!

»Kolberg« sollte laut Anordnung von Dr. Goebbels aus dem Jahr 1943 »im Dienst unserer geistigen Kriegsführung« stehen. Der Film feierte bald eine Auferstehung, die nicht vorgesehen war. Der russische Kommandant von Babelsberg sah ihn mit seinen Offizieren mehrmals an. Danach gehörte er zum Repertoire der Rotarmisten.

Im März meldeten sich in dem Haus in Lichtenrade, in dem wir seit November 1944 eingewiesen waren, zwei Offiziere und erklärten es als Reservelazarett beschlagnahmt. Wegen des bevorstehenden Russeneinmarsches fühlten wir uns in der fremden Villa sowieso nicht wohl, da wir dort in den Verdacht geraten konnten, »Kapitalisten« zu sein. Wir nahmen unser Gepäck und fuhren nach Drewitz, wo wir uns als Refugium ein Behelfsheim mit einem kleinen Garten gekauft hatten.

Im Mai 1945 befanden sich 54 Länder mit Deutschland im Kriegszustand. Am 7. »Wonnemond« erfolgte die bedingungslose Kapitulation in Reims.

Japan protestierte noch in Deutschland gegen den Vertragsbruch und die Verletzung des Militärabkommens. Der Geist der Samurai war nocht nicht erloschen. Sein Ethos hielt sich bis zum 9. August.

Am 30. April war die »Gruppe Ulbricht« von Moskau nach Berlin eingeflogen und nahm im Ostsektor die Verwaltung auf. Mit demselben Datum schickte mir der Filmvertrieb ein Zeugnis, dessen letzter Satz lautete:

»Das Vertragsverhältnis löste sich automatisch mit dem heutigen Tag auf, weil unser Unternehmen seit Einmarsch der Roten Armee nicht mehr betriebsfähig war.
Wir wünschen Herrn Frick für die Zukunft alles Gute.«

gez. Nordloh Seven

Daselbst erhob sich große Not

Der Krieg war aus. Wir atmeten auf und waren dankbar, daß wir noch am Leben sind. Es gab keinen Fliegeralarm mehr, das Dröhnen der Geschütze war verstummt, die Stalin-Orgeln bellten nicht mehr.

Als wir an den Mauern Anschläge sahen, daß die Luftschutzbunker nicht abgerissen werden dürfen, stutzten wir. Rechneten die Siegermächte mit neuen militärischen Verwicklungen!

An die »Vierzehn Punkte« des amerikanischen Präsidenten Wilson konnten wir Älteren uns erinnern. Wir wußten, was davon übrig geblieben war.

Als Mars nach dem II. Weltkrieg das Schlachtfeld verließ, glaubten wir, daß für die gequälten Völker eine neue Zeitenwende anbrechen würde. Die Hoffnung wurde bald zunichte gemacht.

Wieviel Dutzende von Kriegen mit wieviel Millionen von Toten gab es nach 1945. Wer sind die Kriegsverbrecher und wo blieb ihr Tribunal.

Nach den Plänen des amerikanischen Bankiers Morgenthau sollte Deutschland nach dem Krieg in eine Art Strafkolonie mit Kartoffel- oder Rübenäckern und Viehweiden umgewandelt werden, die wir unter der Aufsicht von Besatzungssoldaten bestellten sollten.

Der Ruf nach einem derartigen »Thaupunkt« war so undiplomatisch und töricht, daß man ihn nicht ernst nehmen konnte.

Die Haßtiraden von dem sowjetischen Ilja Ehrenburg mit den Aufrufen zur Tötung von deutschen Frauen und Kindern waren so ungeheuerlich, daß er von der russischen Presse gezügelt wurde.

Die Äußerungen von Winston Churchill, daß wir uns nach dem Krieg die Nahrung mit einem Löffelstiel aus der Erde kratzen sollten, wirkte dagegen harmlos. Wir lernten das große Hungern kennen und sahen, wie die Bevölkerung dabei dezimiert wurde.

Auf den Fahrbahnen bewegten sich endlose Flüchtlingsströme. Ihr Zustand, ihre Bekleidung, ihre verschmutzen Wundverbände und die entsetzten Gesichter redeten eine deutliche Sprache. Das »Wehe den Besiegten« fiel hundertfach auf uns zurück.

Unsere Nation war entsetzt und tief beschämt über das Verhalten ihrer ehemaligen Regierung. Wir waren bereit Buße zu leisten und eine Wiedergutmachung zu erbringen. Daß wir den Juden gegenüber eine unlöschbare Schuld auf uns genommen hatten, erfüllt uns noch heute mit Leid. Wir baten sie um Vergebung, obwohl wir wußten, daß unser Makel nie getilgt werden konnte.

Die alten Fahnen wurden verbrannt. Dafür gingen die Fahnen der Alliierten an den Masten hoch.

Für die Potsdamer Konferenz am 17. Juli, auf der sich Churchill, Truman und Stalin trafen, mußten vor jedem Haus, das an den Zufahrtsstraßen lag, drei Flaggen gezeigt werden.

Der Union Jack, das Sternenbanner und die Sowjetfahne.

Wir erhielten den Befehl, die Fahnen aus vorhandenen Stoffen im Haushalt selbst anzufertigen. Als eine Frau einem Funktionär erklärte, daß sie kein rotes Tuch hätte, sah der Genosse rot und zerschnitt ihr Inlett, damit sie den Stoff verwenden solle. Wie die selbst hergestellten Flaggen aussahen, kann man sich vorstellen.

Fotoapparate, Schreibmaschinen und Radiogeräte waren abzuliefern.

Am 6. August fiel die erste Atombombe über Hiroshima und löschte über hunderttausend Menschenleben aus. Es war, als ob die Vision Homers in Erfüllung geht und der Tag des göttlichen Zorns, jener Tag gekommen war, da das Weltall in Staub zerfällt.

Dies irae, dies illa solvet saeculum in favilla.

Meine Frau stammt aus einer Kleinstadt in Westpreußen und war praktischer veranlagt als ich. Sie ermunterte mich, daß wir auf die abgeernteten Felder gingen, um dort Ähren zu sammeln. Es war mühselig, denn Hunderte von Hungernden suchten gleichfalls mit uns die Flure ab. Der Rücken schmerzte. Dafür hatten wir morgens einen Teller Suppe und die schmeckte unsagbar süß. Unser Garten gab wenig her. Die märkische Heide und der märkische Sand erwiesen sich nicht als ertragreich. Das Sprengen mit einer geliehenen Gießkanne, die uns nur begrenzt zur Verfügung stand, erforderte so viel Muskelkraft, daß wir uns manchmal fragten, ob sich der Aufwand lohne. Außerdem mußten wir Holz zum Kochen und Heizen für den Winter sammeln. In dieser Zeit fiel mir eine Religionsstunde aus dem Jahre 1920 ein. Der Lehrer fragte uns, welche Bitte aus dem »Vater unser« die wichtigste sei. ich meldete mich und antwortete: »Unser täglich Brot gib uns heute.« Der Pauker entgegnete: »Ja, ja damit Du Fettkloß immer zu futtern hast.« Er erläuterte, daß die Heiligverehrung des Herrn unser wichtigstes Anliegen sein müßte. Ich konnte damals dem Schulmann nicht folgen, verstand ihn 1945 auch noch nicht und würde heute wieder dieselbe Antwort geben.

Im November gab es eine ostzonale Sensation: die Normalverbraucher erhielten ihre ersten Fleisch- und Fettmarken.

Als 1946 die DEFA gegründet wurde, bewarb ich mich in Babelsberg um einen kaufmännischen Posten und erhielt von Direktor Rimmler die mündliche Zusage für eine Einstellung. Als ich mich zwei Tage später zum Dienstantritt meldete, bekam ich den Bescheid, daß der Betriebsrat mich ohne Angabe von Gründen abgelehnt habe. Von einer Cutterin, die mich kannte, erfuhr ich, daß meine Abweisung erfolgte, weil ich »Die Rothschilds« in dem »Capitol am Zoo« gespielt hatte. Sollte ich darauf dem Betriebsrat den Vorwurf machen, daß er als Maler die Kulissen von »Kolberg« angestrichen hätte.

Daß einem von den 60–70000 Juden, die im Sommer 1940 in Berlin wohnten, aufgrund des Films ein Leid zugefügt wurde, ist von keiner Seite behauptet worden. Daß z. B. die eine Schlagzeile des »Daily Express« vom 24. März 1934 »Judea declars war on Germany« den Juden schwer geschadet hat, ist erwiesen.

»Die Rothschilds» (Aktien für Waterloo) war so schwach und unbedeutend, daß dies Machwerk in der filmischen Nachkriegsliteratur vielfach nicht erwähnt wurde. In der deutschen Ausgabe von »Le cinema Nazi« der französischen Autoren Francis Courtade und Pierre Cadars heißt es: » … ist theatralisch und geschwätzig und kommt über die Mittelmäßigkeit einer großen Zahl historischer Nazifilme nicht hinaus.«

Der Stoff behandelt den bekannten Börsencoup von Nathan Rothschild in London, bei dem er durch Agenten das Gerücht verbreiten ließ, daß die Engländer 1815 bei Waterloo durch Napoleon besiegt worden seien. Tatsächlich hatte der britische Feldmarschall Wellington die Franzosen geschlagen. Aufgrund der Falschmeldung entstanden vorübergehend katastrophale Kursverluste der englischen Staatspapiere. Rothschild kaufte die Obligationen und wurde über Nacht Millionär, als die wahre Siegesmeldung in London eintraf.

Das Thema wurde auch nach 1945 unter dem Titel »Rothschild siegt bei Waterloo« auf deutschen Bühnen gezeigt.

Am Morgen der Schlacht hatte der Kaiser eine Ansprache an seine Offiziere gehalten: »Ich sage Ihnen: Wellington ist ein schlechter General, die Engländer sind schlechte Soldaten. Vor dem Mittagessen sind wir mit der Sache fertig.«

Die Disposition für den Film – die Bestimmung des Einsatzes in dem jeweiligen Uraufführungshaus von Berlin – erfolgte duch den UFA-Vorstand. Bei politischen Filmen geschah dies im Einvernehmen mit dem Propagandaministerium.

In der Rückblende könnte man über die Begründung meiner Nichteinstellung lachen. Damals war es in Deutschland möglich, daß ein ehemaliger Reichstagsabgeordneter, der 1933 für das Ermächtigungsgesetz gestimmt hatte, Kultusminister in Baden-Württemberg wurde. Mit jenem Gesetz vom 24.3. »zur Behebung der Not von Volk und Staat« wurden Grundlagen der Weimarer Verfassung außer Kraft gesetzt. 1959 ehrte eine Urkunde den Herrn als einen »liberalen Mann, der sein Leben lang für die Würde des Menschen eingetreten ist«.

Ein politisch Unbelasteter, der sich um einen bedeutungslosen Posten als Sachbearbeiter in einer Filmatelierverwaltung bewarb, wurde abgewiesen. Abgewiesen, weil er von Amts wegen einen Film öffentlich vorführen lassen mußte. Ich hatte nicht die Wahl, den Film zu spielen oder abzulehnen.

Da für mich kein Grund bestand, einen Gang nach Canossa anzutreten, blieb ich zu Hause.

Wait and see.

Nach Beendigung der optischen Blokkade hatten wir in »Die Kurbel« von Westberlin Gelegenheit, »Vom Winde verweht« zu sehen. Das erste Filmepos von über drei Stunden Länge zog die Besucher jahrelang in den Bann. Während des Krieges war schon eine Beutekopie im Propagandaministerium gezeigt worden, von der Dr. Goebbels beeindruckt war. Nach einjähriger Laufzeit hatte man noch Schwierigkeiten, Karten zu bekommen. Als der Schauspieler Aribert Wäscher das Kino aufsuchte, wurde ihm im Gedränge des Foyers seine Taschenuhr entwendet. Das war eine Pointe für »Die Insulaner«, von der wir im RIAS hörten:

»Nachdem Aribert Wäscher
ein Film sich angeschaut,
da wollt' er auf die Uhr sehn,
doch die Zwiebel war geklaut.
Man fragte, ob die Leinwand
den Wäscher so gebannt,
»nee, nee«, sprach da der Aribert,
ich spürte schon ne Hand!
Doch dacht' ich nicht an Taschenuhr-Entnahme,
ich hoffte, was da krabbelt, is ne Dame!«

Eines Tages klopfte die Deutsche Film AG bei mir an und ließ mir bestellen, daß ich mich bei Herrn Rimmler melden möchte. Der Betriebsrat war wegen Unregelmäßigkeiten entlassen worden und meiner Einstellung stand nichts mehr im Wege. Das ehemalige UFA-Gelände war noch von der Roten Armee besetzt und die Einrichtung teilweise demontiert. Die DEFA arbeitete in dem früheren Althoff-Atelier. Dort erhielt ich eine Anstellung mit 300,– Anfangsgehalt. Die Arbeit war interessant, denn ich mußte öfters in die Aufnahmehallen und konnte so das Entstehen von »Wozzeck« verfolgen. Daß Kurt Meisel mich manchmal in seinem Wagen mitnahm, fand ich besonders nett. Der damalige Generaldirektor der DEFA, Lindemann, bestellte mich bei Gelegenheit in die Zentrale am Dönhoffplatz. Dort teilte er mir mit, daß die DEFA in Kürze verschiedene Kinos übernehmen und ich als Theaterleiter eingesetzt werden würde.

Im Atelier erlebte ich zum ersten Mal eine politische Schulung. Ein russischer Oberleutnant führte sie durch. Wir staunten über seine profunden Kenntnisse. Als wir es einmal wagten, ihn auf einen besonders groben geschichtlichen und berechnungsmässigen Fehler aufmerksam zu machen, erwiderte er: »Ich bin nicht hierhergekommen, um mich von Ihnen belehren zu lassen, sondern Sie haben meine Belehrungen entgegen zu nehmen.« Das war erfrischend deutlich.

Als ein beliebter Kollege von der Requisitenkammer verhaftet wurde, und wir niemals den Grund der Festnahme und auch nicht den Aufenthaltsort des Mannes erfuhren, schlichen sich bei uns Mißtrauen und Angst ein. Zu der Zeit fiel mir auf, daß sich verschiedene Mitarbeiter in den Westen absetzten.

Ich war froh, wieder arbeiten zu können, hielt mich von jeder Politik heraus und hatte trotz der Gängelei Mut gefaßt.

Es kam anders. Ein Krankenhausarzt hatte auf Grund einer Fehldiagnose das Auffüllen meines Pneus eingestellt. Durch den Wegfall dieser Schutzmaßnahme und die Auswirkungen des ständigen Hungerns wurde mein Leiden wieder aktiv. Nach über einjährigem Krankenhausaufenthalt bezog ich ab 27.1.48 eine monatliche Invalidenrente von 78,30. Obwohl ich in Mathematik die Note fünf hatte, konnte ich auch ohne Rechenschieber ermitteln, daß von diesem Betrag nicht zwei Personen leben könnten. Bei »Vater Staat« anzuklopfen, lag uns beiden nicht und meine Frau nahm eine Halbtagsstellung als Kassiererin an. Im September 1950 wurde ich bedingt arbeitsfähig. Da ich von der DEFA entlassen war, bewarb ich mich bei der Staatlichen Handelsorganisation in Potsdam. Der Personalchef war mit meiner Einstellung einverstanden, schickte mich aber zuvor zu dem betreffenden Abteilungsleiter, da er kein Fachwissen hatte. Dieser Herr lehnte mich mit der Begründung ab, daß sie keine Leute gebrauchen, die zwar wissen, wie man Zarah Leander einen Handkuß gibt, aber keine Bilanz lesen könnten. Als ich nach vier Wochen erfuhr, daß jener witzige Herr abgelöst war – in den Diktaturen verschleißen sich die ersten Garnituren schnell – versuchte ich mein Glück nochmal. Diesmal klappte es und schon am 20.4.1951 wurde ich zum Hauptkassierer ernannt. Mit meiner selbständigen Stellung war ich durchaus zufrieden. Leider waren wir einem ständigen politischen Druck ausgesetzt. Die Spendenforderungen für politische Zwecke nahmen kein Ende. Sie wurden während des Dienstes ebenso verlangt wie die Unterschriften für Abonnements von Zeitungen oder Zeitschriften und »Resolutionen«. Eines Tages kam einer unserer Berufsspitzel, den wir wegen seiner Ähnlichkeit mit Ulbricht den »Spitzbart« nannten, in mein Büro und sagte wörtlich zu mir: »Ich muß Sie ersuchen, in die ›Deutsch-Sowjetische Freundschaft‹ einzutreten.« Auf meine erstaunte Frage, wer ihn zwingen würde, ein Ersuchen an mich zu richten, erwiderte er, daß diese Werbung zu seinen allgemeinen Aufgaben gehören würde. Ich antwortete ihm, daß eine Freundschaft, genau so wie eine gute Ehe, von beiden Seiten gewünscht sein müßte. Wenn ein Teil dabei unter Zwang stehen würde, wäre es besser, eine solche Verbindung nicht einzugehen. Zwei Tage später warnte mich ein Mitarbeiter der »Abteilung Schulung« vor solchen Antworten, da diese »schriftlich festgehalten« werden. Die Werbung für diese »Freundschaft« nahm solche grotesken Formen an, daß man sich nicht scheute, Goethe als Anhänger dieser Vereinigung anzuführen, falls er noch am Leben wäre.

Wir wurden auch aufgefordert, politische Briefe nach Westdeutschland zu schreiben, die dem »Großen Bruder«, der SED, zur Zensur vorgelegt werden mußten. Als ich in meinem ersten und letzten Schreiben von dem »Germania irredenta« (unerlöstes Deutschland) sprach, vermutete man dahinter eine »faschistische« Formulierung und verlangte von mir Aufklärung. Ich konnte den Herren Aufschluß geben, daß dies Wort im Sinne von Goethe, den sie in der Schulung wiederholt anführten, in einem seiner Briefe an Eckermann gemeint war. Dort heißt es: »Mir ist nicht bange, daß Deutschland nicht eins werde. Vor allem sei es eins in der Liebe untereinander und immer sei es eins, daß der deutsche Taler und Groschen im ganzen Reiche gleichen Wert habe. Eins, daß mein Reisekoffer durch alle deutschen Lande passieren könne.«

Dieser Text paßte so gar nicht in die aufkommenden Abgrenzungsparolen. Offiziell grüßten noch in Stadt und Land die großen Schriftzüge: Deutsche an einen Tisch!

Der Leiter unserer Werbeabteilung hatte mir mitgeteilt, daß die SED ihn aufgefordert hatte, die Parolen »Nie wieder Krieg!« aus den Fenstern der HO-Läden nehmen zu lassen.

In einem Auto-Atlas von 1950, den das SED-Zentralorgan »Neues Deutschland« herausgab, hieß es, daß es »höchstes Ziel unseres Volkes sei, die Schlagbäume zwischen Ost und West niederzureißen«. In diesem Sinne verkündete einer der ostzonalen Dichtergrößen:

> »Schumacher, Schumacher, Dein Schuh ist zu klein, da paßt doch nicht ganz Deutschland rein.«

Kurt Schumacher war Vorsitzender der SPD und ihr Oppositionsführer im Bundestag.

Manchmal hatten wir den Eindruck, daß die Funktionäre uns den Status von politischen Analphabeten zubilligten. Kein Wunder, daß die Schulung bald als »Märchenstunde« bezeichnet wurde.

Da staatliche Bevormundung, Indoktrination und Einengung des persönlichen Freiheitsraumes unser Leben insgesamt überschatteten, hatten wir uns abgewöhnt, die Redner wegen ihrer oft absurden Ausführungen zur Rede zu stellen. Deswegen wollten wir nicht Schikanen und beruflichen Nachteilen ausgesetzt sein.

Die »Newspeak« im Sinne von Orwell »1984« und die damit verbundene parteigelenkte Gehirnwäsche beherrschten die Redner mehr schlecht als recht. Wenn man ein Kriegsministerium als Friedensministerium bezeichnet und weitere Umkehrungen von Sprachbegriffen vornimmt, kann dies zu einer Verwirrung in der Bevölkerung führen. Wenn Herr Honecker die Existenz zweier deutscher Staaten als »Glück für die Menschheit« bezeichnete, so ist das nicht nur zynisch, sondern auch typisch für die bei ihm herrschende Rabulistik. Recht, Freiheit und Humanität sind unteilbar.

Da nützt es auch nichts, wenn die SED den Alten von Sanssouci wieder »rehabilitiert« hat und ihn »Unter den Linden« reiten läßt. Von Friedrich II stammt das Wort, daß bei ihm »jeder nach seiner Façon selig werden kann«. Er konnte die Tore seines Landes öffnen, um die religiös und politisch Verfolgten aufzunehmen. Die Siedlungen der Hugenotten und Refugiés zeugen noch heute von der Liberalität des Fridericus Rex. Von ihm erging der eigenhändig geschriebene Erlaß, daß »die Gazetten nicht geniret werden dürfen«. Sein überragender Geist konnte auf eine »redigierte« Einheits-Presse verzichten.

Ein Redner konnte mit einer politisch-literarischen Novität aufwarten. Er teilte uns mit, daß er sein Wissen aus einem Werk beziehen würde, das aus dem Russischen ins Deutsche übertragen wurde. Es hieß »Das Kapital«.

Ob es an der Übersetzung oder dem dürftigen Wortschatz des Vortragenden lag, wenn wir die Lehre nicht verstanden, vermochte ich nicht zu beurteilen. Der Funktionär konnte uns nicht von der Richtigkeit der »Expropriation der Propiateure« überzeugen. Vielleicht lag es auch daran, daß wir zu viele Einzelheiten aus dem Mund von Sowjetsoldaten über die Zustände in der UdSSR erfahren hatten.

Ein besonders geschulter Kursusleiter konnte sogar den spröden Stoff mit Humor würzen. Nachdem er mehrmals das Wort Homogenität benutzt hatte, fragten wir ihn nach Beendigung seines Vortrages, was das Wort bedeute. Er zögerte kurz und erklärte: »Homogenität, das ist eben die Ho - mo - ge - ni - tät.«

Einem Parteiredner hörten wir mit Interesse zu. Er hatte gute Allgemeinbildung, politisch-militärische Kenntnisse und beherrschte auch die Kunst des Vortrages. Bei seinem Wohnungsumzug von der Mark nach Ostberlin floh er in die Schweiz.

Ein besonderes Intermezzo für die öde Schulung brachte ebenfalls ein »Genosse Dozent«. Zum Schluß eines Unterrichtes verteilte er Zettel an uns, die ein hektographiertes »Kampflied« enthielten. Den Text sollten wir auswendig lernen und ihn in der nächsten Stunde singen. Als es in der kommenden Woche so weit war, entnahm der Redner einem Geigenkasten eine Violine und spielte die Melodie, zu der wir singen sollten. Nur drei Genossen fielen zaghaft ein und wir merkten, daß sie den Text nicht beherrschten. Der Musikant brach ab und gab einen neuen Einsatz. In dieser kurzen Pause hatten wir »Unpolitischen« uns mit einem Blick und dem Kennwort »Mantua« verständigt, daß wir den Text zu der uns bekannten Melodie mitsingen würden und stimmten lautstark ein:

»Zu Mantua in Banden der treue Hofer war,
zu Mantua in Schanden führt ihn der Feinde Schar ...«

Der Schulungsleiter brach sein Geigenspiel ab und fragte, was wir da singen würden. Wir konnten ihm antworten, daß wir keinen anderen Text zu der Melodie kennen würden. In Zukunft fand kein Gesangsunterricht mehr statt.

Die Flucht eines höheren Ex-Funktionärs hätte beinah den Verlust meines Postens bedeutet. Der ehemalige Oberbürgermeister Paul von Potsdam war ohne Bekanntmachung abgesetzt worden und hatte stillschweigend einen Posten in unserer Verwaltung bekommen. Eines Tages kam eine Dame in mein Büro, sagte, daß sie Frau Paul wäre und bat mich um das erste Gehalt ihres Mannes, da er krank geschrieben sei. Ich bedauerte, es ihr nicht ohne Vollmacht geben zu können. In dem Augenblick betrat unser Hauptbuchhalter, Herr Gerbig, die Kasse und begrüßte die ihm bekannte Frau. Als sie ihm mitteilte, daß ich mich weigerte, ihr das Gehalt zu geben, ordnete der Prokurist an, das Geld auszuhändigen.

Am nächsten Tag verkündeten westliche Zeitungen: Ex-Oberbürgermeister Paul von Potsdam nach Westberlin geflohen. Kaum hatte ich die Meldung erfahren, als ich von dem Personalchef Kalina angerufen wurde, daß das Gehalt von Genosse Paul gesperrt sei. Auf meine Antwort, daß seine Frau es schon auf Veranlassung von dem Hauptbuchhalter bekommen hätte, erwiderte er, daß dies ein Nachspiel für mich haben würde, Obwohl der Fall klar war, führte das SED-Sekretariat darüber eine Untersuchung durch. Die Angestellten dieser Institution bezogen ihre Gehälter von der HO. Sie befanden, daß ich mich einwandfrei in der Sache verhalten hätte.

Ein politisches Ereignis ersten Ranges stand bevor: Mao-Tse-Tung kommt nach Potsdam.

In sämtlichen Diensträumen der HO-Landesleitung – natürlich auch in der ganzen Ostzone – mußten Spruchbänder und Begrüßungsparolen angebracht werden. Mit der diesbezüglichen Aufforderung an uns wurde die Mitteilung verbunden, daß die SED unsere Maßnahmen kontrollieren würde, Trotz der ungehörigen Kontrolldrohung ließ ich von der Mitarbeiterin, die für mich schrieb, den Satz anbringen: »Alt und jung grüßt Mao-Tse-Tung.« Gestanzte Buchstaben hatte man uns reichlich geliefert. Es kam eine Funktionärskommission, ging durch die Räume und begutachtete die Vorkehrungen für den chinesischen Gast. Mit der Parole waren sie einverstanden und ein Genosse kam zu der Feststellung: »Das reimt sich ja auch.« Drei Stunden danach wurde ich von dem Parteisekretariat angerufen, daß ich »die billige Jahrmarktreimerei« wieder entfernen sollte.

Auf meine Frage, ob der über fünfzehn Meter lange Text vor dem Bahnhof Friedrichstraße: »Schickt Reuter in die Türkei, dann ist Berlin wieder frei!« geistreicher und stilistisch vollendeter wäre, erhielt ich keine Antwort.

Am Nachmittag des nächsten Tages wurde der Staatsbesuch abgesagt und der ganze Aufwand samt Zeitverlust und die Herstellung der chinesischen Fahnen erwiesen sich als Leerlauf.

Am 19.12.1952 bekam ich ein Zeugnis von der HO, dessen letzter Satz lautete: »Sein Ausscheiden erfolgt am 5.1.1953 auf Grund der Liquidierung der Landesleitung.« 02 Personal – gez. Geffke

Ein unvergessliches Weihnachtsbonbon. Mir fiel die Schulung ein: Im Mittelpunkt steht der Mensch. Unsere Sorge gilt dem Menschen und ist für den Menschen bestimmt.

Bei dem Wort Liquidierung lief mir ein Schauer über den Rücken. Bald danach wurden mehrere Kollegen und ich von einer HO-Dienststelle angefordert und meine berufliche Existenz schien gesichert. Ehe es dazu kam, berichtete mir ein Mitarbeiter der Abteilung Revision, daß der Parteisekretär jener HO-Stelle die Übernahme von uns beiden abgelehnt hätte.

Zu Beginn des neuen Jahres schrieb ich zahlreiche Bewerbungen. Entweder blieben sie unbeantwortet oder ich bezog Absagen. Verschiedene Betriebe hatten die Parole »Spare mit jedem Pfennig, mit jedem Gramm, mit jeder Minute!« zu wörtlich genommen. Sie schickten meine Unterlagen unterfrankiert zurück und ich mußte das Nachporto entrichten.

Warum mein Antrag auf Arbeitslosenunterstützung abgelehnt wurde, konnte ich nicht erfahren. Einmal erklärte man, daß mein Gesuch zu spät abgegeben wurde. Als ich nachweisen konnte, daß dies nicht stimmen würde, führte man als Begründung den Verdienst meiner Frau in ihrer Halbtagsstellung an.

Darauf richtete ich ein Schreiben mit der Bitte um Beschäftigung an das Ministerium für Arbeit, Berlin N 4, z. Hd. von Herrn Minister Chwalek.

Der Herr war von 1930-1933 Reichstagsabgeordneter der KPD. Er konnte mir sicher helfen, meinen verfassungsmäßigen Rechtsanspruch auf Arbeit durchzusetzen. An dem Karl-Liebknecht-Haus in Berlin stand jahrelang: »Für Arbeit, Brot und Freiheit«.

Auf die Freiheiten von Wort und Schrift oder des Reisens, des beliebigen Empfangs von Bild und Ton aus dem Äther mußten wir verzichten. Ebenso auf die Freiheit einer unbeschränkten Berufsentscheidung. Überall stand das Veto des »Big brother«. Das Verlassen des Landes, in das Millionen von Einwohnern infolge der Kriegswirren zufällig verschlagen worden waren, wurde über Nacht strafbar. Aus dem Vermerk »In den Westen abgesetzt« auf den Lohnkonten wurde »Republikflucht« konstruiert. Das klang fast so, als ob wir zu einer Art Staatssklaven ohne Aussicht auf Befreiung eingestuft wurden.

Das Recht auf Arbeit wollte ich aber nicht preisgeben.

Ein solcher Verzicht hätte für mich den Entzug von Lebensmitteln bedeutet, auf die ich, um meine Arbeitskraft zu erhalten, angewiesen war.

Minister Chwalek aus Berlin antwortete mir, ich solle doch berücksichtigen, daß die Betriebe ihre Arbeitskräfte selbst werben und einstellen können und die Abteilung Arbeit und Berufsausbildung den Betrieben nur Arbeitskräfte nennen kann. Es sei deshalb notwendig, die Abteilung Arbeit zu unterstützen und mich selbst bei einzelnen Betrieben zu bewerben.

Als ich das Schreiben dem Arbeitsamt vorlegte, sagte die jugendliche Mitarbeiterin: »Wir haben keine Arbeit, und wenn der Minister welche hat, kann er sie Ihnen ja geben.«

Ich gab meine Bemühungen nicht auf und stand nach einigen Wochen im Personalbüro eines Konfektionsbetriebes in der Ostberliner Greifswalderstraße. Die Firma hieß »VEB Treffmodelle« und hatte per Inserat einen Gehaltsbuchhalter gesucht. Es waren über zehn Bewerber versammelt. Einer von den Anwärtern, der wenig Ahnung von der Materie hatte, wurde eingestellt. Der Mann war ich. Meine Anstellung war für mich bald mit einem ungewöhnlichen Gewinn verbunden. Für »qualifizierte Arbeit« erhielt ich eine Prämie in Form von Stoff und konnte mir davon einen Anzug machen lassen. Einen weiteren Anzug von der Ausschußware konnte ich billig erwerben.

Bei einem innerbetrieblichen Wettbewerb mit Musik, Kernsprüchen, Parolen und warmen Würstchen war Schund produziert worden, den man nicht dem Handel anbieten konnte. Der unverkäufliche Ramsch hatte einen derartigen Umfang angenommen, daß für seine Unterbringung ein Schuppen gemietet werden mußte. Für die Bewachung des Lagers wurde ein Wächter mit Hund eingestellt. Da der Schuppen undicht war, drang Regenwasser ein und ein Teil der Bekleidung begann zu schimmeln.

Während einer Betriebsversammlung machte ein Genosse den Vorschlag, die »schwer absetzbare Ware« an die Volksrepublik China zu verkaufen. (Alt und jung grüßt Mao-Tse-Tung.) Ich konnte nicht verfolgen, wie der Schildbürgerstreich ausging.

Die Krankheitsmeldungen vom Personal mußten im Lohnbüro abgegeben werden und wir konnten daraus die Gründe der Arbeitsunfähigkeit entnehmen. Die Einsicht in die Privatsphäre war für beide Teile peinlich, zumal überwiegend Frauen bei uns tätig waren. Das Krankengeld wurde vom Lohnbüro berechnet und ausgezahlt. Wir wurden auch angehalten, die Erkrankten nach Dienstschluß zu besuchen, was von diesen als Bespitzelung empfunden wurde. So war es auch von der Betriebsleitung gedacht. Es fanden sich Mitarbeiter, die meldeten, daß sie die Kollegin N. abends beim Wäscheplätten angetroffen hätten.

Im Verlauf eines solchen Krankenbesuches bei einer jungen geschiedenen Frau ritt mich der Teufel. Als ich glaubte, daß sie meine Hand beim Verabschieden zu lange drückte, zog ich die Kollegin an mich und küßte sie.

Am nächsten Morgen glaubte ich noch zu träumen, als ein etwa dreijähriges Mädchen mit seidenen schwarzen Locken an meinem Lager stand. Sie betrachtete mich halb ängstlich, halb neugierig und richtete auch ihre erstaunten dunklen Augen auf die unverhüllten Halbkugeln ihrer Mutter, die noch im Schlummer lag.

Ich hatte nicht den Eindruck gehabt, daß die liebenswerte Kollegin krank gewesen ist und fertigte keine Meldung über den Besuch an.

Etwa 1955 kam die Kollegin von der Telefonzentrale weinend an meinen Schreibtisch und legte mir ihre fristlose Entlassung hin. Was war geschehen. Zwei betriebsfremde Techniker hatten eine Störungssuche an der Telefonanlage vorgenommen. Während dieser Zeit hatte die Telefonistin kurz die Schaltzentrale verlassen. Während ihrer Arbeit haben die Techniker – ob aus Versehen oder mit Absicht konnte nicht geklärt werden – die Welleneinstellung des dortgelegenen Radioempfängers berührt. Als die Kollegin zur gewohnten Stunde den Rundfunk einschaltete, hörten wir aus den Lautsprechern: »Hier ist der RIAS Berlin ...« Das Empfangen dieses Senders war damals untersagt. Seine Hörer wurden der SED und Vopo gemeldet. Nachdem die bestürzte Telefonistin ihre Fassung zurück hatte, stellte sie die Geräteskala auf Ostberlin ein. Als Grund für die fristlose Kündigung wurde angegeben, daß sie es nach ihrer Rückkehr auf den Arbeitsplatz versäumt hatte, die Welleneinstellung zu überprüfen.

Noch unglaublicher war eine andere fristlose Entlassung. Zwei Schneiderinnen von uns hatten in einem Westberliner Kino »Solange Du da bist« angesehen. Zu ihrer Verwunderung saß drei Reihen vor ihnen eine Hauptfunktionärin von »VEB Treffmodelle«. Am nächsten Tag erzählten die Kolleginnen lachend und arglos von ihrem Filmbesuch und der Anwesenheit der Genossin in dem Kino. Es wurde »weitergemeldet« und beide Angestellten wurden wegen »Verleumdung« fristlos entlassen. Obwohl die Schneiderinnen bei ihrer Behauptung blieben, stritt die Funktionärin ab, in dem Kino gewesen zu sein. Daß sich eine leitende Genossin zum Gericht in eigener Sache erheben darf, war für mich unfaßbar. Bei der Frau ganz besonders, denn sie hatte die schweren Jahre ihrer Emigration in England verbracht. Ihren liberalen Bruder – einen bekannten Theater- und Filmregisseur – lernte ich später in Westberlin kennen.

Unvermutet erhielt ich vom Arbeitsamt die Aufforderung, zu meiner Entlassung Stellung zu nehmen, die von der Firma beantragt worden war. Als Schwerbeschädigter stand ich unter Kündigungsschutz. Ich empfand es als befremdend, daß man mir meine beabsichtigte Kündigung verheimlichte und ich davon über das Arbeitsamt erfuhr. Das Amt verweigerte die Erlaubnis.

Nach dem Versuch der Firma, mich abzuschieben, bewarb ich mich als Empfangssekretär im »Hotel Johannishof« am Bahnhof Friedrichstraße. Ich mußte mich im Gästehaus der Regierung am Wilhelmplatz vorstellen. Der zuständige Herr war mit mir einverstanden, sagte aber, daß ich noch nicht kündigen solle, da die letzte Entscheidung über meinen Eintritt bei der SED liegen würde. Ich wurde abgelehnt.

Im Spätsommer 1956 teilte mir ein Genosse mit, daß »VEB-Treffmodelle« wiederum meine Entlassung beim Arbeitsamt beantragt hatte, es geschah abermals hinter meinem Rücken. Der Kollege, von dem ich die Nachricht bekam, wollte sich erkenntlich zeigen, weil ich beim Einbehalten seines Gehaltsvorschußes entgegenkommend war.

Da die Partei schon zweimal meine beruflichen Pläne vereitelt hatte, ein dritter Versuch war an dem Arbeitsamt gescheitert, konnte ich nicht abwarten, wie ein vierter Vorstoß ausgehen würde. Ich wollte nicht länger der Willkür von anonymen Funktionären ausgeliefert sein.

Ich beschloß, nach Westberlin zu gehen.

Meine Frau wollte diesen Schritt ins Ungewisse, der mit einem abermaligen Verlust unserer Habe und langer Wohnungslosigkeit verbunden sein würde, nicht mitmachen. Außerdem hatte der ehemalige Regierende Bürgermeister Reuter schon 1953 mögliche Flüchtlinge öffentlich gewarnt: »Berlin ist nicht unbegrenzt aufnahmefähig.«

Für mich war der Würfel gefallen.

Außenfront für III. Internationale Filmfestspiele Berlin, 1953

Der neue Gloria-Palast

Am 7. September 1956 stieg ich mit einer Aktentasche am Bahnhof Zoo aus. Nun stand ich wieder an meiner »alten Ecke«. Die mir vertrauten Häuser, die noch stehen geblieben waren, hätte ich am liebsten gestreichelt. Unzählige Male bin ich hier entlanggegangen. Mit meinen Brüdern, Fräulein Grete, den Gefährten meiner Jugend. Wie oft hatte ich unter der »erotischen Normaluhr« gestanden. Gegen meine sonstige Gewohnheit wurde ich sentimental. Aber dazu war jetzt nicht die Zeit, denn es kamen genug Probleme auf mich zu.

Das vorübergehende Wohnen im Notaufnahmelager von Mariendorf, wo häufig über 2000 Flüchtlinge eintrafen, blieb mir erspart. Zuerst meldete ich mich bei der UFA in der Budapesterstraße, die mich im Januar 1944 an den Filmvertrieb »ausgeliehen« hatte. Abgesehen davon, daß ich den früheren Kollegen bekannt war, ist auch meine Personalakte erhalten geblieben.

Auf ein Entree, wie es damals Karl Napp auf einer Bühne spielte »Ich komme aus dem Osten, brauche einen besseren Posten. Papiere alle verbrannt, den Führer nur flüchtig gekannt«, war ich nicht angewiesen. Die Firma war großzügig und zahlte mir zehn Prozent von drei Monatsgehältern aus, obwohl ich darauf keinen Rechtsanspruch hatte. Nach einer Verordnung der Alliierten, waren die alten Arbeitsverträge annulliert. Leider hatte man keine Beschäftigung für mich.

Darum war mir nicht bange, denn in den Zeitungen erschienen genug Stellenangebote.

Ein bescheidenes Zimmer in der Grolmanstraße war bald besorgt. Ein Stellengesuch gab ich bei dem Verband der Berliner Filmtheaterbesitzer ab, falls dort eine Anfrage einginge.

Mein Wirt klärte mich auf, daß mir Arbeitslosenunterstützung zustehen würde. Nach meinen trüben Erfahrungen in Babelsberg wollte ich es kaum glauben. Da der Wirt aber drängte – vielleicht hatte er Angst um seine Miete – füllte ich auf dem Arbeitsamt in der Friedrichstraße einen Antrag aus. Tatsächlich habe ich zwei Zahlungen erhalten.

Der »Berliner Morgenpost« entnahm ich, daß die Buchhandlung »Heinrich Heine« am Bahnhof Zoo einen Mitarbeiter für »Aufsicht und Kasse« suchte.

Mit einem leicht retuschierten Lebenslauf für die Berufszeit vor 1933 – man hatte ja keine Krankheitsgeschichte verlangt – erhielt ich den ausgeschriebenen Posten. Später sagte mir der Prokurist, daß bessere Bewerber vorgesprochen hätten. Seine Wahl fiel auf mich, weil wir das gleiche Geburtsdatum hatten und er auch Flüchtling war.

Wenn man an einem solch städtischen Brennpunkt stand, wurde man bald von alten Bekannten entdeckt. Als erster sah mich mein Schulfreund Dr. Hesse, der ein paar Schritte weiter, im Bundesverwaltungsgericht, sein Büro hatte. Eine frühere UFA-Sekretärin, die noch mit der Branche in Verbindung stand, erspähte mich ebenfalls. Wir verabredeten ein Treffen bei »Schilling« und sie brachte eine Neuigkeit mit. Der Theaterleiter, der seit dem Wiederaufbau von 1953 im »Gloria-Palast« tätig war, hatte gekündigt, um sich als Offizier reaktivieren zu lassen. Das war eine seltene Chance. Ich reichte bei der Firma in Halensee meine

Bewerbung ein und stand nach einigen Tagen vor Herrn Max Knapp, dem Hausherrn und Mitinhaber. Sein Name war mir natürlich bekannt. Ich wußte von seiner brillanten Karriere und seiner Pioniertätigkeit in der Branche. Außerdem war er ein Mann von Niveau und Format, hoher Bildung und Kultur. Herr Knapp war bereit, mich einzustellen und ich sollte bald anfangen, damit der jetzige Leiter mich noch einarbeiten könne.

Bei »Heinrich Heine« war man enttäuscht, daß ich von meinem täglichen Kündigungsrecht Gebrauch gemacht hatte, wie es für drei Monate vereinbart war.

Der neue Gloria-Palast steht etwa an der Stelle des zerstörten Gebäudes. In der glatten Front eines Bürohauses entstand ein großzügiger Eingang mit weit leuchtendem Vordach. Die helle Kassenhalle mit zwei Schaltern bekam hohe Vitrinen. Von einem Warteraum im Erdgeschoß gelangte man über eine elegant geschwungene Freitreppe in das stilvoll ausgestattete Parkettfoyer mit einer Bar. Die Umgänge enthielten vier Türen zu dem luxuriösen Theatersaal mit Holztäfelung und intimer Beleuchtung. Das Haus hatte 950 Polstersessel, von denen 150 im Rang lagen. Die Bühne hatte genügend Tiefe, um bei festlichen Anlässen ein kleines Orchester spielen zu lassen. Das Künstlerzimmer lag ebenfalls im Parkett. Die technische Einrichtung mit drei Projektoren erfüllte optimale Bedingungen für Bild und Ton. Eine moderne Klimaanlage sorgte für angenehme Temperaturen und ein Fahrstuhl für weiteren Komfort. Das Kino verfügte über eine eigene Malerwerkstatt.

Eine strahlende Fassade mit künstlerisch gestalteten Reklameflächen gab nicht nur dem Haus Glanz und Licht. Die zehn Meter hohe Metallfahne mit untereinander gesetzten weißen Neonbuchstaben GLORIA wurde zum weithin sichtbaren Wahrzeichen für die alte »romanische Ecke« und den Kurfürstendamm.

Das erste Berliner Großkino nach dem Krieg war erstanden. Der Tatkraft von Herrn Max Knapp war es zu verdanken, daß sich der Phönix nach einem Jahrzehnt aus der Asche erheben konnte und unter seinem Flügelschlag ein repräsentatives Lichtspieltheater geboren wurde.

Wie 1926 war es auch 1953.

Die Eröffnung des Hauses wurde ein gesellschaftlich-kultureller Höhepunkt.

Der Regierende Bürgermeister von Berlin, Ernst Reuter, nahm an der Einweihung der Stätte teil und widmete ihr folgende Grußadresse:

»›Wieder ein neues Kino!‹ höre ich schon manchen Berliner sagen, wenn er die Ankündigung von der Eröffnung des Gloria-Palastes liest. Ich glaube aber, in diesem Falle darf man sich wirklich freuen, denn der alte Gloria-Palast war mehr als ›ein Kino‹; er war ein Begriff über die Grenzen des filmfreudigen Berlins der Vorkriegszeit hinaus und galt als eines der repräsentativsten Filmtheater der Stadt. Wie so vieles, fiel auch der Gloria-

Treppenaufgang vom Parterrefoyer zum Parkett

Palast der Zerstörung durch den Krieg zum Opfer. Aus den Ruinen wächst in Berlin überall neues Leben empor, vom Wittenbergplatz bis zum Zoologischen Garten und Kurfürstendamm sind neue Gebäude entstanden und im Entstehen. Wenn nun in einer so kurzen Bauzeit, wie sie des Berliner Tempos würdig ist, ein neuer Gloria-Palast entstanden ist, so verpflichtet der alte Name, mit dem so viel deutsche Filmtradition verbunden ist. In diesem Sinne wünsche ich dem neuen Gloria-Palast einen guten Start.«

Herr Knapp begrüßte seine Gäste in der Festschrift mit folgenden Worten:

»Wenn jetzt der Gloria-Palast neu entstanden ist, wird damit wieder eine Lücke im Romanischen Bund um unsere Gedächtniskirche geschlossen. Wir Berliner haben allen Grund, uns darüber zu freuen, denn jeder Neubau ist ein eindrucksvoll-fühlbares Zeichen, daß man uns, unserer Stadt und ihrer Zukunft Vertrauen entgegenbringt. Denn Vertrauen bringt uns Arbeit, und nach der Arbeit brauchen wir auch das Vergnügen: Unterhaltung, Entspannung und Anregung, die ich mit dem neu erstandenen Gloria-Palast unseren filmfreudigen Berlinern spenden will.«

Bei meinem Dienstantritt war »Der Hauptmann von Köpenick« auf dem Programm. Ein Stoff von Carl Zuckmayer. Regie hatte Helmut Käutner, dessen erster Film in dem Haus 1939 der Politik und dem Krieg zum Opfer gefallen war. Seine »Köpenickiade« blieb fast drei Monate auf dem Spielplan, und ich konnte Käutner gratulieren, als wir uns nach zwölf Jahren wiedersahen.

In einem solchen Haus arbeiten zu können, war eine wundervolle Aufgabe.

Nach Lage, Ausstattung, Programmierung und Umsätzen gehörte es zu der deutschen Spitze. Auch die Ausländer haben uns oft ihr Kompliment gemacht. Bei den Filmfestspielen sahen sie ihre Angebote gern auf unserem Spielplan.

Den langen Arbeitstag versah ich gern. Mit dem Vorverkauf um elf Uhr begann mein Dienst. In der Kassenhalle erkannte ich schon zwei alte »Bekannte« wieder. Kartenhändler, die wir schon vor dem Krieg auf Distanz bringen mußten. Jetzt traten sie aufdringlicher und abgebrühter auf. An sie selbst gaben wir keine Karten ab. Sie ließen durch Kinder und Bekannte Billetts besorgen und verkauften diese abends vor dem Haus mit Aufpreisen. Das gab manchen Ärger mit den Kunden, die vermuteten, daß wir mit den wilden Händlern unter einer Decke steckten. Wenn die Polizei mit unserer Hilfe einen Straßenverkäufer auf frischer Tat schnappte, ergingen nur geringfügige Geldstrafen. Die Händler waren manchmal so unverfroren, daß sie verfallene Karten verkauften, mit denen sie hängen geblieben waren. Die Kunden schauten nicht nach dem Datum und an der Kontrolle kam der Schwindel heraus. Wenn die geprellten Käufer behaupteten, daß sie die Karten an unserer Kasse bekommen hätten und ich für die Irrtümer meiner Mitarbeiter aufzukommen habe, war der Ärger perfekt. Als die

Blick vom Rang links in das Parkett mit Bühne, 1957

Händler immer dreister und die Beschwerden häufiger wurden, mußte durchgegriffen werden. Ich suchte unser Polizeirevier auf und besprach mit dem Vorsteher einen Plan, der in Verbindung mit der Gewerbepolizei durchgeführt wurde. An einem Sonnabend vor 18 Uhr kauften einige Beamte in Zivil die verteuerten Karten bei verschiedenen Händlern. In zwei Fällen wurden wieder verfallene Billetts ausgehändigt. Dann fuhr ein geschlossener Polizeiwagen vor, mehrere Uniformierte sprangen ab und ehe die überraschten Schwarzhändler die Situation erfaßten, wurden sechs von ihnen festgenommen und zum Revier gebracht. Vier von ihnen wurden in einem Gerichtsverfahren zu Geldstrafen verurteilt. Nach diesem Einsatz hatten wir für einige Zeit Ruhe.

Es kam aber eine Zeit, da ich mich nach dem Ärger mit den wilden Händlern zurücksehnte. Als wir nämlich von gewissen Machern Filme spielen mußten, die mit Steuergeldern hoch subventioniert waren und vor leeren Häusern liefen.

Anfang November, als mein Kollege

Außenfront für IV. Internationale Filmfestspiele Berlin, 1954

seinen freien Tag hatte, meldeten sich zwei Herren, die sich als ungarische Geschäftsleute auswiesen und in Berlin ansässig waren. Sie baten mich um eine vertrauliche Besprechung, in der sie erklärten, daß sie den Freiheitskampf ihrer Landsleute gegen den Einfall der Russen in Ungarn moralisch und finanziell unterstützen wollen. Der Zweck ihres Besuches war, mich zu fragen, ob das Theater ein Diapositiv zeigen könnte, mit dem die Völker der Welt zur Unterstützung des Abwehrkampfes gegen den Ansturm der Roten Armee aufgerufen werden.

Bei aller Sympathie für den ungarischen Freiheitskampf und die hiermit verbundene gemeinsame Sache der freien Welt, mußte ich dies Anliegen zu meinem Bedauern ablehnen.

Der Viermächtestatus hätte nicht zugelassen, daß eine Art ungarische Legion auf dem Berliner Terrain entsteht. Rechtlich gesehen war unsere Diareklame verpachtet und die Werbegesellschaft hätte einen derartigen SOS-Ruf niemals einschalten lassen.

Herrn Knapp brauchte ich den Fall nicht zur Entscheidung vorlegen, denn er hätte ebenfalls nicht anders handeln können.

Meine Antwort fiel mir sehr schwer. Noch lange sah ich die besorgten und enttäuschten Gesichter der Ungarn vor mir.

Als ich an einem Sonntag niedergeschlagen vor dem Haus stand, weil die 18-Uhr-Vorstellung nicht ausverkauft war, fragte mich die Gattin eines bekannten Berliners, warum ich so bedrückt sei. Ich erklärte es ihr und war über die Antwort erstaunt: »Das kann Ihnen doch egal sein, Sie kriegen ja Ihr Gehalt sowieso.«

Solche Wochenendtage waren aber selten. Die Verleiher boten uns ihre besten Filme an und wir erzielten erstaunliche Laufzeiten. Wenn ich heute ein Foto von 1958 betrachte, auf dem man sieht, daß unsere Gäste bei strömendem Regen um elf Uhr in Dreierreihen nach Karten für »Das Wirtshaus im Spessart« anstanden, so ist damit viel gesagt. Den Rekord mit 119 Tagen erreichte 1960 der Fellini-Film »Das süße Leben«. 1985 wurde diese Laufzeit mit AMADEUS von Milos Forman – ausgezeichnet mit 8 Oscars – weit überholt.

Viele Kinobesucher, die keine Freunde vom Lesen sind oder nie den Weg ins Theater fanden, lernten durch den Film erst die großen deutschen Literaten kennen. Wolfgang von Goethe, Gerhart Hauptmann, Thomas und Heinrich Mann, um nur einige zu nennen.

Bei meinem Eintritt in das Haus hatten wir fünfunddreißig Mitarbeiter. Personelle Engpäße gab es damals nicht. Als wir einen Vorführer fristlos entlassen mußten, hatten wir mit seinem Nachfolger besonderes Glück. Es ist Herr Hansmann, ein zuverlässiger und intelligenter Mann mit Verständnis und Gespür für den gesamten technischen Ablauf in dem Kino. Da wir in Herrn Knapp einen Chef hatten, der für Investitionen stets bereit war, von deren Richtigkeit er überzeugt war, hatten wir in dem Haus den laufenden Anschluß an die moderne Technik.

Als unsere Gesellschaft am 28. Mai 1957 den Zoo-Palast eröffnete, stellten wir bei mir das Saalpersonal ein. Es meldeten sich über zweihundert Anweiserinnen und es war eine stundenlange, anstrengende Arbeit, die zehn passenden Damen heraus zu suchen. Als es geschehen war, kamen uns Zweifel, ob wir die richtigen gewählt haben. In der Zeit konnte man notfalls auf die angefallenen Reserveadressen zurückgreifen. Zwei Jahre später war dies nicht mehr möglich, weil die ehemaligen Bewerberinnen längst einen anderen Posten angenommen hatten.

Jahre nach der Eröffnung des »Zoo-Palast« trat dort Klaus Kinski in einer Matinee auf. Er trug einen Kandelaber in der Hand und deklamierte nach meiner Erinnerung aus »Der Ketzer von Soana« von Gerhart Hauptmann. Der Künstler erregte jedoch das Mißfallen von verschiedenen Gästen, die ihn auszischten und abfällige Rufe ertönen ließen. Kinski wurde wütend, warf den Leuchter mit den brennenden Kerzen zu Boden. Eine bekannte Illustrierte schrieb darüber: »Klaus Kinski ist ein Armleuchter auf der Bühne aus der Hand gefallen.«

1957 hatten wir die Verfilmung von »Vater unser bestes Stück« herausgebracht. Der Autor des Buches für die Filmvorlage war Hans Nicklisch, Lektor vom Blanvalet-Verlag. Heidi Brühl spielte darin die Rolle eines Backfisches, die Filmtochter von Hans Balser. Trotz des Hochsommers hatten wir mit diesem Schmunzelstück überraschend gute Kassen. Hierdurch belebte sich auch der Umsatz für das Buch. Durch den Film wurden der Verleger Lothar Blanvalet und ich bekannt. Er war ein häufiger Kurfürstendamm-Promeneur und wenn wir uns trafen und es zeitlich möglich war, ließen wir uns bei einem Kaffee nieder. Wir führten nicht nur Fachgespräche – die beiden ersten »Angélique«-Filme kamen auch im Gloria-Palast heraus – sondern er plauderte auch über die Frauen. Hierbei erzählte er mir von seinem großen Glück mit einer Hellenin. Der Rausch seiner Seligkeit war so überwältigend, daß er bald ein großes Stück Land auf einer kleinen griechischen Insel erwarb. So hatte er die Möglichkeit mit seiner späten Liebe an den Gestaden der Ägäis – auf dem Boden ihrer Heimat – zu lustwandeln. Hellas, deine Sterne ...

Bei einem dieser Gespräche in einem Trottoir-Café fragte mich der Verleger, was ich von einem Kochbuch halten würde, für das Sophia Loren als Autorin gewonnen werden sollte. Ich riet dringend ab, da es schon Hunderte von Kochbüchern gäbe und die beste Werbung nicht davon überzeugen würde, daß die schöne Italienerin Ravioli oder Panzarotti besser bereiten könne. Später bestätigte mir Blanvalet, daß das Kochbuch nicht gegangen wäre.

Bei dieser Unterhaltung erzählte mir der Verleger, daß er in den dreißiger Jahren seinen Verlag gegründet habe. Die hierfür erforderlichen fünftausend Mark hatte er sich von seiner Schwiegermutter in spe geliehen. Infolge einer schicksalhaften Begegnung, die ihm widerfuhr, kam die in Aussicht genommene Ehe mit der Tochter der Darlehensgeberin nicht zustande. On s'engage et puis on voit (Napoléon).

Die alljährlichen Filmfestspiele bildeten nicht nur einen Höhepunkt für uns, sondern auch für die ganze Stadt. Ein internationales Flair umgab uns. Spitzenfilme aus aller Welt erlebten ihre Uraufführung. Darsteller, Regisseure, Komponisten und Autoren zeigten sich auf unseren Bühnen. Die Filmwirtschaft gab zahlreiche Empfänge. Zum Abschluß vereinte uns eine festliche Soiree mit Vertretern von Ministerien, des Senats, der Kulturrepräsentanten, der Presse und Wirtschaft. Einmal sah ich auch im »Hilton-Hotel« den Bundespräsidenten, Dr. Walter Scheel. Der famose und dynamische Leiter der »Berlinale«, Dr. Alfred Bauer, eröffnete mit einem der Weltstars den Tanz. 1959 war es Sophia Loren. Auf einer Pressekonferenz hatte sie sich mit der bekannten Klatsch-Kolumnistin, Elsa Maxwell, ein amüsantes und schlagfertiges Rededuell geliefert.

Die Sowjetunion war 1959 nicht vertreten.

Aus der Eröffnungsrede des Regierenden Bürgermeisters Willy Brandt war zu entnehmen, daß sich politische Gewitterwolken über der Stadt zusammenziehen. Er erwähnte wörtlich: »Willkürlich hervorgerufene politische Krisen haben nicht dazu geführt, daß Berlin seine An-

Ein über sieben Meter langer, müder Krieger hält Wache vor unserem Haus –
O.W. Fischer in »Helden«, 1958
Ruth Leuwerik als »Königin Luise«, 1957

ziehungskraft und seine Bedeutung als Filmstadt eingebüßt hat. Im Gegenteil: Berlin lebt und wird sich weiter entfalten.«

Das war deutlich. Worin die Krise bestand, erfuhr die Bevölkerung nicht genau.

Ein Glanzpunkt fernöstlicher Art kam aus dem Land der aufgehenden Sonne zu uns. 1959 landete in Berlin die erste planmäßige Maschine aus Japan, die den Nordpol überflog. Sie hatte eine siebzehnköpfige Delegation der japanischen Filmindustrie an Bord. Darunter befanden sich die fünf bekanntesten Filmschauspielerinnen. Sie trugen festliche Kimonos und Sandaletten. Ihre zierlichen Gestalten mit den großen Mandelaugen brachten einen Hauch von Kirschblüte, einen Duft von exotischer Jugend und Nippons Charme in unser Haus.

Die Künstler waren für ein Gastspiel »Drei Tage japanischer Filmkunst« vom Senat eingeladen.

Das Programm mit Filmfolge und Rednern war schriftlich festgelegt. Michi Tanaka, die Frau von dem Schauspieler Viktor de Kowa, fungierte als Dolmetscherin. Die vorbereiteten Reden hatte sie. Nach einem Film erhob sich ganz unprogrammäßig ein Japaner, betrat die Bühne und hielt in seiner Landessprache eine Rede. Die verdutzte Frau Michi Tanaka übersetzte nicht und die überwiegend deutschen Gäste schauten sich verwundert-amüsiert an. Langeweile verbreitete sich im Saal. Da stand der geistreiche Kultursenator Dr. Tiburtius, un homme du monde, in der ersten Reihe auf, ging zu dem Redner, schüttelte ihm die Hand und sagte: »Ich danke Ihnen, genau dasselbe meinen wir auch.«

Der Japaner trat ab und befreiendes Gelächter erklang im Haus. Die jungen Darstellerinnen erzählten mir in einem schwer verständlichen Englisch, daß sie alle in einem festen Vertragsverhältnis stehen und ein Jahresgehalt von ca. 30.000,– (!) beziehen. Für dieses Einkommen müssen sie in so vielen Filmen mitwirken, wie es der Arbeitgeber verlangt. Bei diesen bescheidenen Honoraren brauchten keine Filmvorhaben an Gagenforderungen der Stars scheitern.

Bei Tisch und beim Kaffee führten die Männer das Wort. Die Damen saßen brav und zurückhaltend da. Sie antworteten nur, wenn einer der Herren das Wort an sie gerichtet hatte. Wollten sie sich einen Film ansehen, gingen sie zu ihrem jeweiligen Boß und baten ihn mit zeremonieller Höflichkeit um Erlaubnis.

Allmählich machte uns die Konkurrenz vom Fernsehen zu schaffen. Hunderte von Kinos in Deutschland mußten schon schließen. An der Gedächtniskirche waren wir noch nicht so sehr berührt, aber der Bildschirm in den Wohnungen und Kneipen wurde Gegenstand unserer täglichen Sorgen.

Im Ausland sah es auch so aus. Die französischen Filmtheater führten einen langen Prozeß gegen das Fernsehen wegen unlauteren Wettbewerbs. Die Situation war bei uns ebenfalls gegeben. Wenn der Rechnungshof wiederholt feststellte, wie verschwenderisch die Fernsehanstalten mit unseren Beiträgen umgehen, haben die Politiker trotzdem Gebührenerhöhungen zugestimmt. Welcher Kinobesitzer hätte es sich leisten dürfen, jahrelang keine Umsatzsteuer zu zahlen. Als der Spielfilm der Kinos zum ständigen Repertoire des Fernsehens verwendet wurde, wuchs die Existenzbedrohung für die Lichtspielhäuser. Der Versuch der Theaterbesitzer von den Verleihern eine Art Option für den Kauf der Filme zu erhalten, die an das Fernsehen verkauft wurden, scheiterte an der Kostenfrage.

Eine Kostenfrage schien bei dem extravaganten, schulterfreien Abendkleid keine Rolle gespielt zu haben, mit dem die Künstlerin Hanne Wieder einst bei uns erschien. Als ich sie fragte, ob ich ihr Pelzcape mit auf die Bühne nehmen soll, weil es dort zieht, blickte sie an sich herunter und erwiderte: »Das ist nicht nötig, am Busen friere ich nie.«

Unser Nachtwächter befand sich mal zwischen fünf und sechs auf einem Rundgang, als ihm im Rang ein junger Mann entgegenkam. Der Wachmann griff zu seinem Gasrevolver, da er glaub-

Festtage Japanischer Filmkunst, 1959.
Mit vier Darstellerinnen in unserem Künstlerzimmer

Françoise Arnoul und Henri Vidal bei der Uraufführung von
»Das Weib und der Verdammte«, 1959

Anouk Aimée und Marcello Mastroianni in »Das süße Leben«, 1959

te, einen Einbrecher vor sich zu haben. Der nächtliche Fremdling rief ihm zu: »Nicht schießen! Ich bin ein Besucher von gestern. Ich bin im Kino eingeschlafen.« Er wies sich freiwillig aus und holte noch eine Eintrittskarte von der letzten Abendvorstellung aus seiner Jackentasche. Der Beweis für die Harmlosigkeit seines Aufenthaltes schien erbracht zu sein. Der Gast bat sogar, seine Eltern anzurufen, damit unser Mitarbeiter dort Rückfrage halten könnte. Er wollte ebenfalls mit ihnen sprechen, um ihnen die Sorge über seinen Verbleib abzunehmen. Der Besucher erklärte, daß er in der letzten, leeren Rangreihe gesessen habe, wohl im Halbschlaf vom Sessel gerutscht sei und auf dem Fußboden bis jetzt fest geschlafen habe.

Da die Sitzreihen leicht bogenförmig angeordnet waren, hatten unsere Anweiserinnen den einsamen Schläfer beim Auslaß nicht entdeckt.

Mit meiner persönlichen Lage war ich zufrieden. Die Atmosphäre der vermeintlichen Sicherheit und äußerlich erscheinenden Geborgenheit wurde durch einen drohenden Paukenschlag zerstört: Das Chruschtschow-Ultimatum an Berlin.

Plötzlich gab es Wohnungen. Man sah wieder die schwarzen Papptafeln mit dem roten Rand »Zu vermieten« an den Hauseingängen. Ein Freund von mir verkaufte sein gut gehendes Lokal, ein Bekannter sein Kunstgeschäft am Kur-

Als man noch nichts von ›Schimanski‹ wußte – Götz George bei unserer Premiere von ›Kirmes‹, 1960

fürstendamm und eine frühere Kollegin ihren Bungalow in Marienfelde. Ich ließ mich von der ängstlichen Nervosität anstecken. Da ich »Flüchtling« war – was für ein Wort für einen Mann, der von Babelsberg zurück in seine Heimatstadt Berlin gegangen war – und die russische Freundschaft ein Jahrzehnt verspürt hatte, empfand ich kein Verlangen, mich ihr abermals auszuliefern.

Als zu der Zeit noch ein ehemaliger Kollege aufkreuzte, der mir einen gleichartigen, wenn auch nicht gleichrangigen Posten in Westdeutschland anbot, sagte ich zu.

Mit schlechtem Gewissen und schweren Herzens kündigte ich bei Herrn Knapp und bekam von ihm ein sehr wohlwollendes Zeugnis. Noch einmal fuhr ich nach »Hundekehle«, um von den Wäldern vor den Toren der Stadt Abschied zu nehmen.

Blaue Havel, Grunewald,
Grüß mir alle beide.
Grüß und sag, ich käme bald,
und die Tegeler Heide.
Theodor Fontane

Düsseldorf

Anfang 1962 flog ich nach Düsseldorf und ärgere mich noch heute über meine damalige Feigheit. Ich leitete dort zwei Kinos. Beruflich wurde es meine schwerste und unglücklichste Zeit, abgesehen von den politischen Pressionen in Babelsberg und Ostberlin.

Das Versprechen des dortigen Theaterbesitzers, mir durch seine Beziehungen zu einer Wohnung zu verhelfen, ließ sich nicht einlösen.

Ich wurde im Künstlerzimmer des Kinos einquartiert und war dadurch Tag und Nacht erreichbar. Ich hatte nicht nur eine Ochsentour zu bewältigen, sondern mußte mich auch gegen personelle Widrigkeiten zur Wehr setzen.

Sogar mit einer Zeitung gab es Ärger. Ich hatte den Probeabzug für die Anzeige von einem Loren-Film gerade abgezeichnet, als die Post eine bessere Mater brachte. Ich entschied mich für die neue Druckform. Der noch anwesende Herr von der rheinischen Zeitung, der mir die Annoncen vorlegte und mich drucktechnisch beriet, stimmte zu. Die Mater hatte die gleiche Größe wie das Bild von dem vorgelegten Abzug und der Text blieb unverändert. Am nächsten Morgen fiel ich fast vom Stuhl, als ich das Inserat sah. Das berühmte und erhebende Dekolleté von Sophia war mit Druckerschwärze überschmiert, daß der Eindruck eines »geschlossenen Abendkleides« erweckt werden sollte. Ich rief den Anzeigenleiter an, protestierte gegen die Verunstaltung und teilte ihm mit, daß wir die verstümmelte und entstellte Anzeige nicht bezahlen werden. Außerdem würde ich den Fall dem Rechtsanwalt übergeben, um gegen den Verlag Schritte wegen Geschäftsschädigung einzuleiten. Der Herr antwortete, daß mir bekannt sein müßte, daß seine Zeitung es ablehnen würde, »anstößige« Bilder zu veröffentlichen. Auf meine Erwiderung, daß sein Mitarbeiter mit der Mater einverstanden war, antwortete er kühl, daß der Kollege keine Verantwortung zu tragen habe. Im Übrigen hatte er versucht, mich wegen der Sache anzurufen und da ich nicht zu erreichen war, mußte er die Abänderung an der Mater vornehmen.

Da ich in der liberalen Welt Berlins aufgewachsen bin, kam mir dieses Stück unglaublich vor und lag mir lange auf dem Magen.

Jene Zeitung gebärdete sich überhaupt sehr hoheitsvoll. Sie führte einen Index von Wörtern, die in Anzeigen nicht verwendet werden durften. Die Ausdrücke »lasziv« und »obszön« habe ich noch in Erinnerung. Als ein Kinobesitzer eine Annonce von einem Abenteurerfilm einreichte und darin eine Häufung von Schlagwörtern verwendete, wurde die Veröffentlichung verweigert. Der Verlag begründete seinen Schritt mit der Erklärung, daß die dichte Folge von Superlativen schwülstig wirken würde, und dies dem Stil des Hauses widerspricht.

Wie sich die Zeiten ändern. In einer bayerischen bürgerlichen Zeitung fand ich vor zwei Jahren folgende Anzeige:

Begnadet und unvergessen – Romy Schneider in »Boccaccio '70«, 1962.
Senta Berger in »Es muß nicht immer Kaviar sein«, 1961.

2 vorzeigbare Männer
30 und 28 Jhr.,
in Haft, suchen für die Zukunft vorurteilsfreie gut situierte Damen jeden Alters, um gemeinsam einen neuen Lebensweg zu gehen. Rückporto erwünscht.
Off. unt. PB 17102 an den Verlag.

Im Dienst hatte ich den Besitzer eines Luxuslokals kennengelernt, der mich wiederholt eingeladen hatte. Er war Bürger eines im Weltkrieg neutralen Landes und hatte freiwillig auf deutscher Seite in der Luftwaffe gekämpft.

Wegen seiner Kriegsteilnahme verurteilte ihn sein Heimatland in Abwesenheit zu einer mehrjährigen Gefängnisstrafe. Aus diesem Grund blieb er in Deutschland, hatte hier geschäftlichen Erfolg und gründete eine Familie.

Als ich am 30.3.62 meinen freien Nachmittag hatte, aß ich in dem Restaurant von dem Ausländer Abendbrot. An einem Tisch saßen drei Herren, von denen mir einer bekannt vorkam. Ich konnte ihn unbemerkt mustern und erkannte den ehemaligen Feldmarschall Milch. Ich machte den Wirt auf seinen früheren Vorgesetzten aufmerksam und er wollte es zunächst nicht glauben. Milch wurde in Nürnberg zu lebenslänglicher Haft verurteilt, ist aber 1954

Mit meiner Frau in der ›Delfter Kachel‹ in Berlin, Silvester 1960

freigelassen worden. Als ein älterer Ober die Identität von dem Ex-Marschall bestätigte, holte der Restaurateur sein altes Soldbuch aus der im Haus gelegenen Wohnung und stellte sich Milch als früherer Kampfflieger vor. Der ehemalige Feldmarschall begrüßte den alten »Kameraden von der Luftwaffe« und der 70. Geburtstag von Milch konnte mit den besten Tropfen aus dem Weinkeller begangen werden.

Nach verschiedenen Krächen verließ ich meine Firma und hatte mir vorsorglich einen Posten als Empfangschef in einem mittelgroßen Hotel in Düsseldorf gesichert, in dem ich schon während meines Urlaubs zur Probe gearbeitet hatte. Der Inhaber war noch Neuling in dem Fach und ordnete an, daß ich schon vormittags im Smoking Dienst machen soll. Ich erklärte ihm, daß ein »Stresemann« angebrachter sei.

Da ich bis zu meinem Eintrittstermin noch einige Tage Zeit hatte, flog ich nach Berlin, um Verwandten und Freunden guten Tag zu sagen. Als ich den Gloria-Palast aufsuchte, war gerade der Prokurist anwesend. Er fragte mich, ob ich nicht auch Herrn Knapp begrüßen will. Ich bejahte es, er rief die Sekretärin an und sie bestellte mir, daß Herr Knapp mich nachmittags bei »Schilling« erwartet. Im Lauf der Unterhaltung erzählte ich ihm, daß ich am Rhein unerquickliche Verhältnisse vorgefunden hätte und ausgeschieden bin. Er fragte, ob ich wieder bei ihm eintreten wolle, was ich freudig bejahte.

Grandseigneur des Films und toujours en vedette – der Hausherr Max Knapp, 1980

Der Chefvorführer Wolfgang Hansmann – er gehörte dem Haus dreißig Jahre an und hat stets erstklassige Arbeit geleistet

Die Stellung in dem Hotel trat ich nicht an, denn mit den paar Wochen wäre dem Besitzer nicht geholfen gewesen. Einen schriftlichen Vertrag hatten wir nicht abgeschlossen.

Untätig wollte ich auch nicht sein und arbeitete bis Weihnachten als Sortimenter im »Kaufhof«. Das machte mir Spaß und ich war mit Interesse bei der Sache. Die Firma bot mir an, mich auf einen Kursus für angehende Abteilungsleiter zu schicken. Ich konnte es dankend ablehnen.

Nach dem Fest machte ich ein paar Tage Urlaub in Braunlage und saß am 1.1.64 wieder an meinem alten Schreibtisch am Kurfürstendamm.

Am Silvesterabend war ich schon zwei Stunden im Kino, um das Inventar und den Kassenbestand zu übernehmen. Bei der Gelegenheit hatte ich meine alten und neuen Mitarbeiter begrüßt. Den Jahreswechsel verbrachte ich bei einer befreundeten Familie. Als ich mich nach zweijähriger Abwesenheit im Haus umsah, versuchte ich festzustellen, was in der Zwischenzeit besser oder schlechter geworden ist. Ermitteln konnte ich es erst später, denn die Jahresabschlußarbeiten hatten Vorrang.

Da ich noch kein Zimmer hatte, bot mir meine Kollegin, Frau Frank, ein Quartier in der Dienstwohnung ihres Mannes an. So konnte ich mit Erlaubnis der Dänischen Botschaft ein Zimmer in ihrer Militärmission am Neuen See im Tiergarten beziehen. Nie hätte ich angenommen, daß ich einst zu denen gehöre, denen die Dänen ihre Gunst erweisen. Ihnen und der Familie Frank bin ich noch heute dafür dankbar.

Meine Neubauwohnung am Kurfürstendamm 90 war noch nicht bezugsfertig und ich war während der Wartezeit so gut untergebracht, daß ich fast traurig war, als ich den Einzugstermin erhielt. Inzwischen war ich dreiundfünfzig geworden, die ersten grauen Haare erinnerten mich daran, daß die vor mir liegende Zeit bemessen ist. Nachdem ich zum vierten Mal einen Dienstvertrag für den Gloria-Palast unterschrieben hatte, beschloß ich, das Haus erst dann zu verlassen, wenn die Jahre es gebieten.

Als wir in einer internen Vorführung »Das Schweigen« von Ingmar Bergman sahen, bewunderten wir, mit welch künstlerischen Mitteln der Regisseur eine Epoche der Tabus beendete und eine Ära der optischen Liberalität einleitete. Der Satz von Kurt Tucholsky aus den zwanziger Jahren hatte seine Gültigkeit verloren: »Es wird nach einem Happy-End im Film jewöhnlich abjeblend.«

Als die Wochenschau die ersten Miniröcke zeigte, und wir diese Mode bald auf der Straße in natura betrachten konnten, freuten wir uns. Aber nur dann, wenn die Trägerinnen an das Wort des Dichterfürsten gedacht hatten: »Eines schickt sich nicht für alle ...«

Daß für alle nicht alles als erlaubt gilt, bewies eine Beschwerde über uns an den Senat. Ein Schulmeister führte Klage über unsere Werbung, die vor dem Haus stand. Es war die Vergrößerung eines Fotos aus »Der Reigen« mit der Darstellung von Jane Fonda, Anna Karina und

Unser ehemaliger Meister-Maler Harry Schlüter – seinem Talent und Interesse verdankten wir eine vorbildliche, werbewirksame Hausausstattung

Jean-Claude Brialy. Der Beschwerdeführer empfand die Fläche als »anstößig und unsittlich«.

Wir hängten einen durchsichtigen Schleier vor das Film-Trio, damit die Passanten weiterhin schmunzeln konnten.

Vor fünfundzwanzig Jahren hatte ich fast die gleiche Beschwerde in Hannover gehabt.

An dieser Stelle möchte ich einem Kollegen und einer Kollegin im Haus danken, die für mich eine große Hilfe bedeuteten. Herr Schlüter, unser Hausmaler, war nicht nur ein Künstler in seinem Fach, sondern auch ein unermüdli-

Blick vom Rang links auf das Parkett und die vergrößerte Bühne, 1965

cher, stets freundlicher und hilfsbereiter Mitarbeiter. Bei Programmänderungen, die oft unerwartet eintraten, konnte ich ihn in seiner Freizeit anrufen und er kam in die Werkstatt, um die erforderlichen Umstellungen vorzunehmen. Er hatte Einfälle, wie wir die Werbung für einzelne Filme besser gestalten könnten und erwies sich in den langen Jahren unserer gemeinsamen Arbeit als ein schöpferischer Meister.

In der Kasse wiederum war es Frau Fechner, deren Sicherheit, Schnelligkeit und verblüffend große Arbeitsleistung uns Respekt einflößten. Sie schaffte zwei Häuser mit tausend Plätzen allein und es gab nie Reklamationen. Bei Satzkarten eine schöne Leistung. Außerdem war sie absolut korrekt und arbeitete stets fehlerfrei. Das Spitzengehalt, das sie bei uns bezog, hat ihr der Chef gern gegeben. Wenn Frau Fechner auf Urlaub war, geriet ich manchmal in Druck und mußte mich zusätzlich in eine Kasse setzen.

Da Herr Knapp seit längerer Zeit einen Umbau des Kinos beschlossen hatte, konnten wir 1964 mit der Durchführung beginnen. Infolge des Umzuges der benachbarten Commerzbank bekamen wir einen weiteren Raum von achtzig qm

Der renovierte Theatersaal, 1965

im ersten Stock und verlegten dahin unser Künstlerzimmer. Der hierdurch frei gewordene Platz wurde zu einem repräsentativen Erfrischungsraum mit Fenstern zum Boulevard ausgebaut. Ferner wurde die Bühne erweitert, so daß das Einfügen einer größeren Bildfläche möglich wurde. Eine moderne Bestuhlung, neuzeitlicher Fußbodenbelag und die Schaffung von erweiterten Toiletten ergänzten den Umbau. Die Arbeiten hatten sich schwierig und zeitraubend gestaltet, da das Haus täglich ab 15 Uhr spielfertig sein mußte. Als das Theater nach mehreren Monaten im Glanz der neuen Beleuchtungskörper erstrahlte, freuten wir uns mit den Gästen darüber und der Kummer während der Bauzeit war vergessen.

Bei einer Nachtprobe für einen vorzüglichen amerikanischen Spionagefilm stellte ich fest, daß das Stück leider Längen hatte, in denen die knisternde Spannung verflog und man sich vorübergehend gelangweilt fühlte. Am nächsten Vormittag rief ich den Verleiher an, um ihm dies mitzuteilen und vorsichtig anzufragen, ob wir nicht ein paar kleine »Korrekturen« vornehmen könnten. Er lehnte dies ab, zumal der Regisseur

Freunde in Berlin hatte und eventuelle Veränderungen durchsickern könnten. Außerdem könnte es bei eigenmächtigen Schnitten wegen der Verletzung der Urheberrechte zu einem Prozeß kommen. Mit einer ähnlichen Antwort hatte ich gerechnet, denn die Rechtslage war mir klar.

Nach der Premiere bestätigten zwei Zeitungen in ihren Kritiken meine Beobachtungen wegen der »Längen«. Das bestärkte mich, mein Vorhaben durchzuführen. Wir sahen uns den Film nachts noch einmal an, und ich sagte den Vorführern telefonisch die Stellen durch, die nach meiner Auffassung entfernt werden könnten, damit sie von den Kollegen gekennzeichnet werden. Dann bestellte ich einen Cutter von der Kopieranstalt, ließ den Film wieder durchlaufen und wies den Schnittmeister auf die infrage kommenden Teile hin. Der Cutter sollte auf Grund seiner technischen und künstlerischen Kenntnisse entscheiden, ob es möglich wäre, die Schnitte vorzunehmen. Natürlich dürfte es dabei nicht zu Tonsprüngen oder Entstellungen im Text kommen. Der Herr war mit den Vorschlägen einverstanden und nahm die Kopie gleich mit. Am nächsten Mittag erhielten wir sie zurück und dazu die entfernten Teile, die zusammen eine Laufzeit von elfeinhalb Minuten hatten. Dieser Teil war erledigt, aber ich war doch in Unruhe, daß die Sache nicht herauskäme. Der Cutter und unsere beiden Vorführer würden den Fall als »Geheime Kommandosache« behandeln.

Am folgenden Sonntag hörte ich, wie Friedrich Luft in »Die Stimme der Kritik« fast wörtlich sagte: »Wenn einige Zeitungen von Längen in dem Film schrieben, so fand ich, daß er durchgehend von großer Spannung war.« Der bekannte Kritiker – der Primus inter pares – hatte den Film erst nach Durchführung der Schnitte gesehen. Als der Verleiher mich im Geschäft besuchte, teilte er u. a. mit, daß der Gloria-Palast mit seinen Ergebnissen in Deutschland an erster Stelle liegt. Jetzt konnte ich mit meinem Geheimnis herausrücken und ihn gleich fragen, ob er nicht die Kosten für die Schnittarbeiten der Kopieranstalt übernehmen kann. Er sagte, daß ich ihm die Rechnung schicken soll, aus der nicht hervorging, welcher Art die Dienstleistungen waren.

Nach Ablauf unserer Spielzeit klebten wir die entfernten Teile wieder sorgfältig ein, um kein corpus delicti zu hinterlassen.

Wenn ein Film nicht so einschlug, wie der Regisseur es sich gedacht hatte, wurde natürlich nach Gründen des Mißerfolges gesucht. Daß man dabei auf die Idee kam, diese bei dem Theaterleiter zu suchen, war neu. Wenn der Regisseur, ein Herr Reitz, auch nicht meinen Namen nannte, wußte man doch in Fachkreisen, wen er meinte. Ich gebe den Absatz des Artikels vom »Film-Echo« vom 23.11.73 und meine Antwort in der Zeitschrift vom 11.1.74 ungekürzt wieder. Für die Überschrift verwandte die Redaktion den von Herrn Reitz benutzten Fachausdruck: »Arsch vom Stuhl bringen.«

»Diese Branche ist irrsinnig überaltert. Wenn sie rumfahren und Kinos besuchen, stellen sie fest, daß ein ungeheurer Anteil von wirklich überaltertem Personal tätig ist, Leute, die z. T. noch in der UFA-Zeit des III. Reiches Filmtheaterleute waren. Die dann diesen Boom in den fünfziger Jahren noch miterlebt haben, verhältnismäßig rüstig, und dann haben sie die große Krise miterlebt, und jetzt verhalten sie sich sehr ängstlich und müde. Was wir dringend brauchen, wäre eine Schule von jungen Theaterleitern, die mit Elan an die Programmierung von Kinos rangehen, mit denen man auch als Filmproduzent reden kann. Ich würde z.B. wahnsinnig gern, wenn ich ein neues Drehbuch geschrieben habe, Rundfahrten machen, zu den Filmtheaterleuten gehen, sie das Drehbuch lesen lassen und ihnen sagen, wer spielen soll und mit anhören, wie sie sich so die Möglichkeiten des Vertriebs im Kino vorstellen, aber mit den Leuten, die man hier antrifft, kann man das fast nicht mehr machen. Also finde ich es einen absoluten Zynismus, wenn man sagt, »Die Reise nach Wien« ist der Prüfstein dafür, ob die Verbindung von Qualität und Kommerz hierzulande geht. Dies geht nur unter der Bedingung, daß sich Verleih und Kino auf ganz andere Weise engagieren, daß sie mal ihren Arsch vom Stuhl bringen und Schwung reinbringen.«

Meine Antwort:

»A ... vom Stuhl bringen.«

Zu Ihrer Veröffentlichung in Nr. 65 möchte ich sagen: Wenn einer von den zornigen jungen Männern indirekt die Abberufung von alten Theaterleitern verlangt, können meine Kollegen und ich erhaben darüber lächeln. Verwundert bin ich aber, daß Sie sowas veröffentlichen. Semper haeret aliquid. Was würde Herr Reitz dazu sagen, wenn ich die Gäste, denen »Die Reise nach Wien« mißfallen hat, oder die über den irreführ-

Aus der Schweiz kam ein Reiz, very nice – Lilo Pulver in »Hokuspokus«, 1966

renden Titel in Verbindung mit dem Plakat verärgert waren – darunter Leute, denen man Erfahrungen und Sachverständnis für den Film und seine unabdingbaren Gesetze nicht absprechen kann – aufgefordert hätte, ihren Einfluß geltend zu machen, daß solch ein dilettantisch anmutender und unwahrer Film nicht subventioniert werden dürfte?

Hat Herr Reitz sich schon einmal die Frage vorgelegt, wer die Kinos unterstützen soll, wenn subventionierte Filme vor leeren Häusern laufen? Soll das auch auf Kosten der Steuerzahler geschehen?

Ein bekannter Schauspieler und Regisseur (Film, Theater, Oper und Fernsehen) sagte mir nach der Besichtigung wörtlich: »Der Film kann gar nicht gehen, da er sämtliche dramaturgischen Gesetze außer acht läßt. Es soll ein ernster Film sein und die überraschenden Übergänge haben den Charakter eines Schwanks.« In diesem Sinn äußerten sich auch zahlreiche Besucher, daß »der Film hinten und vorn nicht stimmt und die Zeit so nicht gewesen ist«. Die überflüssige Bidet-Szene wiederum ist »irrsinnig« degoutant und abstoßend.

Wir würden uns aber »wahnsinnig gern« freuen, wenn es dem Künstler gelingt, ein Opus herzustellen, daß die Besucher von den Stühlen reißt. H. Frick.

Da der Dienst mich mehr beanspruchte als es üblicher Weise der Fall ist, verlief mein Privatleben in dementsprechend ruhigen Bahnen.

Meine Ehe zerbrach Mitte der sechziger Jahre, nachdem meine Frau ihren Wohnsitz nach Westberlin verlegt hatte. Aus Altersgründen konnte sie einen regulären Umzug vollziehen.

1968 stand ich in Schmargendorf abermals auf dem Standesamt. Wir können uns nicht vorstellen, daß uns etwas trennen könnte. Nicht einmal der Altersunterschied von einem Vierteljahrhundert. Diese »mathematische Größe« stand fest und bleibt unverändert.

Am Grunewaldsee traf ich manchmal den Filmproduzenten Kurt Ullrich. Wir sprachen von der Geschäftslage und er unterbrach dazu seine intensiven Atemübungen, die er mit ausgetreckten Armen vollführte. Als er mich fragte, ob ich das Buch von Irmgard Keun »Das kunstseidene Mädchen« kennen würde, und ich es bejahte, wollte er wissen, was ich von einer Verfilmung des Stoffes halten würde. Ferner interessierte ihn, wie ich mir die Besetzung der Hauptrolle vorstellen würde. Das Thema mit dem schillernden Zeitspiegel – Dadaismus, Piscator, Brecht, Weill, Charell, Kästner, Zuckmayer, Gerhart Hauptmann, Max Reinhardt – um nur ein paar Namen zu nennen, schien mir vielversprechend. Nicht zu vergessen »Der Querschnitt«. Mit einem seiner damaligen Mitarbeiter, dem Göttinger Emeritus Dr. Wilmont Haacke, verkehre ich noch freundschaftlich. Da für die Titelrolle keine Renate Müller oder Jenny Jugo mehr zur Verfügung standen, dachte ich an Nadja Tiller, Lilo Pulver oder Johanna von Koscian. Ich war verwundert, daß der Produzent mir mitteilte, daß er den Stoff mit Giulietta Masina verfilmen ließe. Da es zu spät war, ihm diesen Mißgriff aus-

Die neue Außenfront nach dem Einbau des Filmtheaters ›gloriette‹, 1973

zureden – daß er mich fragte, war sowieso Zufall – machte ich gar nicht den Versuch. Ich sagte nur allgemein, daß ich nicht genügend Fantasie hätte, um mir vorzustellen, daß jener untersetzte »Rettichkopf«, die Thomas Mann als Matrone bezeichnet haben würde, die Rolle übernehmen könne. Ich wies Ullrich darauf hin, daß ich das Buch gut kenne und die Schriftstellerin sicher an eine Art Flapper-Flittchen gedacht hat, an ein leichtes Mädchen. Schlank und etwas spillrig. Ein Typ, von dem Claire Waldoff gesungen hätte: »Een Sechsa liegt uff ihre Ehre …«. An ein Mädchen, nach dem man sich umdreht und seufzt, wenn es auf der Huntzel-Tuntzel-Tour war und einem das nötige Kleingeld fehlte. Für eine solche Partie konnte man kein »spätes Mädchen« einsetzen. Diese Argumente wollte Ullrich nicht hören, er verabschiedete sich kurz und bot mir diesmal nicht an, mich in seinem Wagen mitzunehmen.

Später erfuhr ich, daß der Produzent aus einem anderen Grund für die Masina begeistert war. Gern bezahlte er für den Flop einen hohen Preis.

Dank des Unternehmertums von Herrn Knapp wurde 1973 die »gloriette« erbaut. Das geschah nicht auf Kosten einer Verkleinerung von unserem Stammhaus. Der Gloria-Palast blieb in seinen Ausmaßen erhalten. Den Raum für das neue Theater gewannen wir durch Verlegung der Garderobenablage, Änderung des Parkettabgangs und Hinzunahme eines Hausflurs. Die verschiedenen Probleme, die sich bei der praktischen Durchführung des Vorhabens einstellten, wurden von dem Architekten, Dipl.-Ing. Rasper, überwunden. Die »gloriette« – den Namen durfte ich beisteuern – wurde am 10.7.1973 mit »Der große Diktator« eröffnet.

Das intim eingerichtete Haus ging vom ersten Tag an gut. Die Verleiher berichteten mir, daß das kleine Kino mit 200 Plätzen und vier Vorstellungen – sonnabends und sonntags waren es fünf Vorführungen – häufig bessere Umsätze erzielte, als verschiedene Filmtheater mit 800 und mehr Sitzen.

Am 25.10.1976 brachte die B. Z. eine große Schlagzeile auf der Titelseite:

Romy Schneider mietete sich ein Kudamm-Kino, um sich einen alten Berlin-Film anzusehen!

Ein ganzes Kino mietete Romy Schneider (38), um sich einen alten Film anzusehen. In einer Extra-Vorstellung um 12 Uhr mittags im Kino Gloriette am Kurfürstendamm (198 Plätze). Das normale Programm beginnt in diesem Kino um 14 Uhr und zeigt Bergmans »Zauberflöte«.

Romy, die in Berlin den Film »Gruppenbild mit Dame« drehte, sah sich mit sechs Mitarbeitern der Filmproduktion den Film »Schlacht um Berlin« und den 20-Minuten-Vorfilm »Des Zweiten Reiches Residenz« an – kein anderer Kinobesucher war dabei.

Drei Jahre später war es wieder der Initiative vom Chef zuzuschreiben, daß Herr Knapp als Hausherr und Herr Manfred Otte als Gastronom, das »Café Gloria Bistro« errichten konnten.

Das Lokal entstand in dem für uns geräumten ehemaligen Trumpf-Schokoladen-Geschäft und unserem darüberliegenden Künstlerzimmer. Ein neuer Abschnitt in dem Ausbau des Gloria-Palastes war abgeschlossen. Mit der Eröffnung am 23.9.76 hatte der Kurfürstendamm einen neuen Akzent. Das Café entwickelte sich zu einem beliebten City-Treffpunkt und gab der Ecke etwas von dem alten Flair zurück. Hier konnte man preiswert genießen und feststellen, daß letztlich alles Geschmacksache ist – den guten Geschmack einbegriffen – hieß es in der Speisekarte.

Im Frühjahr 1977 gab mir die Gesundheit verschiedene Signale, daß ich den Anforderungen des Dienstes nicht mehr gewachsen bin. Besonders die Wochenenden mit den beiden Nachtvorstellungen und der Sonntagsmatinee hielt ich nur noch mit Mühe durch.

Meiner Frau blieb dies nicht verborgen und sie handelte schnell.

Eröffnung des ›Café Gloria‹ in unseren Räumen, 1976

Burghausen an der Salzach

Da wir wiederholt Inserate gelesen hatten, daß in Burghausen/Oberbayern Wohnungen zu vermieten sind, flog meine Frau an einem Sonnabend – sie arbeitete als Arzthelferin – nach München und fuhr mit der Bahn weiter in die kleine, freundliche Stadt an der Salzach.

Am Stadtrand fand sie eine passende Wohnung im siebenten Stock mit dem Blick auf die Alpenkette, unter den Fenstern Mais- und Kornfelder. Fünfzehn Minuten entfernt liegt die Flußbrücke, die uns mit Österreich verbindet. Sie unterschrieb bei dem Hauswirt den Vorvertrag und ich reiste nur nach Burghausen, um die Sache perfekt zu machen, Tapeten auszusuchen und Handwerker zu bestellen.

Jetzt mußte ich noch einen schweren Gang antreten und Herrn Knapp um meinen Abschied bitten. Es war mir äußerst fatal, dem acht Jahre älteren Chef zu sagen, daß ich mich ins Privatleben zurückziehen möchte. Mit seiner Arbeitskraft, seinen Ideen und seinem unermüdlichen Einsatz war er uns allen ein Vorbild. Er mußte auch auf seine Gesundheit Rücksicht nehmen und hatte sich noch nach mir mit einer jungen Frau vermählt. Mit der Größe eines Erfolgsmannes hatte er Verständnis für meine Lage und ich konnte meinen Vertrag lösen.

Im Juli bat ich meine Mitarbeiter und Kollegen zu einem Abschiedsfrühstück in das Café Gloria. In dem Haus meines Schicksals erhoben wir zum letzten Mal die Gläser. Die charmante Gattin vom Chef kam auch und er schenkte mir eine kostbare silberne Schale mit einer herzlichen Widmung.

Als ich 1933 meinen Dienst in dem alten Haus angetreten hatte, hatte ich wohl die Absicht, daraus einen Beruf zu machen, ahnte aber nicht, daß dieser mich über fünfundzwanzig Jahre an die schöne und interessante Stätte binden würde.

Hier konnte ich Pulsschlag und Rhythmus einer bewegten Zeit verspüren, den Aufstieg und Niedergang der Diadochen erleben und war Zeuge der Zerstörung einer Weltstadt.

Hier konnte ich aber auch wahrnehmen, wie sich aus den Trümmern Häuser, Straßen und ganze Stadtviertel erhoben und die neuen Wolkenkratzer wuchtig und trutzig in den Himmel griffen.

1918 sind wir ein paar hundert Meter von dem ehemaligen »Romanischen Haus« entfernt eingezogen. Nach fast 60 Jahren verließ ich die Ecke endgültig, die ich zeitweilig unter dem Druck der militärisch-politischen Verhältnisse geräumt habe. Wenn es die Möglichkeit der Wiederholung eines Lebenslaufes gäbe, wäre ich ohne Zögern bereit, denselben Weg zu beschreiten. Ich blicke trotz der Schicksalsschläge dankbar zurück.

Mit mir erlischt einst eine Linie der Familie, die vor über zweihundert Jahren von der Schweiz nach Ostpreußen ausgewandert ist. Mein Bruder Hans hinterließ zwei Töchter.

Meine Frau und ich haben es nie bereut, daß wir uns hier niedergelassen haben. Die Befürchtungen unserer Berliner Freunde, daß wir es in »solch einem kleinen Nest« nicht aushalten würden, traten nicht ein.

In unserem Ort ist ein Kapuziner-Konvent ansässig. Ihren Mitgliedern ist gestattet, einmal im Jahr die Bauernhöfe aufzusuchen, um von den Landwirten Nahrungsmittel zu erbitten. Einst sah ich, wie ein Mönch im braunen Kittel, um den ein Strick gegürtet war, mit einem voll beladenen Karren aus einem Gehöft kam. Als wir uns begegneten, entbot ich ihm artig-ehrfürchtig einen Klostergruß und sagte: »Pax vobiscum« (Friede sei mit Euch). Der Kuttenträger schaute mich verwundert an, fuhr mit der Linken durch seinen Schneider Wibbel-Bart und erwiderte: »Mahlzeit.« Nach einigen Tagen traf ich den Klosterbruder auf der Bank, als er Geld einzahlte. Ich grüßte höflich mit »Mahlzeit.« Er antwortete: »Grüß Gott.«

Nach dem Tod ihres Mannes kam eine Nachbarin zu mir und klagte, daß sie keinen Redner für ihren Gatten bekommen könnte, der Freidenker war. Obwohl ich noch nie einen Nekrolog gesprochen habe, bot ich ihr an, die Aufgabe zu übernehmen. Es ging alles glatt, eine Nachbarin erzählte sogar, daß ich es besser gemacht hätte, als mancher Pfarrer.

Nach mehreren Tagen rief ein Kriegerverein aus einem Nachbarort an und fragte mich, ob ich die Grabrede für ein verstorbenes Mitglied entwerfen und halten würde. Der Mann war früher Berufssoldat und es sollte eine etwas »markige« Rede sein. Daß man mich zu dem letzten Gang eines Militärs bat, berührte mich merkwürdig. 1944 sagte mein Kollege Dietz vom Verleih zu mir: »Wenn Eisenhower kommt, gehen wir beide als Vertreter der Filmwirtschaft auf den Bahnhof. Ich sehe aus wie ein Jude, und Sie mit ihrem Kalabreser und Regenschirm wie der letzte Zivilist.« Was heißt ferner »markig«? Der Verstorbene wohnte früher in Berlin, aber auf die Mark Brandenburg sollte kein Bezug genommen werden. Das Mark, das Marc Anton einst so verschwenderisch für Kleopatra geopfert hatte, war sicher nicht gemeint. Von der Deutschen Mark konnte nicht die Rede sein, da ich von vornherein auf eine Vergütung verzichtet hatte. Ich ließ mir Daten und Stichwörter geben, entwarf die Rede und sagte sie halblaut vor mir her. Da kam ich zu dem Ergebnis, daß ich den Auftrag wegen des ausgefallenen Namens des Verstorbenen nicht annehmen könnte. Der letzte Satz der Ansprache hätte gelautet: »Urias Bratfisch, über deinem Grab schallt das preußische Infanteriesignal ›Avancieren!‹ Nun tritt ein in Walhall und halte Wacht in der großen Armee!« Das wäre von ungewollter Komik gewesen. Ich sagte dem Verein mit Bedauern ab.

Dabei ist der Name Bratfisch in die Geschichte eingegangen. Einer von ihnen war Leibkutscher bei dem Kaiser Franz Joseph. Er hatte 1889 den Kronprinz Rudolf mit seiner Geliebten Mary Vetsera auf ihrer letzten Fahrt nach Schloß Mayerling kutschiert.

Auf Rädern lernen wir die Umgebung gründlich kennen und Touren von vierzig Kilometern sind für uns keine Seltenheit. Einmal ging eine solche Partie etwas schief.

Auf einem Ausflug entdeckten wir zwei Gedenkkreuze, die nur etwa zweihundert Meter entfernt waren. Eins stand am Rand eines Kornfeldes und das andere war vom Unterholz eines Waldstückes leicht verdeckt.

Die Inschriften waren von derselben etwas ungelenken Hand beschriftet und lauteten:

Hier wurde
Sim. Krumbachner
Bauer in Unterbaumgarten
a. 10. Juli 1910 v. einem Räuber
angehalten und ermordet.
Vater unser. Ave Maria.

Der andere Text war:

Hier starb Josef Maier
Bauer in Krieging
a. 15. April 1925, alt 48 J.
durch Mörderhand.
R. I. P.

Diese Gedenkworte und das tragische Los der Bauern beschäftigte mich lange und meine Gedanken wanderten zu meinem Vater. Dabei übermannte mich der Schmerz, ich verlor die Sinne und stürzte vom Rad. Meine Frau hatte mich gerade überholt, hörte den Knall, stieg ab und schleifte mich zum Straßenrand. Dann legte sie mein Rad neben mich, damit vorbeikommende Autos einen Bogen machen würden und fuhr zu einem benachbarten Hof. In dem großen Haus war niemand anzutreffen, da die Familie zu einem Geburtstag geladen war. Verzweifelt suchte sie noch im Kuhstall. Dort fand sie den Jungbauern beim Bereitschaftsdienst für die Ankunft eines Kälbchens. Trotzdem telefonierte er nach einer Ambulanz und begleitete meine Frau zu mir. Inzwischen war ein anderer Landwirt zu mir geeilt und hatte seinen Verbandskasten mitgebracht. Da ich noch ohnmächtig war, konnte ich ihm keine Auskunft über meinen Zustand geben. Meine ausgebrochenen Zähne konnte er nicht implantieren und sein Pflaster hielt nicht auf meiner aufgeplatzten Lippe. Zehn Minuten nachdem die Polizei eingetroffen war, rollte auch ein Krankenwagen heran und brachte mich ins Krankenhaus. Die Lippe wurde genäht und nach zehn Tagen war die Gehirnerschütterung auskuriert. Das war noch gut ausgegangen.

Als wir kürzlich auf einem Trampelpfad am Inn radelten, prasselten und knackten dürre Äste so laut unter meinem vorausfahrenden Rad, daß meine Frau mir scherzend zurief: »Heinrich, der Reifen bricht.« Ich antwortete ihr: »Nein, Frau, der Reifen nicht, es ist das Herz, das bricht.«

Vor Glück und Dankbarkeit, daß ein gütiges Geschick sie einst zu mir geführt hat und wir die Zeit in Zufriedenheit und Frohsinn bei Gesundheit verbringen dürfen.

Anhang

In den letzten Wochen erschienen in den Berliner Zeitungen verschiedene Artikel, die sich mit der Zukunft des beliebten Hauses beschäftigten. Da in den Besitzverhältnissen des Grundstückes ein Wechsel eingetreten ist, erlischt der Pachtvertrag im kommenden Jahr.

Die neuen Inhaber beabsichtigten auf dem Gelände Kurfürstendamm 12 ein siebengeschossiges Wohn- und Geschäftshaus mit Passage zu errichten. Diesem Konzept würde der Gloria-Palast zum Opfer fallen.

Diese Nachricht erregte die Gemüter vieler Bürger. In Zuschriften an die Zeitungen kam dies zum Ausdruck.

Der Leiter der Berliner Festspiele, Eckhardt, erhob scharfen Protest beim Regierenden Bürgermeister Diepgen gegen den Abriß des »kulturgeschichtlichen Baudenkmals« der Nachkriegsfilmgeschichte.

Nach langwierigen Verhandlungen zwischen den Interessenten bahnt sich ein Ausgleich an.

Hierüber berichtet die BZ vom 12.9.1985:

Gloria-Palast-Kino wird abgerissen

Die Fassade bleibt erhalten, aber dahinter wird alles neu: ein Kino mit 500 Sitzplätzen, daneben eine Einkaufspassage

Berlin 12. September

»Die Charlottenburger Bezirksverordneten-Versammlung wird einem Abriß des Lichtspieltheaters »Gloria-Palast« zustimmen. Das ist das Ergebnis eines Kompromisses zwischen dem Bauherrn, der Wohn- und Gewerbebauten KG und dem Landeskonservator Professor Dr. Helmut Engel.

Der Landeskonservator, der Senator für Stadtentwicklung und Umweltschutz, Horst Vetter, Bausenator Klaus Franke und Kultursenator Hassemer auf der einen Seite, und die Bauherren Dirk Gädeke und Günther Landsberg sowie Vertreter des Bezirksamtes auf der anderen Seite haben den Kompromiß für den traditionellen Gloria-Palast ausgearbeitet:

Die Fassade des jetzigen, aus dem Jahre 1953 stammenden Gloria-Palastes wird erhalten.

Das Foyer zum Eingang ins Kino mit der freischwingenden Treppe bleibt erhalten, wird in den Neubau einbezogen.

Der Kinosaal wird abgerissen und durch ein kleineres, rund 500 Personen fassendes Kino ersetzt.

Die Baulücke neben dem Gloria-Palast-Gebäude wird durch ein Wohn- und Geschäftshaus geschlossen.

In die Mitte dieses Gebäudes wird eine Ladenpassage bis durch zur Kantstraße eingebaut.

Heute finden abschließende Gespräche mit Kultursenator Hassemer und den Bauherren statt, die eine Klärung der Frage bringen sollen, wer das zukünftige Kino betreiben sollte.

Der Planungsreferent Bernd Fastel vom Senator für Stadtentwicklung erklärt dazu: »Wir sind der Meinung, daß die Stadt nicht als Käufer oder Pächter eines Kinos in Frage kommen kann. Wir gehen davon aus, daß der bisherige Pächter des Gloria-Palastes, Max Knapp, das verkleinerte Lichtspielhaus weiter betreiben wird.«

Soweit der gekürzte Artikel.

Auch die Blätter in der Bundesrepublik Deutschland beschäftigten sich mit dem Thema. Die Frankfurter Allgemeine Zeitung vom 19.9.85 veröffentlichte folgenden Beitrag:

Pflegefälle:

Der Berliner Gloria-Palast oder
Kino ist nicht nur Kino

»Denkmalschutz heißt in Berlin Flöhehüten. Die Stadt will kein Museum sein. Wir sind nicht von gestern. Veränderung tut not. Berlin braucht Zukunft. Wer kann sich hier und heute Vergangenheit leisten? Mit solchen Parolen wird den Konservatoren der Boden entzogen. In spektakulären Fällen macht man schon mal eine Ausnahme. Aber im städtischen Alltag geht es hart auf hart. So bekommt das Tauziehen um die Erhaltung oder Preisgabe des letzten Traditionskinos am unteren Kurfürstendamm eine beispielhafte Bedeutung: der Gloria-Palast als Maß für Berlins konservatorisches Gewissen.

Von Kino im üblichen Sinn kann nicht die Rede sein. Das Streitobjekt, das in unmittelbarer Nähe der Gedächtniskirche nun einer Ladenpassage weichen soll, ist ein Filmtheater alter Machart. Sein Vorgänger war ein barock stilisiertes Etablissement der zwanziger Jahre, ein Prunkstück für Film-Uraufführungen.

Passend zum mondänen Berliner Westen. Es ging im Krieg kaputt, aber beim Wiederaufbau in den fünfziger Jahren wirkte die Erinnerung noch nach. Einen Kurfürstendamm des touristischen Billig-Amüsements wollte man sich damals nicht vorstellen. Der neue Gloria-Palast war für eine selbstbewußte Stadt- und Boulevard-Kultur berechnet. Kein Kino-Schuppen, sondern eine Stätte mit gehobenem Anspruch.

Auf die barocken Allüren griff man freilich nicht zurück. Die Architekten Siegfried Fehr und Gerhard Jäckel entwarfen ein modernes Lichtspielhaus, das 1952 den Stil seines Jahrzehnts und das Ansehen des Ortes verkörperte, an dem es in der Union mit einem neuen Bürogebäude die alte Tradition weiterführen sollte. Man betritt vom Boulevard aus die Eingangshalle und gelangt über eine schwungvolle Treppe in die Kino-Welt, die sich, abgewandt vom Kurfürstendamm, an die Rückseite des Hauses angliedert. Dieser Appendix umfaßt im ersten und zweiten Obergeschoß die Foyers und den Kino-Saal, der mit der Bühne, dekorativer Innenausstattung und annähernd tausend Plätzen zur Repräsentation ebenso wie zum alltäglichen Gebrauch geeignet ist. Insbesondere verkörpert er auch heute noch nahezu unangetastet und jedenfalls unanfechtbar den Geist der fünfziger Jahre und ist mit der internationalen Kinogeschichte desto enger verbunden, als die Berliner Filmfestspiele hier einen ihrer Schauplätze haben. Und nun soll der bewährten Überlieferung ein Ende gemacht werden.

Das Bürohaus samt Kino und den angrenzenden Grundstücken wechselt den Eigentümer, ein Konsortium von Spekulanten tritt auf den Plan, und die Verwandlung läßt sich absehen. Ein großflächiger Komplex mit Wohnungen, Büros und verzweigten Ladenpassagen soll die Stelle einnehmen. Der Bausenator Franke befürwortet die Initiative. Aber die protestierenden Stadthüter sind vorerst noch nicht auf verlorenem Posten. Der Kultursenator Volker Hassemer und der Leiter der Berliner Festspiele GmbH, Ulrich Eckhardt, setzen sich mit gravierenden politischen Argumenten für die Erhaltung des letzten Filmtheaters ein, das dem Boulevard geblieben ist. Der Regierende Bürgermeister wurde mit der Sache befaßt, die Zeitungen meldeten sich zu Wort, und niemandem, der am Kurfürstendamm-Schicksal Anteil nimmt, kann verborgen geblieben sein, daß der Gloria-Palast noch einmal einen Präzedenzfall darstellt. Schwankend verhält sich derzeit allerdings noch der Senator für Stadtentwicklung, Horst Vetter, dem der Denkmalschutz als Fachbehörde untersteht. Auf seine Zustimmung zum Abriß-Veto kommt es nun an.

Die Fünfziger-Jahre-Architektur, sagen die Opportunisten, sei des Denkmalschutzes eigentlich gar nicht würdig. Das heißt mit anderen Worten: die individuelle städtische Substanz steht der fortschreitenden Uniformierung im Weg. Berlin muß sich von Fall zu Fall entscheiden, ob man den Akt des Widerstandes zugunsten der Stadt riskieren will. Der Gloria-Palast ist dafür ein gutes Beispiel. S.W.

Süddeutsche Zeitung 22.9.85

Kampf um ein Kino

Dem Berliner Gloria-Palast droht der Abriß

»Berliner Streitigkeiten: wie gern überließe man sie örtlicher Entrüstung! Aber vieles, was in dieser Stadt geschieht, regt leider auch jene »Weltöffentlichkeit« auf, um deren Beifall so nachdrücklich wie aufwendig geworben wird. Jüngster unter einer ganzen Anzahl unerfreulicher Fälle ist der Streit um ein Kino: »Wir kämpfen um den Erhalt des Gloria-Palastes als Festspielhaus der Filmfestspiele, als Denkmal Berliner Filmkultur und als letztes großes Lichtspieltheater am Kurfürstendamm«, heißt es in einer Erklärung des Berliner Festspieldirektors Ulrich Eckhardt, die von namhaften Filmschaffenden des In- und Auslandes, von Bauhistorikern und Kulturkritikern unterstützt wird. Die Berliner Öffentlichkeit ist im Streit um das Bauwerk aus den fünfziger Jahren gespalten.

Verächtliches Zugeständnis

Der Riß geht auch mitten durch den Senat. Kultursenator Hassemer steht auf der Seite der Verteidiger, im Verein mit dem Landeskonservator, der jedoch seinen zuständigen Senator für Stadtentwicklung sowie eine den kommerziellen Interessen innerstädtischer Imagepflege verbundene Lobby dieser Senatsabteilung gegen sich weiß. Der Bausenator, durch positiv beantworteten Voranfragebescheid und Abrißbefürwortung schon halb gebunden, ist ebenfalls für den Neubau.

Neu bauen will eine Abschreibungsgesellschaft vom bekannten, persönlich nicht verantwortlichen Typus der sogenannten GmbH & Co KG in einer dem Büro- und Kinohaus benachbarten Lücke. Das ansehnliche und an seinem Ort begrüßenswerte Projekt soll durch ein rückwärtiges Passenwerk auch der inneren Verbindung zwischen zwei Straßen (Kurfürstendamm und Kantstraße) touristisch attraktiven Glamour verleihen. Dafür soll jedoch der Kinobau, der aus dem brav-unauffälligen Bürohaus in den Hofraum ragt, fallen. Anstelle des Kinos wird ein kleineres in Aussicht gestellt, sogar eine mögliche Erhaltung des Foyers mit der flott und fröhlich geschwungenen Treppe: ein eher verächtliches Zugeständnis an den Landeskonservator Engel, der die gesamte Anlage als »unersetzbares Baudenkmal des Kunstwollens der 50er Jahre« unter Denkmalschutz stellen will.

Doch gehören zum Baudenkmal auch Entree, Kassenhalle, der kurvenreiche Kinosaal, der von allen Plätzen aus bequem gute Sicht bietet, die Wandbekleidungen, die Dekorationen – kurzum, alle Merkmale eines Kinos, das ohne falschen Prunk wie ohne die vorgebliche Intimität jüngerer Kino-Basare ein Ort zwangloser Kommunikation war. Engels Schutzbemühung, der Vorwurf kann nicht unterlassen werden, kam freilich sehr spät.

Die Abriß-Lobby fährt – im Brustton weltstädtischer Verantwortlichkeit, die sich zusätzlich mit dem derzeit von widersprüchlichsten Vorhaben beanspruchten Etikett der künftigen 750-Jahr-Feier schmückt – mit schweren Wortkanonen auf. Mit dem Generalverdikt der »Provinzialität«, das ein großer Teil der Geschäfte und Anlagen an Westberlins Schaumeile unbestreitbar verdient, wird zugunsten nostalgischer Fin-de Siècle-Verklärung pauschal auch die Architektur der fünfziger Jahre verdammt – daß heißt unter anderem ein großer Teil jener Bauten, die rund um die Gedächtniskirche die Wiederbelebung der geschundenen westlichen City einleiteten. Die versuchten sich im Optimismus einer neuen Schönheit, und mag auch der formale Gestus ihrer ärmlichen Anmut überholt und unwiederholbar sein, so sind viele von ihnen im Verhältnis von Aufwand, Ausdruck und Brauchbarkeit noch immer gültig: der Konzertsaal der Musikhochschule von Paul Baumgarten, das sogenannte »Bikini«-Haus an der Gedächtniskirche von Schwebes-Schoszberger, das vor dem späteren Umbau einen Durchblick zum Zoo erlaubte, die Mensa der Freien Universität (Fehling-Pfannkuch), das noch immer beliebte Hansaviertel der Internationalen Bauausstellung von 1957, Düttmanns Akademie und manche der ersten Geschäftshäuser.

Sie haben das Bild der Stadt mitgeprägt: Ausdruck einer Bescheidenheit, die der Zeit angemessen war und die – natürlich in anderer Zeichensprache – auch der unseren wohl anstünde. Vor allem aber haben sie sich als brauchbar erwiesen: wir haben mit ihnen gelebt, sie haben uns Erlebnisse beschert. Für den Gloria-Palast gilt das besonders.

Das heutige Gebäude ist auf dem Grundstück eines vom Krieg zerstörten Uraufführungskinos aus den zwanziger Jahren entstanden, das – zum Beispiel mit der Uraufführung des Blauen Engels und anderer großer Kinoerfolge – Filmgeschichte gemacht hatte. Der Nachfolgebau aus dem Jahre 1952/53, vom damaligen Regierenden Bürgermeister Reuter im Zeichen neuer Hoffnungen für die Zukunft der Stadt eröffnet, war dieser Tradition ausdrücklich verpflichtet. Hier fand der jährliche Wettbewerb der Berliner Filmfestspiele, die Verleihung der Bundesfilmpreise statt, das »Forum des Jungen Films« war jahrelang im Gloria-Palast zu Hause: in diesem Kino erkannte sich – auch als die Festspiele anderwärts mehr und zusätzlichen Raum fanden, die »Filmstadt Berlin«.

Und als die Programme der übrigen großen »Ku'damm«-Kinos durch einen Konzern mittels Parzellierungen auf kalkulierbare Einspielergebnisse ausgerichtet wurden, hielt der Miterbauer und langjährige Pächter des »Gloria«-Palastes, Max Knapp, auch qualifizierten Filmabenteuern die Leinwand und einen großen Kinosaal offen. Filmgeschichte, Baugeschichte, Gebrauchsgeschichte – was eigentlich mehr verlangt man als Nachweis für städtische Tradition. So froh man sein muß, wenn die Wunden der Stadt sich allmählich mit qualifizierter Architektur schließen, und so wichtig es ist, daß die Gegenwart sich in eigenen neuen Schöpfungen erkennt, so beschämend ist die Leugnung und Vernichtung einer äußerlich zwar bescheidenen, aber im räumlichen Erlebnis noch nachvollziehbaren reichen Vergangenheit. Die »Geschichte«, auf die man sich in Berlin so gern beruft, um der Stadt wieder zu Ansehen zu verhelfen, ist kein Basar, aus dem man sich – wie derzeit in Gang gesetzt – mit nachgegossenem, schmiedeeisernen Straßenmobiliar und ornamentalen Dekors des Historismus bedient, sondern das, was vor unserer Tür und vor aller Augen liegt. Nur so bleibt Geschichte dokumentierbar, deutbar – und frei von Sentimentalitäten.«

LORE DITZEN

Es gelang in kurzer Frist einen großen und namhaften Kreis von Kulturschaffenden zu aktivieren, die sich für den Fortbestand des Hauses einsetzten. Der Tagesspiegel vom 6.10.85 brachte dazu einen Bericht von seinem Kulturredakteur Volker Baer.

Über 2000 Stimmen für den Gloria-Palast

»Die Meinungen gehen, wie es in einer offenen Gesellschaft üblich ist, weit auseinander: halten den Gloria-Palast, um dessen Erhaltung ein großer Streit ausgebrochen ist, die einen weder für erhaltenswert noch für wichtig, so sehen die anderen in ihm nicht nur ein Zeugnis der Architektur der fünfziger Jahre (wie Günther Kühne am 29. September im Tagesspiegel), sondern auch eines der Filmkultur in Berlin überhaupt. Und schließlich erblicken nicht wenige in dem Kino am Kurfürstendamm ein Stück wichtiger Berliner Filmgeschichte, nicht zuletzt auch der Berliner Filmfestspielgeschichte.

Befürworter und Gegner des Projektes, das bisherige Kino einzureißen und in neuer baulicher Konstruktion wiederzuerrichten, sind in den letzten Wochen zu Wort gekommen, nachdem bereits am 11. August an dieser Stelle die kulturellen und filmpolitischen Aspekte dieses Unternehmens ausführlich dargestellt worden sind. Kultursenator Hassemer hatte sich damals dem Tagesspiegel gegenüber ausdrücklich für den Erhalt des bisherigen Lichtspieltheaters ausgesprochen. Auch die neue Abteilung für Film- und Medienkunst äußerte sich – allerdings unter filmprogrammatischen Einschränkungen – für den Erhalt des Gloria-Palastes.

Inzwischen haben sich verschiedene Institutionen für den Erhalt des Kinos am Kurfürstendamm ausgesprochen. Die Berliner Festspiele GmbH, die Berliner Filmfestspiele und die Freunde der Deutschen Kinemathek als Organisatoren des Internationalen Forums des Jungen Films haben eine Unterschriftensammlung arrangiert. Wie nun Dr. Ulrich Eckhardt, der Intendant der Berliner Festspiele, auf Anfrage dem Tagesspiegel gegenüber erklärte, sind bereits über 2000 Unterschriften bei den verschiedenen Institutionen eingegangen, die sich eindeutig für die Erhaltung des bisherigen Lichtspieltheaters einsetzen.

Den Protest gegen den Abriß des bisherigen Gloria-Palastes haben übrigens viele Vertreter auch aus anderen kulturellen Bereichen und nicht nur Filmschaffende unterzeichnet, unter ihnen der Generalmusikdirektor der Deutschen Oper, Jesus

Lopez Cobos, die Sänger Catherine Gayer und Dietrich Fischer-Dieskau, der Intendant des RSO, Peter Ruzicka, Die Chorleiter Ernst Senff und Uwe Gronostay, die Komponisten Grete von Zieritz, Wilhelm Dieter Siebert, Frank Michael Beyer und Isang Yun, die Publizisten Dieter Hildebrandt und Walter Bachauer, der Direktor der Berlinischen Galerie, Professor Eberhard Roters, der Galerist Hans Pels-Leusden, Professor Wieland Schmied, der Leiter des Künstlerprogramms im DAAD, der Bühnenbildner und Regisseur Achim Freyer, Bernhard Minetti, Blandine Ebinger, Hans Rosenthal, Jürgen Julier als Leiter der Berliner Verwaltung der Staatlichen Schlösser und Gärten, der Verleger Jochen Severin, die Grafiker Noth und Hauer, die ehemaligen Politiker Johann Baptist Gradl und Dieter Sauberzweig, Irene Mössinger vom Tempodrom. Zu den Unterzeichnern aus dem Bereich des Films gehören unter anderem die Regisseure Andrzej Wajda, Agnieska Holland, Helma Sanders-Brahms, Eberhard Fechner und Robert Van Ackeren sowie Heinz Rathsack von der Deutschen Film- und Fernsehakademie.

Daß so viele Stimmen innerhalb weniger Tage für die Rettung eines Kinos in seiner bisherigen Form abgegeben wurden, mag manchen überraschen und sollte zugleich den für das Stadtbild verantwortlichen Politikern zu denken geben.

Wie weit die Aufmerksamkeit reicht, zeigt auch das Interesse, das selbst im fernen Spanien dem Thema Gloria-Palast gewidmet wird. So wurde, wie Dr. Ulrich Eckhardt berichtete, der Regierende Bürgermeister Diepgen während seines Spanienaufenthaltes kürzlich in Madrid von einem spanischen Journalisten gefragt, wie er zur Problematik des Gloria-Palastes stehe. Bei so viel Anteilnahme an dem Schicksal eines bekannten Kinos kann man für die Zukunft des Gloria-Palastes vielleicht doch noch hoffen.

V. B.

Abriß – ein schlechter Scherz

Der. Alfred Bauer, der Mitbegründer und langjähriger Leiter der Berliner Filmfestspiele, deren Festivalhaus in vielen Jahren der Gloria-Palast war, äußerte sich zu den Abrißplänen für dieses Kino folgendermaßen:

»Die Entwicklung der Internationalen Filmfestspiele in Berlin wäre ohne repräsentative Festspielhäuser unmöglich gewesen. Aus diesem Grund kommt dem Gloria-Palast als einem der ersten großen Festspielkinos, vor allem wegen seiner ansprechenden baulichen Gestaltung ganz besondere Bedeutung zu. dieses wurde immer wieder international festgestellt und in hohem Maß gewürdigt. Es würde wohl auch in der internationalen Fachwelt nicht verstanden werden, daß in Berlin Behörden bestehen, die ein solches Kulturbanausentum – wie es der Abriß des Gloria-Palastes bedeuten würde – genehmigen. Der Vorschlag, allein das Foyer zu erhalten, kann meines Erachtens nur als ein sehr schlechter Witz angesehen werden.«

(FS)

Möge es den vereinten Bemühungen der Beteiligten gelingen, an dieser historisch gewordenen Stätte einen neuen und attraktiven Gloria-Palast zu erhalten. Zu Nutz und Frommen der alten Reichshauptstadt, zur gehobenen Unterhaltung seiner Einwohner und seiner Gäste sowie zur Pflege der Tradition des Lichtspieltheaters selbst.

Ad majorem gloriam *Gloriae Palatii.*
(Zum höheren Ruhm des Gloria-Palastes.)

Fotos: Seite 18 Aero-Express Abt. Luftbild, Leipzig. – 42, 44, 51, 54, 57, 58, 136, 155 Ullstein Bilderdienst, Berlin. – 52, 53 aus Festschrift Gloria-Palast 1926. – 55 Reiche + Vogel, Berlin. – 63 Landesbildstelle, Berlin. – 75 Foto-Eschmann, Hannover. – 109 Dr. Wolf Strache. – 130 RAMA, Berlin. – 135 Fotostudio Fischer. – 139 re., 143 Mario Mach, Berlin. – 141 oben Heinz Köster, Berlin. – 142 Gloria-Verleih. – 145 li. Europa. – 145 re. CCC/Europa/Grimm. – 146 Heinrich Jost, Berlin. – 149 Ludwig Binder, Berlin. – 150, 151 Günter Horn, Berlin. – 153 Constantin-Film. – Alle übrigen Fotos aus dem Besitz des Autors.

Der Autor dankt Herrn Max Knapp, Berlin, für die liebenswürdige Überlassung von Bildern aus seinem Archiv und für die Festschriften: Vom Romanischen Haus zum Gloria-Palast. – Gloria-Palast 1926 – 1943 – 1953. – Gloria-Palast 1953 (Die Dreigroschenoper). Diese Drucke wurden als Quellen verwendet.

PAULA WESSELY
ATTILA HÖRBIGER

Ihr Leben - ihr Spiel

Herausgegeben von Edda Fuhrich
und Gisela Prossnitz

Camilla
Horn
Verliebt
in die Liebe
HERBIG
Erinnerungen